Konrad Lorenz

Konrad Lorenz

Gespräche mit Richard I. Evans,
ein Briefwechsel mit Donald Campbell
und vier Essays
Herausgegeben von Richard I. Evans

Ullstein

VERLAG ULLSTEIN GMBH · FRANKFURT/M · BERLIN · WIEN

Titel der Originalausgabe »Konrad Lorenz: The Man and his Ideas«
erschienen bei Harcourt Brace Jovanovich, New York und London

Übersetzung Wilhelm Thaler

Printed in Germany 1977
Gesamtherstellung: May & Co, Darmstadt

CIP-Kurztitelaufnahme der Deutschen Bibliothek

Lorenz, Konrad
[Sammlung]
Konrad Lorenz: Gespräche mit Richard I. Evans,
e. Briefwechsel mit Donald Campbell u. 4 Essays /
hrsg. von Richard I. Evans. – Frankfurt/M., Berlin,
Wien: Ullstein, 1977.
ISBN 3-550-07031-4
NE: Evans, Richard I. [Hrsg.]

Inhalt

Einleitung

Als Professor Lorenz 1973 zusammen mit Karl von Frisch und Nikolaas Tinbergen den Nobelpreis für Physiologie und Medizin erhielt, war es das erste Mal, daß Verhaltensforscher auf diese Weise geehrt wurden. Professor Lorenz wurde mehr als die beiden anderen Gelehrten in der Öffentlichkeit mit der Verhaltensforschung im allgemeinen und mit der Psychologie im besonderen identifiziert.

Die Zusammenarbeit mit Professor Lorenz beim Zustandekommen dieses Buches, dem Tonband- und Filmaufnahmen für Unterrichtszwecke* vorausgingen, war überaus ersprießlich. Als ich auf dem Flugplatz von Wien in die internationale Ankunftshalle trat, war ich neugierig, ob ich ihn erkennen und ob er mich überhaupt noch erwarten würde, denn mein Flugzeug aus London hatte fast eine Stunde Verspätung. Meine Sorge war nicht von langer Dauer, denn der Mann in der ersten Reihe der wartenden Menge – das Gesicht an die Glaswand der Halle gedrückt – war ganz sicher Konrad Lorenz. Der große, kräftige Mann mit den ausgeprägten Zügen und dem berühmten weißen Haarschopf und Bart war nicht zu verkennen. Er trug ein schwarzweiß kariertes Hemd, eine ziemlich abgetragene, braune Cordsamthose und -jacke sowie kniehohe Gummistiefel; seine aufrechte Haltung und seine lebhaften Bewegungen straften seine siebzig Jahre Lügen. Man hätte ihn leicht für einen robusten Bauern halten können. Die Vitalität, die er ausstrahlte, machte es kaum glaubhaft, daß er im

* Die amerikanische Ausgabe des vorliegenden Buches gehört zu einer Reihe von Hochschullehrbüchern, die in Verbindung mit Tonfilmen berühmte Psychologen vorstellen. Die Reihe begann 1957 mit C. G. Jung und Ernest Jones und wurde mit so berühmten Persönlichkeiten wie Erich Fromm, Erik Erikson, B. F. Skinner, Arthur Miller, Gordon Allport und Jean Piaget fortgesetzt. Die Interviews in diesen Filmen und Büchern stellen eine konstruktive, neuartige Unterrichtsmethode dar, durch die die Standpunkte der Wissenschaftler als spontane, aus dem Stegreif kommende Originalquellen wiedergegeben werden.

Begriff stand, sich vom Max-Planck-Institut in sein Elternhaus nach Altenberg bei Wien zurückzuziehen. Diese leidenschaftliche Spannung sollte sich in den folgenden Tagen als eine der Freuden des Zusammenseins mit Konrad Lorenz erweisen.

Mit einem freundlichen Lächeln reagierte er auf mein Zeichen des Erkennens und ließ es sich nicht nehmen, mir beim Verladen meines Gepäcks in seinen eleganten Mercedes zu helfen. Ich erinnerte ihn daran, daß das Filmteam und mein Sohn, ein Medizinstudent, am nächsten Tag kommen würden. Die Erwähnung meines Sohnes veranlaßte Professor Lorenz, von seinem Medizinstudium in New York und Wien und seinem ständigen Kontakt mit der Medizin zu sprechen. Er hatte sein Medizinstudium vor allem seinem Vater, einem prominenten Wiener Chirurgen zuliebe beendet. Das Haus der Familie liegt in der Adolph-Lorenz-Gasse, die ihren Namen zu Ehren seines Vaters trägt. Seine Frau Margarethe – von ihren Freunden Gretl genannt – mit der er fast fünfzig Jahre verheiratet ist, hat gleichfalls Medizin studiert. Sie ist Fachärztin für Geburtshilfe und Gynäkologie. Er sprach davon, wie wichtig das Einkommen aus ihrer Praxis in den mageren Jahren war, als er sein Doktorat in Zoologie an der Wiener Universität ablegte und als Assistent am II. Anatomischen Institut der Universität tätig war. Später war er Leiter des Instituts für vergleichende Psychologie der Albertus-Universität Königsberg und diente dann als Psychiater in der deutschen Armee, aber seine wahre Liebe galt nicht der klinischen Medizin. Eine hervorragende Laufbahn in einer kühnen neuen Disziplin, gekrönt durch den Nobelpreis, bestätigt seine Selbsteinschätzung.

Die Entwicklung des Ethologen Lorenz setzte schon in seiner Kinderzeit in Altenberg ein, wo er viele Stunden mit der Beobachtung von Schwimmvögeln verbrachte. Seine leidenschaftliche Naturliebe und sein begeistertes Interesse für das Verhalten der Lebewesen in ihrer natürlichen Umgebung wuchsen mit jedem Jahr.

Oskar Heinroth, einer der Pioniere der Verhaltensforschung, brachte ihn dazu, sein Interesse auf natürliche Verhaltensweisen zu konzentrieren. Lorenz war beeindruckt von Heinroths Beobachtung, daß Graugänse, die vom Ei an durch Menschen großgezogen wurden, diesen folgten, als wären sie ihre natürlichen Eltern. Lorenz' Interesse wuchs noch, als Heinroth feststellte, daß die Menschen, sobald die Gänse ihre sexuelle Reife erreichten, Objekte ihrer »sozialen« Aufmerksamkeit wurden, auch wenn sie sich inzwischen mit anderen Gänsen paarten. Lorenz war von diesen Beobachtungen fasziniert und wollte sie ausdehnen. Er führte eine Reihe von Experimenten durch, überprüfte dieses merkwürdige Phänomen immer wieder mit Gänsen, Wellensittichen, Moschusenten und seinem alten »Versuchsobjekt«, der Dohle. Er bestätigte Heinroths Beobachtungen und stellte die genaue Entwicklungsperiode und die Bedingungen fest, unter denen es zu diesem »Prägen« kam.

Er verfolgte diese Beobachtungen weiter, sofern sie mit der Programmierung im Genom, der Erbmasse, im Zusammenhang standen. Ist eine bestimmte Anzahl von Reaktionen »angeboren«? Wie fixiert sind sie? Durch welche Reize der Umgebung werden sie ausgelöst? Wie steht es mit dem Allgemeinverhalten, zum Beispiel der Aggression? Wie steht es mit dem Territorium? Was sind die Parameter innerhalb dieser »angeborenen« programmierten Aufeinanderfolge? Eine solche Überprüfung der Wichtigkeit des biologischen Determinismus vor dem Hintergrund des radikalen Behaviorismus und dessen Umweltdeterminismus, wie er in den vierziger und fünfziger Jahren in den Vereinigten Staaten vorherrschte, führte natürlich zu einem konsequenten Zweifel an Lorenz' Beobachtungen von seiten vieler Psychologen, der heute noch besteht.

Seine Bücher – »Das sogenannte Böse« (Wien 1963) und »On Aggression« (New York 1966) – brachten diese Theorie einem noch breiteren Publikum zur Kenntnis. Er wurde heftig kritisiert, als er fragte: Ist Aggressivität beim Menschen »angeboren«? Tritt sie unprovoziert auf? Kann Territorialität das komplexe Verhalten des Menschen wirklich erklären?

Lorenz antwortete dem Kritiker, den er am meisten respektierte, Daniel Lehrman, mit einer Publikation, auf die er sehr stolz ist, »Evolution and Modification of Behavior« (Chicago 1965).

Andere Dinge begannen ihn zu beschäftigen. Mit den Wirkungen der genetischen Programmierung, dem instinktiven Verhalten und der natürlichen Auswahl konnte er fertig werden, während er seine bemerkenswerten Beobachtungen niederer Organismen in ihrer natürlichen Umgebung fortsetzte. Wie aber stand es um den Menschen? Was war da schiefgegangen? Lorenz läßt sich von den Fortschritten auf technischem und wissenschaftlichem Gebiet sowie in der Heilkunde nicht überzeugen und ist zunehmend der Ansicht, daß das Problem eher in der Entwicklung der Werte des Menschen liegt als in dessen biologischer Struktur. Er glaubt, daß diese deformierten Werte zu Übervölkerung, Bedrohung atomarer Vernichtung, genetischem Untergang, zum Verschwinden tiefer Gefühle, zu erhöhter Anfälligkeit gegenüber autoritärer Herrschaft, ökologischen Krisen, Krieg und Haß zwischen den Menschen im allgemeinen führen. In seinem letzten Buch, »Die acht Todsünden der zivilisierten Menschheit« (Meisenheim 1971 und München 1973), legt er das in einem dramatischen, didaktischen Ton dar, der die Leser seines »Er redete mit dem Vieh, den Vögeln und den Fischen« (Wien 1949) und »So kam der Mensch auf den Hund« (Wien 1950) überrascht.

Er glaubt, daß die Wissenschaft heute keine Zeit mehr hat, diese Probleme methodisch zu klären. Seiner Ansicht nach muß der Wissenschaftler für einen Standpunkt eintreten – und er tritt für einen Standpunkt ein!

Auch dieses Buch wird verständlicherweise heftige Kritik hervorrufen, da es den Behaviorismus angreift und Betrachtungen über die Wirkung von phylogenetisch übernommenen Verhaltensweisen auf den Menschen anstellt.

Eines Abends beim Essen sprach Professor Lorenz mit mir über ein schwieriges Problem, die Beschuldigungen des Rassismus, welche in den letzten Jahren gegen ihn laut geworden waren.

Ein Artikel im »Journal of the New York Academy of Sciences« (1973) geht auf den Streit ein. Die Psychiater Peter Breggin und Frederic Wertham kritisierten die Zuerkennung des Nobelpreises, während die Anthropologin Margaret Mead Lorenz verteidigte und behauptete, er sei das Opfer systematischer Verfolgung. In »Psychology Today« (1974) resümierte Elizabeth Hall das Problem:

Lorenz hat nie geleugnet, daß er einmal manche Nazitheorien wertvoll fand. Er sagte dem Journalisten Vic Cox: »Ich glaubte natürlich, daß von den Nazis vielleicht etwas Gutes kommen könnte. Viel bessere, intelligentere Menschen als ich, darunter mein Vater, glaubten das. Daß die Nazis Mord meinten, als sie »Auswahl« sagten, kam keinem in den Sinn. Ich glaubte niemals an die Nazi-Ideologie, dachte aber wie ein Narr, ich könnte diese Menschen bessern, sie zu etwas Besserem führen. Es war ein naiver Irrtum.«

Das führt uns zu der problematischen Frage: In welchem Ausmaß kann dem Wissenschaftler sein Engagement für eine politische Bewegung zur Last gelegt werden, wenn er später zugibt, daß diese Teilnahme einer naiven Haltung entsprang?

Ich ersuchte Professor Lorenz, Fragen hinsichtlich seiner Beziehung zu den Nazis zu beantworten. Er findet, sichtlich ermattet durch das wiederholte Eingehen auf dieses Problem, insbesondere seit Erhalt des Nobelpreises, daß weitere Kommentare zwecklos sind. Er bringt

in einem an mich gerichteten Brief vom 13. August 1974 hinsichtlich der Behandlung dieser Frage im vorliegenden Buch sein Befremden mit folgenden Worten zum Ausdruck:
»Anderseits will ich auf die von Ihnen gestellten Fragen bestimmt nicht in der Öffentlichkeit antworten. Wenn ich es täte, würde es so aussehen, als hätte ich das Bedürfnis, mich zu entschuldigen, und das habe ich nicht. Wenn mein dummer Versuch, den Nazis zu gefallen, durch irgend etwas gesühnt werden kann, so ist es mein Eintreten für Ansichten, die ich für richtig halte, sogar wenn sie mich bei den Lesern der heutigen Zeit höchst unbeliebt machen.«

Ich kann zu Professor Lorenz' Worten nur hinzufügen, daß er meinem Gefühl nach leidenschaftlich an die Werte glaubt, für die er heute eintritt. Ich glaube, daß er dieser Kritik und aller Kritik gegenübertreten wird – ohne *ad hominem* Angriffe gegen seine Kritiker zu starten, indem er manche seiner Ideen im Licht der Kritik vielleicht überdenkt oder ändert –, aber er wird auch weiterhin angreifen, was er für gefährlich und destruktiv betrachtet, und für seine Überzeugungen einstehen. Daß er einer der ersten Verhaltensforscher ist, die den Nobelpreis erhielten, hat Lorenz keineswegs beeinflußt, auch nicht bei unpopulären Entschlüssen. Vielleicht ist das charakteristisch für Nobelpreisträger. Für Konrad Lorenz ist es ganz gewiß charakteristisch.

Gespräche mit Richard I. Evans

Ethologie und Prägung

Übersicht:

In diesem Abschnitt handelt es sich um die Entwicklung der Lorenzschen Beiträge zur Ethologie, für die er den Nobelpreis erhielt. Er definiert den Begriff Ethologie und erzählt, wie er sich für diese Art Beobachtung von Lebewesen zu interessieren begann. Er spricht auch über seine Beobachtungen der Prägung und beschließt den Abschnitt mit seinen Ansichten darüber, inwieweit Fetischismus und sogar Erik Eriksons »identity construct« in mancher Hinsicht mit Prägung analog sein könnte.

EVANS: Sie, Nikolaas Tinbergen und natürlich Karl von Frisch wurden für Ihre Neuerung, die als Ethologie bekannte Methode der Verhaltensforschung, berühmt. Der Ethologe beobachtet die charakteristischen Verhaltensweisen eines Tieres, wenn es Nahrung sucht, sich verteidigt, seinen Partner umwirbt und seine Jungen aufzieht. Diese Forschung wird unauffällig in der natürlichen Umwelt des Tieres durchgeführt. Hier könnte es sehr interessant sein, Professor Lorenz, von Ihnen zu hören, was Sie genau unter dem Begriff »Ethologie« verstehen.

LORENZ: Ethologie ist nichts Neues. Sie ist in der Methode, in der Betrachtung, in den Fragen, die sie stellt, eine vergleichende Wissenschaft, so wie alle anderen Zweige der Biologie, nur daß sie sich in erster Linie auf das Verhalten konzentriert. Warum diese Fragen nicht schon früher auf das Verhalten bezogen wurden, ist ein berechtigter Einwurf.

EVANS: Was mich interessiert, ist die Art, wie Sie den Begriff »Verhalten« anwenden. In der Psychologie betrachten wir das Verhalten als eine beobacht- und meßbare Reaktion. Daß heißt, wenn wir von einer Verhaltensweise sprechen, meinen wir etwas Beobachtbares. Wenn

Sie ein Verhalten erörtern, konzentrieren Sie sich doch auf die beobachtbaren Reaktionen des Lebewesens.

LORENZ: Ja. Aber ich möchte sagen, daß beobachtbar und meßbar zwei völlig verschiedene Dinge sind. Zuerst kommt das Beobachten; das Messen kommt später. Angenommen, Sie versuchen den Gang einer sehr komplizierten Maschine zu beschreiben, die Sie nie gesehen haben. Nehmen wir an, ein Marsmensch kommt auf die Erde und sieht ein Auto – ein für ihn fremdartiger Anblick. Er würde zuerst eine Liste der Einzelteile – Kurbelwelle, Vergaser, Kolben und so fort – machen. Er würde nicht zu messen beginnen, bevor er die Wechselwirkung der einzelnen Teile kennt. Der deutsche Philosoph Windelband sagte (1894), daß jede Wissenschaft, jede Naturwissenschaft, in drei Phasen vorgeht: der idiographischen, der systematischen und der nomothetischen. Idiographie bedeutet Beschreibung der äußeren Form des Individuums, das Bild. Das zweite Stadium ist die Systematisierung dessen, was man gesehen hat – zum Beispiel das Schildern der erkennbaren Verhaltensweisen. Die nomothetische Phase befaßt sich mit der Aufdeckung der Gesetze, welche in der Vielfalt der Phänomene vorherrschen und die Regeln bestimmen, die man bei der Systematisierung findet.

In letzter Zeit wurde der Entwicklung von Quantifizierbarkeitsmethoden zu viel Gewicht beigemessen, und zwar so sehr, daß man die Beobachtungen vergaß, die zuerst kommen müssen.

EVANS: Wenn Sie also die Bezeichnung »Verhaltensbiologie« verwenden, treten Sie für Beobachtung in der Darwinschen Tradition ein.

LORENZ: Gewiß.

EVANS: Was ist also, wenn wir präziser sein wollen, die alleinige Charakteristik der Ethologie als Zweig der Biologie?

LORENZ: Ich kenne keine einzige für die Verhaltensweise angewandte Frage oder Methode, welche nicht in genau der gleichen Form für die Struktur oder Funktion eines Systems angewandt werden könnte. Zu dieser Einstellung gehört natürlich unsere entschiedene Überzeugung, daß alles, was wir im äußeren Verhalten des Tieres sehen, die Funktion einer inneren Struktur ist, einer Struktur und Funktion des zentralen Nervensystems. Und wie Sie wissen, kann man auch definitionsmäßig keine scharfe Grenze zwischen Struktur und Funktion ziehen. Die beiden Begriffe gehen ineinander über, und je mehr man sich bemüht, desto weniger gelingt es, die beiden zu unterscheiden. Deshalb gab ich es auf, definieren zu wollen, was Verhalten ist. Wenn man zum Beispiel einen Pavian beobachtet, der ein Erkenntnisproblem zu lösen versucht, wird man sehen, daß er auf die Kiste blickt, sich umsieht, sich den Kopf kratzt. Er denkt hauptsächlich, indem er sich bewegt. Bei einem jungen Schimpansen sieht man vielleicht nur, daß seine Augen sich bewegen. Er kratzt sich auch. Und bei einem alten, erfahrenen Schimpansen sieht man vielleicht, daß er bloß dort sitzt und nachdenkt. Es geht innerlich so viel vor, was erst fünf Minuten später in Form von offenkundigem, beobachtbarem Verhalten erkennbar wird. Ich wüßte gar nicht, wo ich die Grenze zwischen innerem Denken, das nicht unmittelbar beobachtbar ist, und Verhalten, das beobachtbar und Ergebnis des Denkens ist, ziehen soll. Dieses Dilemma ergibt sich aus einem höchst komplizierten biologischen Vorgang.

EVANS: Sie erwähnten die Methoden der Ethologie. Welche spezifischen Methoden verwendet der Ethologe, wenn er seine Daten sammelt?

LORENZ: Vielleicht kann ich das durch die Art und Weise erklären, wie ich mich für Ethologie zu interessieren begann. Als Junge von etwa zehn Jahren interessierte ich mich für Entwicklungslehre. Ich las ein Buch von Wilhelm Bölsche, in dem der erste Vogel – der Archaeopteryx – erwähnt wird, der Flügel wie ein Vogel, einen Schwanz wie eine Eidechse und ein Federnpaar an jedem Wirbel hat – und da ging mir auf, daß dieser Entwicklungsgedanke überall passen könnte; daß vielleicht Insekten mit ihren gegliederten Körpern von Erdwürmern abstammen könnten. Meine Annahme war tatsächlich richtig. Damals dachte ich, das Interessanteste auf der Welt sei das Studium der Entwicklung. Und als ich Bölsches Buch las, gelangte ich zu dem Schluß, ich müßte Zoologie und Paläontologie studieren. Mein Vater wünschte, daß ich Medizin studieren solle, und da ich ein braver, folgsamer Junge war, studierte ich wirklich Medizin. Das war mein Glück, denn mein Anatomieprofessor war ein wirklich großartiger vergleichender Anatom und ein noch größerer vergleichender Embryologe. Von ihm lernte ich, wie man durch Vergleich der Ähnlichkeit und Unähnlichkeit von Charakteristika moderner Formen, neuerer Formen den Stammbaum von Tieren rekonstruieren kann. Schon damals wußte ich eine Menge über tierisches Verhalten, insbesondere über Enten – den Enten galt meine Liebe schon seit meiner frühen Jugend. Ich wußte viel über Entenverhalten. Es wäre wirklich überaus albern gewesen, nicht zu erkennen, daß diese vergleichende Methode auch auf das Verhalten anwendbar war. Gewisse Balzbewegungen des Enterichs zum Beispiel sind typisch für eine Art, einen Stamm, eine Familie, sogar eine Gruppe von Enten und sind genauso verteilt wie morphologische Charakteristika, wie Form- und Strukturmerkmale. Diese Art des Verhaltensstudiums faszinierte mich, und ich glaubte, ich hätte es erfunden, entdeckt. Viel später wurde ich gewahr, daß der alte Oskar Heinroth darüber genau Bescheid wußte, doch damals wußten wir beide nicht, daß Charles Otis Whitman zehn oder fünfzehn Jahre vor Heinroth die gleichen Methoden verwendet hatte. So war die erste wirklich vergleichende ethologische Studie über die Phylogenetik des Verhaltens durch vergleichende Methoden ein Artikel, den Charles Otis Whitman im Jahr 1898 in Woods Hole, Massachusetts, veröffentlichte.

Das war also die Art und Weise, wie ich den Ursprung der Ethologie entdeckte, denn weder Heinroth noch Whitman waren Psychologen. Sie waren ganz einfach Zoologen und Systematiker. Sie wollten – so Whitman – die Blutsverwandtschaft zwischen zwei Taubenarten oder – so Heinroth – zwischen Enten herausfinden. Sie verwendeten alle Formen des Verhaltens – Balz, Ausdrucksbewegungen und dergleichen – als taxonomische Merkmale, um zu zeigen, daß die Stockente und die Rotfußente miteinander viel näher verwandt sind als mit anderen ihrer Art. Weder Heinroth noch Whitman erkannten das volle Ausmaß ihrer Entdeckung, daß Verhaltensweisen für eine Art und auch für größere taxonomische Gruppen charakteristisch sind. Sie waren der Stichhaltigkeit ihrer Entdeckung sehr sicher, sogar ohne zu erkennen, daß sie den Theorien der großen psychologischen Schulen, der psychologischen Schule des Instinkts ebenso wie den Behavioristen, diametral entgegengesetzt war. Sie wußten das einfach nicht. Es wird oft behauptet, ich sei der Vater der Ethologie, aber das stimmt nicht. Ich weiß nur, daß das Entdecken eines allgemeingültigen Naturgesetzes ein großes Verdienst und die Entdeckung seines Wertes ein geringeres ist. Mein wissenschaftliches Verdienst liegt darin, daß ich Whitman und Heinroth entdeckt habe.

EVANS: Beim Lesen Ihrer Werke vermutet man, daß Sie sich immer darauf konzentriert haben, das Lebewesen in seinem natürlichen Lebensraum zu studieren. Ist diese Annahme richtig?

LORENZ: Diese Annahme ist richtig. Man kann eine Lebensform, eine Struktur nicht verstehen, ohne deren Gebrauch und Wechselwirkung mit der Umwelt zu erkennen. Man kann die Stromlinienform eines Haies nicht verstehen, ohne zu wissen, daß diese Form geschaffen ist, um mit einem Minimum an Widerstand das Wasser zu durchschneiden. Man kann den Schnabel einer Löffelente nicht verstehen, ohne zu wissen, wovon sich die Ente ernährt. Und das gilt für jedes System –

das Lebewesen und seine Umwelt sind ein System. Man kann die Struktur des Kolbens eines Automobilmotors nicht verstehen, wenn man nicht weiß, daß er Ventile besitzt, und man kann die Ventile nicht verstehen, wenn man nicht weiß, wie die Kurbelwelle das Ventil hebt – das Einlaßventil am Zylinderkopf, das durch den Vergaser das Benzingemisch ansaugt – mit anderen Worten, die Teile eines Motors können in toto verstanden werden oder gar nicht. Man wirft mir oft vor, ich sei gegen die Quantifizierung, unfähig zu messen, unfähig zu einem Experiment und dergleichen. Ich behaupte nur, daß man mit dem vollständigen System beginnen und sich zu den einzelnen Teilen weiterarbeiten muß, nicht aber sich auf einen Teil konzentrieren oder ihn aus der Maschine entnehmen darf, um ihn zu studieren. Um wieder meinen Vergleich mit dem Automotor zu verwenden: es ist so, als würde man den am leichtesten demontierbaren Teil, etwa eine Schraube mit Mutter, entfernen, dann dem System den Rücken kehren und versuchen, von Schraube und Mutter ausgehend, das System wieder zusammenzusetzen. Das ist unmöglich.

EVANS: Das methodologische Problem bei naturgetreuer Beobachtung ist die Objektivität des Beobachters und die Überprüfung seiner Reaktion.

LORENZ: Ja.

EVANS: Und Wissenschaftler sind natürlich immer interessiert, Beobachtungen zu überprüfen. Würde es genügen, wenn Sie sich, um ein Tier zu beobachten, in dessen natürliche Umwelt begäben und dann Ihre Beobachtungen schilderten? Würde das auf dem Gebiet der Ethologie als hinreichende Angaben betrachtet werden, oder müßte es irgendeine Form der Überprüfung Ihrer Beobachtung geben?

LORENZ: Immer ist die Quantifizierbarkeit das Entscheidende bei der Überprüfung. Bloß etwas zu sehen, etwas als Funktion der Sichtwahrnehmung zu entdecken, würde man als Ahnungserzeugung bezeichnen können. Sie bringt eine inspirierte Vermutung hervor, die jedoch eine Vermutung bleibt, bis sie überprüft ist. Da tritt die ganze Logik wissenschaftlicher Entdeckung auf den Plan – bei der Überprüfung. Der Entdecker ist oft ein Dichter. Große Dichter entdecken vieles, aber es bleibt nur Poesie, wird nicht Wissenschaft. Und, bei der Überprüfung findet das Experiment und vor allem die Quantifizierbarkeit Berücksichtigung. Um etwas zu beweisen, muß man messen. Bei unserer sehr umfassenden Betrachtung des Sozialverhaltens von Gänsen – einem sehr komplizierten System – sind wir bereits bei dem Punkt angelangt, wo wir mit unseren Daten Computer speisen müssen. Wir können es nicht mehr durch einfache Aufzeichnungen berechnen. Insbesondere die Motivanalyse erfordert ihrerseits eine Korrelationsanalyse. Es ist die einzige verläßliche Methode zur Überprüfung von Beziehungen. Was aber soll man überprüfen? Überprüfung heißt, daß man etwas beweist, was man argwöhnt oder vermutet oder gesehen hat.

EVANS: Es gibt viele verschiedene Arten der Überprüfung. Werden Sie in der Ethologie nicht mit einer Vielfalt von Überprüfungsverfahren konfrontiert?

LORENZ: Es gibt viele verschiedene Arten der Überprüfung und es gibt viele Arten von Experimenten, die man durchführen kann. Auf eines legt jedoch Tinbergen stets größten Wert, nämlich möglichst wenig von der normalen Umwelt zu verändern, so daß man weiß: das eine, was man geändert hat, ist wirklich die Ursache für das geänderte Verhalten, das man beobachtet hat. Das nannte Hess (1962) *the unobtrusive experiment.* Die Tinbergen-Schule hat Hervorragendes auf dem Gebiet des unauffälligen Experimentes geleistet. Ihre Arbeit mit der Grabwespe und Tiet Sevensteins Arbeit mit dem Stichling sind exakte physiologische Experimente, welche die quantifizierbare Überprüfung beobachteter Phänomene enthalten.

EVANS: Donald Campbell zeigte (1966) die Wichtigkeit unauffälliger Maßregeln bei menschlicher Verhaltensforschung auf dem Gebiet der Sozialpsychologie. Er hat sich eingehend damit befaßt und behauptet, daß der Beobachter die Umwelt zu beeinflussen vermag. Die tatsächliche Frage lautet nun: Gibt es genügend unauffällige Maßnahmen, um tatsächlich zu einem Verfahren zu gelangen, das die Beobachtung für stichhaltig erklärt? Ist es nicht schwierig, über nützliche unauffällige Maßnahmen zu entscheiden? Für das Studium menschlichen Verhaltens trifft das bestimmt zu. Das Finden guter unauffälliger Maßnahmen ist sehr schwierig.

LORENZ: Ich möchte sagen, daß der Ethologe gewissermaßen einen Umweg benutzt – ein feiges Umgehen von Schwierigkeiten durch Konzentration auf einfache Elemente. Beim Studium des Verhaltens ist es ist eine vorteilhafte Regel, das Phänomen in seiner einfachsten Form zu untersuchen. Deshalb studieren wir die Aggressivität bei manchen Fischarten, die, obgleich verhältnismäßig einfache Geschöpfe, dennoch sehr aggressiv sind, oder wir studieren das Verhalten von Gänsen innerhalb der Schar. Wenn die Dinge so kompliziert werden wie beim menschlichen Sozialverhalten, kenne ich natürlich keine andere Methode als statistisch ausgewählte Beispiele, in der Hoffnung, daß dadurch individuelle Unterschiede eliminiert werden. Dennoch bin ich der Ansicht, daß die statistische Betrachtung zwecks Verstehens von Phänomenen nur ein Ersatz für die Bestimmung der wahren Ursache und Wirkung ist; denn wenn man die Ursache unmittelbar beeinflussen und die Wirkung unmittelbar beobachten kann, braucht man keine Statistik. Die Voraussage sollte hundertprozentig stimmen und tut es in unserer einfachen Sphäre oft.

EVANS: Kehren wir nun zu dem Punkt zurück, von dem Sie früher sprachen: Sie erwähnten, daß der Philosoph Windelband von idiographischen, systematischen und nomothetischen Betrachtungsweisen sprach. Es ist interessant, daß ein amerikanischer Psychologe, Gordon Allport (Evans, 1971), Windelband sehr ernst nahm und sich spezifisch auf die Unterscheidung zwischen idiographischer und nomothetischer Betrachtungsweise konzentrierte. Er sah die idiographische Betrachtung als Suche nach der einzigartigen Charakteristik des individuellen Organismus im Gegensatz zu der nomothetischen Betrachtung, welche die Suche nach allgemeinen Gesetzen beinhaltet, die für eine größere Gruppe anwendbar sind. Können Sie sich beim Studium tierischen Verhaltens wirklich auf idiographische Muster konzentrieren? Mit anderen Worten, gibt es bestimmte Verhaltensweisen, die ausschließlich für ein einziges Tier gelten?

LORENZ: Es ist sehr interessant, daß Sie diese Frage stellen, denn genau das versuchen wir jetzt zu tun. Es ist falsch, zuerst zum allgemeinen Gesetz zu kommen, aber jedes Lehrbuch behandelt zuerst den allgemeinen Teil und erst später den speziellen. Heute wissen wir genug über den Umfang der Verhaltensweisen normaler Gänse, um uns auf die Unterschiede zwischen Individuen zu konzentrieren, was natürlich im besonderen und reinsten Sinne des Wortes idiographisch wird. Und man stellt fest, daß sich aus diesem Studium so etwas wie ein sehr vereinfachtes charakterologisches Modell ergibt. Einer meiner Studenten untersucht nun seit zwei Jahren Kommunikationsmechanismen zwischen vier Gänsen und zählt die unter ihnen erkennbaren Verhaltensweisen in ihren Beziehungen zueinander. Durch Erstellung von Diagrammen, die angeben, wie oft eine Gans angreift und eine andere flüchtet, findet man, daß es quantitative Unterschiede gibt; obwohl die Verhaltensweisen selbst die gleichen sind, kann eine Gans sich in Gruppenverhalten und in Furchtlosigkeit hervortun, jedoch kaum aggressiv sein. Es ist eine friedliche Gans. Und eine sehr liebenswerte Gans. Um das zu illustrieren: ein Ganter hat eine sehr niedrige Schwelle des Flucht- und auch des Aggressionsverhaltens. Eine komische Verbindung – ein aggressiver Feigling –, und dieser Bursche ist das, was viele normale Menschen als bösartig bezeichnen würden, weil das Tier plötzlich von hinten angreift, beißt und davonläuft und auch ein sehr schlechtes Gruppenverhalten zeigt. Er ist ein Einzelgänger, pflanzt sich aber fort. Diese Verbindung von quantitativen Unterschieden gibt einem einen sehr klar beschriebenen Gänsecharakter, aber die Beschreibung des Charakters dieses Ganters ist verflixt anthropomorph. Und das ist natürlich nur ein sehr einfaches Beispiel. Wir glauben jedoch, daß man durch Verwendung der gleichen Methode vielleicht andere, hochgradig soziale Geschöpfe, insbesondere Säugetiere, studieren könnte, von denen nur sehr wenige Arten gründlich untersucht wurden. Ein überaus interessantes und leicht zugängliches Tier ist zum Beispiel das Wildschwein. Wir haben in meinem neuen Wohnsitz ein großes Wildschweingehege, und wir wollen versuchen, an diesen Tieren die gleichen Studien zu wiederholen wie bei den Gänsen. Das ist unser Programm.

EVANS: So ist also die Suche, die der Psychologe nach den einzigartigen Charakteristika des Individuums durchführt – mit der Behauptung, daß es die Individualität vernichtet, wenn man allgemeine Prinzipien auf alle Individuen anzuwenden versucht –, eine Parallele zu Ihren Beobachtungen auf dem Niveau niederer Tiere. Wenn Sie sagen, Sie seien hier anthropomorph, finden Sie in Wirklichkeit meßbare, einzigartige Charakteristika niederer Lebewesen, welche sie ausschließlich identifizierbar machen.

LORENZ: Meine junge Schülerin Jane Packard hat genau das bei einem anderen interessanten Experiment mit Gänsen getan. Wir verglichen die von Personen mit Talent für Gestaltswahrnehmung getroffenen Beurteilungen von vier Gänsen mit den quantitativen Maßen derselben vier Gänse. Die individuellen Beobachter gaben nur ihre subjektiven Eindrücke bekannt: diese Gans war nett und friedlich, oder bösartig, und so fort. Und sie kannten natürlich die Beurteilungen der anderen Beobachter nicht, welche als Kontrolle objektiv quantifizierbare Maße verwendeten. Als sie die Aufzeichnungen verglichen, war es sehr interessant festzustellen, wie genau die individuellen, subjektiven Beurteilungen der quantitativen entsprachen. Es war eine faszinierende Arbeit.

EVANS: Ich glaube, Professor Lorenz, daß Sie einen sehr interessanten Begriff in die Sprache der Ethologie eingeführt haben: den Begriff »Prägung«. Was genau meinen Sie mit Prägung?

LORENZ: Bevor ich eine Definition gebe, erzähle ich Ihnen lieber, wie das Phänomen der Prägung entdeckt wurde. Whitman und Heinroth zogen junge Vögel auf. Beide interessierten sich besonders für die Verhaltensontogenese, deshalb beschäftigten sie sich mit jungen Vögeln, die von »Pflegeeltern« aufgezogen wurden. Manche wurden von ihnen persönlich aufgezogen, manche von anderen verwandten Arten. Sie fanden, daß diese Vögel in vielen Fällen nicht gezüchtet werden konnten, weil sie nur auf die Art der »Pflegeeltern«, nicht auf ihre eigene, sexuell reagierten. Das erwies sich als völlig irreversibel. Ich beobachtete das bei meiner dritten Dohle. Ich befaßte mich, als ich jung war, sehr viel mit dem Vogel, und es zeigte sich später, daß er sexuell auf Menschen fixiert war. Es ist somit die Fixierung einer angeborenen Verhaltensweise eine Charakteristik der Prägung. Die zweite ist deren Irreversibilität. Und die dritte ist die Tatsache, daß sie in einer verhältnismäßig kurzen Phase im individuellen Leben eines Tieres stattfindet. So wird beispielsweise, wie Hess (1973) gezeigt hat, die *Nachfolge*reaktion eines Entenjungens ungefähr in der siebzehnten Stunde nach seinem Ausschlüpfen aus dem Ei auf sein Objekt fixiert. Die Kurve der Prägung ist überaus steil und erreicht mit der siebzehnten Stunde ihren Höhepunkt. Bei zwanzig und dreiundzwanzig Stunden ist sie wieder unten. Die Prägung wurde in der *Mutternachfolge*reaktion von jungen Enten und Küken eingehend studiert. Zwischen beiden besteht ein großer Unterschied, denn die Prägung verschmilzt mit jeder Art von Lernen, das auf eine Periode beschränkt werden kann. Leider muß ich sagen, daß Haushühner, mit denen viele Experimente unternommen wurden, keine guten Beispiele für die Demonstration von Prägung sind. Der Begriff »Prägung« wurde hauptsächlich im Hinblick auf das Sexualverhalten formuliert. Alle Charakteristika, die ich beschrieben habe, wurden durch eine Anzahl von Forschern auf ihre Gültigkeit geprüft. Einige meiner Beobachtungen wurden jedoch insbesondere durch Patrick Batesons Beobachtungen der Mutternachfolgereaktion bei Küken (1964) in Frage gestellt. Ich gebe zu, daß die Mutternachfolgereaktion bei Küken kein typisches Beispiel für Prägung, sondern mehr oder minder erlernt ist. Tatsächlich gibt es andere Beispiele von Verhalten, welche einige der gleichen Charakteristika haben wie die Prägung: Mark Konishi hat (1964) gezeigt, daß das Singenlernen bei Vögeln gleichfalls auf eine sehr kurze Zeitspanne beschränkt und irreversibel ist. Er kann später nicht wiederholt, aber auch nicht nachgeholt werden, wenn diese Periode versäumt wurde. Auch kann es nicht geändert werden. Man kann also auch hier keine alles einschließende Definition geben, weil manche der Charakteristika der Prägung in einem gegebenen Fall sichtbar sind, andere dagegen nicht. Die typische, auf eine bestimmte Periode beschränkte und irreversible Prägung ist sexueller Art. Ich habe jedoch, im Gegensatz zu Batesons Behauptung, nie gesagt, daß alle Vögel prägen. Tatsächlich machte ich bei meiner ersten Erwähnung des Prägens (ich habe das vor kurzem nachgeprüft) auf die Tatsache aufmerksam, daß es zwar verhältnismäßig leicht ist, Dohlen auf Menschen zu fixieren, dagegen fast unmöglich, es mit Elstern zu tun, obgleich diese mit den Dohlen nah verwandt sind.

EVANS: Sie sagen also, daß Prägung als Phänomen tatsächlich auf gewisse Arten und auf einen bestimmten spezifischen Zeitraum während des Entwicklungsprozesses beschränkt ist.

LORENZ: Ja.

EVANS: Und nur auf spezifische Objekte. Und das zeigte sich Ihrer Ansicht nach vor allem im sexuellen Bereich. Ist das richtig?

LORENZ: Genau. Und Sie wissen, daß vor sehr langer Zeit, bevor Prägung als Prägung bezeichnet wurde – ich glaube, es war um 1900 –, ein Schweizer Arzt, Brun, auf die Prägung bei Ameisen aufmerksam machte. Die Sklavenhaltung hat mit der Tatsache zu tun, daß die Ameise auf die Art geprägt wird, welche anwesend ist, wenn sie aus der Puppe schlüpft. Man kann Puppen einer Ameisenart in das Nest einer anderen Ameisenart verpflanzen, und wenn die Puppe angenommen wird und die Ameise in diesem fremden Ameisenhügel ausschlüpft, reagiert sie auf diese, nicht auf ihre eigene Art. Das ist ein typischer Fall von Prägung. Auch bei verschiedenen parasitischen Wespenarten wurde Prägung demonstriert. Wenn die Wespenlarve aus einer bereits parasitierten Schmetterlingslarve herausgenommen und in die Raupe einer anderen Schmetterlingsart verpflanzt wird, wird die aus dieser Larve schlüpfende Wespe schließlich ihre Eier in die Raupenart legen, aus der sie gekommen ist. Das kann man, wenn man will, eine Tradition nennen. Thorpe brachte (1956) Familien von Hautflüglern zustande, die nach vielen Generationen ihre Eier in die falsche Schmetterlingsart legten.

EVANS: Gibt es aus diesem Konzept irgendwelche Folgerungen für das menschliche Verhalten? Das ist natürlich ein sehr, sehr großer Sprung, darüber bin ich mir klar.

LORENZ: Es ist ein großer Sprung. Ich glaube, das ist eine unbeweisbare Behauptung, aber wenn Sie das Werk eines sehr alten und beinahe schon vergessenen Psychiaters, Krafft-Ebing (1886), über Fetischismus lesen, bekommen Sie den Eindruck, daß das Verhalten einiger seiner

Patienten der Prägung analog war. Natürlich kann man die Gültigkeit solcher Beobachtungen nicht prüfen.

EVANS: Würden Sie das Prägungskonzept auf etwas wie die Nachfolger-Führer-Beziehung, die von Soziologen studiert wurde, ausdehnen? Es verbinden sich zum Beispiel schwache Gruppenmitglieder mit einem starken Gruppenmitglied, folgen ihm überallhin und gehorchen stets seinen Anordnungen.

LORENZ: Nun, einer der interessantesten Aspekte des Prägens besteht darin, daß der Prozeß nicht an ein Individuum, sondern an eine Art fixiert ist. Während der Experimente von Dr. Schultz (1963) mit Enten, bei denen er zum Beispiel Stockenten mit Schellenten aufzog, versuchten die Stockenten später, sich mit Schellenten zu paaren, nicht jedoch mit ihren Pflegegeschwistern, weil diese Art ein Inzest-hemmendes Tabu besitzt. Ich glaube nicht, daß die Prägung jemals die Reaktionen auf ein Individuum beeinflußt, es sei denn vielleicht im Falle der Mutter-Nachfolge-Reaktionen von jungen Enten und Gänsen. Wenn man aber dieses Phänomen auf die menschliche Ebene überträgt, ist meiner Ansicht nach jene kritische Phase der Prägung am nächsten, in welcher der junge Mensch hinsichtlich der elterlichen Lebensform skeptisch wird und nach neuen Zielen sucht, für die er eintreten kann. Er hängt sich an eine ideale Sache, aber seine ideale Sache führt ihn, wie bei der Prägung, zur Enttäuschung. Eine solche Frustration schadet diesem jungen Menschen so sehr, daß er sich an ein anderes Ideal nie mehr mit der gleichen emotionellen Stärke heftet, die er seiner ersten Liebe erwiesen hat.

EVANS: Das ist in gewisser Weise analog zu dem, was Erik Erikson (1963, 1968) über das Identitätsbestreben des heranreifenden jungen Mannes sagt.

LORENZ: Sehr richtig. Ich glaube, in dieser Hinsicht hat Erik Erikson ein überaus tiefgehendes Verständnis für die menschliche Natur bewiesen. Er ist meiner Ansicht nach einer der großen Deuter der Wahrheit über die menschliche Natur. Das sind jedoch Wahrheiten, deren Gültigkeit man nicht überprüfen kann. Man kann sie nur verstehen und sagen, ›Ja, ja, so ist es, das fühle ich selbst.‹ Aber versuchen Sie bloß, sie durch Quantifizierung zu überprüfen! Ich möchte sehen, wie Sie das tun!

EVANS: Das ist leider wirklich unmöglich.

Ethologische Interpretation der Motivation

Übersicht:
In diesem Abschnitt geht es darum, wie sich die ethologische Einstellung zur Motivation von der traditionelleren psychologischen Auffassung unterscheidet. Lorenz spricht über den Ursprung sozialer Motivation, wie etwa soziale (gelernte oder ungelernte) Anerkennung, über Instinkte sowie über die Arbeit Harry Harlowes auf diesem Gebiet.

EVANS: Wie Sie wissen, Professor Lorenz, nahm die Motivation in der Geschichte der Psychologie ein wichtiges Gebiet ein. In unseren Lehrbüchern zur Einführung in die Psychologie definieren wir Motivation als »das Sich-gegenseitig-Bedingen seelischer Geschehnisse; die Beweggründe des Willens.« Die meisten psychologischen Theorien über Motivation konzentrieren sich um das homöostatische Prinzip – das in Wirklichkeit von der Physiologie kommt –, daß es im Organismus, wenn die Bedürfnisse Spannungen erzeugen, eine Tendenz zur Spannungsverminderung gibt: es wird ein Ausgleichs- oder Gleichgewichtszustand gesucht. Wir sprechen bei unseren Motivationstheorien von sogenannten Primärtrieben. Ein Primärtrieb gehört zur Erbveranlagung des Organismus, er ist generell und hat eine physische Komponente, deren Befriedigung für die Erhaltung des Organismus notwendig ist. Hunger und Durst sind Beispiele solcher Triebe. Andere Motivationsschichten entstehen durch Lernen, wir bezeichnen sie als Sekundär- oder Tertiärmotive. Sie sind gewöhnlich sozialen Charakters, dazu gehören Leistung, soziale Anerkennung und Affiliation. Was ist Ihre Ansicht über ein solches Modell? Halten Sie es für plausibel?
LORENZ: Nun, das ethologische Modell der Motivation ist davon leider grundlegend verschieden. Einer der Urgroßväter der Ethologie, Wallace Craig, unterschied (1918) zwischen Appetenz und Abneigung. Es gibt zwei verschiedene Verhaltenstypen, deren einer durch (ich

werde es anthropomorph formulieren) den Wunsch des Tieres, etwas zu tun, motiviert wird. Praktisch jedes feststehende Bewegungsmuster, jede Instinktbewegung, wie wir sie nennen, will aktiv sein. Ein Hund, der lang nicht gelaufen ist, wird laufen. Eine Ratte im Skinnerschen Laufrad wird laufen, ohne irgendwohin zu kommen, weil das Bewegungsmuster, das einige Zeit unbenützt bleibt, das Tier reizt. Wenn man ein Bewegungsmuster eine Zeitlang nicht freigibt, »es staut«, wie wir sagen, wird nicht nur die Schwelle der Auslösungsreize gesenkt, sondern auch das Tier zum Suchen dieser Reizsituation veranlaßt. Diese Tatsache wurde zuerst von Charles Otis Whitman entdeckt und später von Wallace Craig bestätigt, der, wie ich sagte, den Begriff von Appetenz und Abneigung prägte. Was nun die Appetenz – zum Beispiel die Begattungsappetenz – anlangt, erscheint es mir eine ziemlich weit hergeholte Erklärung, zu sagen, daß das Tier sich paart, um den inneren Reiz loszuwerden, und daß die bestärkende Belohnung in der Entspannung besteht. Anderseits liegt bei dem Verhaltenstypus, den Wallace Craig Abneigung nennt, die bestärkende Belohnung tatsächlich in der Entspannung. Man kann, wie es Monika Meyer-Holzapfel tat, von Ruheappetenz als Erklärung für zahlreiches tierisches und menschliches Verhalten sprechen. Zwar mag die Annahme, daß die Entspannung der hauptsächlich bestärkende Faktor für einen großen Teil der tierischen und menschlichen Handlungen ist, richtig sein, aber das ist nicht alles.

EVANS: Meinen Sie damit das Triebabschwächungsmodell des verstorbenen Clark Hull (1943)?

LORENZ: Ja. Es gibt natürlich eine Vielzahl von inneren und äußeren Motiven. Während zum Beispiel die Aggressivität meiner Ansicht nach etwas ist, das von innen kommt, kann sie auch von außen, etwa durch allgemeine Frustration und Unterdrückung des Organismus durch seine Umwelt ausgelöst werden. Es besteht kein Zweifel, daß der Organismus in einer feindlichen Umgebung aggressiver ist als in einer freundlichen und gefälligen. Es ist aber, wie ich schon sagte, gefährlich, die Begriffe in übertrieben vereinfachter Form aufzufassen.

EVANS: Wir wollen einen einfachen Primärtrieb, den Hunger, zur Diskussion heranziehen, damit ich die Anwendung der Kriterien mancher Psychologen für einen Primärtrieb demonstrieren kann. Zum ersten ist Hunger physiologischer Natur; zum zweiten muß der Organismus den Hungertrieb befriedigen, sonst geht er zugrunde; zum dritten ist er allgemein – er findet sich bei allen Organismen, unabhängig von Art oder Zucht –, und schließlich gehört er zur Erbveranlagung des

Organismus. Hunger entspricht also allen Kriterien, die einem einfachen Primärtrieb eigentümlich sind. Halten Sie das für einen brauchbaren Weg der Klassifizierung von Primärtrieben?

LORENZ: Nein, keineswegs. Nicht einmal Hunger ist so einfach, wie es solche Kriterien erscheinen lassen – insbesondere bei Tieren –, weil die Bewegungsmuster bei der Nahrungsbeschaffung ihre eigenen, spezifisch meßbaren Motivationen haben. Wenn man einer Katze Mäuse zu fressen gibt, wird die Katze vier oder fünf Mäuse beschleichen, anspringen, töten und fressen, um ihren Freßtrieb zu befriedigen. Unter normalen Umständen lauert die Katze stundenlang, verfehlt viele Tötungsversuche und wartet – vielleicht vor einem Mauseloch sitzend – viele Stunden lang. Das Tier braucht diese Aktivitäten viel mehr als den eigentlichen Tötungsbiß, den Beutebiß. Viele dieser Aktivitäten müssen abreagiert werden – mir gefällt das Wort nicht, aber es ist das beste, das mir für diese Definition einfällt. Wenn Sie jedoch dieser Katze viele Mäuse zu fressen geben, werden Sie finden, daß sie nach viermaliger Wiederholung dieser Sequenz immer noch eine gewisse Anzahl von Mäusen tötet. Und dann wird sie erstaunlicherweise Mäuse in einiger Entfernung beschleichen, während andere Mäuse über ihre Pfoten laufen. Und sie wird keine mehr töten, sie aber noch lang belauern – sitzen und beobachten. Diese Handlungen drücken eine ganze Reihe von Motiven aus, die zu dem sogenannten Hungertrieb gehören. Dieses Verhalten ist natürlich gesteigert, wenn die Katze hungrig ist, wenn aber ihr Hunger befriedigt ist, sind die Triebe für Springen, Töten und Belauern noch nicht erloschen.

EVANS: Auf menschlicher Ebene ist die Motivation sogar noch komplizierter, besonders wenn wir uns mit sekundären oder erlernten sozialen Motiven befassen. Wenn wir zum Beispiel die Entwicklung eines Kindes beobachten, finden wir, daß sein Eßverhalten durch viele erzieherische Muster konditioniert ist. Der Hungertrieb wird immer weniger eine natürliche Reaktion. Wir sehen die Modifikation des Primärtriebs durch Lernen. Glauben Sie nicht, daß das Bedürfnis nach sozialer Anerkennung einen sogar noch größeren Sprung von der Primärmotivation weg bedeutet?

LORENZ: Ich würde sagen, einen geringeren Sprung, denn das Bedürfnis nach Anerkennung, das Bedürfnis akzeptiert zu werden, liegt auf einer viel niedrigeren Schwierigkeitsstufe. Es ist viel eher einem primären Hungertrieb ähnlich als einer sozial bedingten Variante eines solchen Primärtriebes. Man kann mit jedem Primärgefühl die Belohnungsfunktionen einer Anzahl von bedingten Reaktionen erster, zweiter, dritter oder vierter Ordnung in diesem komplexen Motivationssystem verbinden. Denken Sie nur zum Beispiel, wie stark Motivationen wie etwa Geld sind. Doch Geld ist nur ein bedingter Reiz, insofern, als man gelernt hat, daß man daraus eine wichtige Befriedigung gewinnen kann. Aber das Bedürfnis nach sozialer Anerkennung ist offensichtlich sehr tief verwurzelt und, dessen bin ich ganz sicher, instinktiv programmiert. Das Bedürfnis nach sozialer Anerkennung wird zum Beispiel in der bewährten Methode der Gehirnwäsche teuflich ausgenutzt. Das erste, was der Gehirnwäscher tut, ist die Verweigerung sozialer Anerkennung, so daß alles, was das Opfer sagt, erstaunten Tadel verursacht. Das verwirrt das Individuum emotionell so sehr, daß das Opfer nach einiger Zeit alles tun wird, um ein freundliches Lächeln zu erreichen. Es wird sich ungeheuer bemühen – sogar so weit, daß es seine tiefsten Überzeugungen aufgibt – eine derartige soziale Anerkennung zu erhalten. Wir können bei vielen Tieren analoge Reaktionen beobachten. Es wurde zum Beispiel demonstriert, daß Schimpansen tatsächlich sterben, wenn sie nicht das Feedback sozialen Gruppenverhaltens empfangen.

EVANS: Das führt uns zu einem wichtigen Unterschied zwischen dem, was manche Psychologen glauben, und dem, was der Ethologe beobachtet. Sie würden behaupten, daß das Bedürfnis nach sozialer Anerkennung durch das Lernen bei der Entwicklung und Sozialisierung des Kindes erzeugt wird. Die Ethologen sind der Ansicht, daß es zur Erbveranlagung des Organismus gehört. Sie haben früher die Bezeichnung »Anthropomorphismus« verwendet. Besteht nicht bei der Beobachtung sozialer Anerkennung bei Tieren die Gefahr eines Anthropomorphismus? Was bei einem Tier ein durch den Wunsch nach sozialer Anerkennung motiviertes Verhalten zu sein scheint, könnte bloß eine Funktion menschlicher Eigenschaften sein, die man dem Tier zuschreibt.

LORENZ: Nun, das ist natürlich eine sehr grundlegende Frage, und man kann zu diesem Thema eine Menge sagen. Ich glaube aber, daß dieses Bedürfnis nach sozialem Kontakt in dem Augenblick beginnt, in dem das Kind seine Mutter als Individuum erkennt. René Spitz hat (1969) überzeugend gezeigt, daß ein Kind, wenn ihm eine persönliche Bindung mit der Mutter, die wenige Monate nach der Geburt erfolgt, vorenthalten wird, sich gegen Fremde zur Wehr setzt. In einem Waisenhaus, wo Kinderschwestern als Mutterfiguren dienen, wird diese Bindung im Lauf des routinemäßigen Dienstwechsels unterbrochen, und das Kind wird versuchen, mit der zweiten Kinderschwester eine neue Bindung herzustellen. Dann wird die zweite Mutterfigur ausgetauscht, und das Kind versucht ein drittesmal, Bindung herzustellen. Wenn es die dritte Mutterfigur verliert, zieht sich das Kind zurück und verliert die Fähigkeit, weitere soziale Kontakte herzustellen. Das ereignet sich sicher auf einer im psychologischen Sinn vorsozialen Stufe und kann bei den Kindern zu Autismus führen. Die Symptome dieser erworbenen Geisteskrankheit ähneln dem, was allgemein als Kindheits-Schizophrenie bezeichnet wird. In ähnlicher Weise behandelte soziale Tiere zeigen die gleichen Resultate. Frühzeitige soziale Isolation kann bei einer Gans leicht zu Autismus führen. Sie weigert sich später, soziale Kontakte aufzunehmen. Wenn man zwei solche Vögel in einen Käfig zusammensperrt, sitzen sie in gegenüberliegenden Ecken, wenden einander den Rücken zu und ignorieren einander. Das ist vielleicht nicht homolog, aber es ist zumindest analog.

EVANS: Manche Psychologen glauben, die Arbeit von René Spitz lasse darauf schließen, daß das Kind in einer derartigen Situation nicht auf den Mangel an »sozialem Kontakt«, sondern auf den Mangel an mütterlicher Liebe reagiert.

LORENZ: Ja.

EVANS: Der Sprung ist doch aber sehr gering: von dem Bedürfnis nach mütterlicher Liebe oder sogar nach sozialem Kontakt, zu sozialer Anerkennung. Stimmt das?

LORENZ: Ja. Ich würde sagen, das eine verschmilzt mit dem anderen, denn wenn das Kind die Familie verläßt, mit der Mutter bricht und Beziehungen mit anderen Erwachsenen und Kindern zu entwickeln beginnt, verschmilzt sein Bedürfnis nach sozialem Kontakt unmerklich mit den zunehmenden komplexen sozialen Schwierigkeiten und Bindungen.

EVANS: Wir verwenden, wie Sie wissen, oft die Bezeichnung »Sozialisierungsprozeß« zur Beschreibung des Überganges des Individuums vom Zustand der Beherrschung durch primäre physiologische Triebe zur Beherrschung durch verschiedene Arten sozialer Bedürfnisse. Sie vertreten hier die Ansicht, daß die Wurzeln der Sozialisierung angeboren sind.

LORENZ: Ja. Meiner Ansicht nach ist die weitverbreitete Meinung unzähliger Psychologen und Soziologen ein Irrtum, daß alles Soziale im menschlichen Organismus kulturbedingt und das Instinktniveau intrasozial sei. Wenn ich überhaupt von etwas überzeugt bin, dann davon, daß dies absolut falsch ist und daß unsere Vorfahren, bevor sie Menschen wurden, soziale Tiere waren – höchst soziale Tiere – mit weitgehend der gleichen Reaktion zu Artgenossen wie wir sie haben. Ich halte es für höchst wahrscheinlich, daß gesellschaftlicher Verkehr eine Vorbedingung für Nachdenken ist. Möglicherweise ist das Sehen der eigenen Hand und das Erkennen, daß der andere die gleiche Art Hand hat, die Wurzel des Denkens: »Nun, ich bin das gleiche Ding wie der Mensch dort.« Ich glaube keineswegs an die Theorie, daß alle sozialen Reaktionen kulturbedingt und erlernt sind. Anderseits besteht eine Veranlagung für erlernte kulturbedingte Reaktion, auf der das gesamte kulturelle Gebäude steht.

EVANS: Sie behaupten also wirklich, daß das Verlangen nach Liebe und anderen sozialen Bedürfnissen, wie Anerkennung, dem Organismus inhärent sind und eine physiologische Grundlage haben.

LORENZ: Ja, vielleicht sogar eine homologe Grundlage.

EVANS: Wir dürfen also vorbehaltlos annehmen, daß das, was wir allgemein den Hungertrieb nennen können, nicht weniger primär ist, als das, was wir allgemein als Verlangen nach sozialer Anerkennung bezeichnen.

LORENZ: Sicher, sicher. All diese Bedürfnisse sind in demselben zentralen Nervensystem programmiert.

EVANS: Dann sollten wir am besten damit anfangen, einige unserer Lehrbücher zur Einführung in die Psychologie umzuschreiben. Sie haben bereits den Begriff »Instinkt« verwendet. Es ist Ihnen wahrscheinlich klar, daß wir bei unseren frühen Bemühungen in der Psychologie, Ausdrücke zu bringen, welche für das Verständnis der Motivation nützlich sind, den Begriff »Instinkt« benutzten, in den letzten Jahren jedoch bei dessen Verwendung immer vorsichtiger wurden.

LORENZ: Ja, dieser Ausdruck ist gefährlich!

EVANS: In den zwanziger Jahren wurde in der amerikanischen Psychologie fast jede Handlung, jede Reaktion als instinktiv bezeichnet. Tatsächlich zählte der Soziologe L. L. Bernard (1925) die verschiedenen als instinktiv bezeichneten Verhaltensformen und kam auf die Zahl von über vierzehntausend! Es ging so weit, daß man, wenn jemand seine Daumen drehte, sagte, er habe einen Daumendreh-Instinkt, und wenn er es nicht tat, sagte man, er habe einen Daumen-Nicht-Dreh-Instinkt. »Instinkt« bedeutet zu vieles. Die Psychologen vermieden es daher, den Ausdruck zu verwenden, und gingen zu Bezeichnungen wie »Trieb« oder »Bedürfnis« über, die sie als definitiver betrachteten. Dennoch besteht der Begriff »Instinkt« in der Literatur weiter. Würden Sie diesen Ausdruck fallenlassen? Wie würden Sie den Begriff definieren?

LORENZ: Erstens würde ich den Ausdruck nicht fallenlassen, sondern ihn so verwenden, wie er von der Ethologenkonferenz genehmigt wurde, zur Beschreibung beobachtbarer, feststehender Bewegungsmuster, nicht zur Definition der Motive des Organismus. Tinbergens (1951) frühere Definition der hierarchischen Organisation von Appetenzverhalten und einfachen Bewegungsmustern kam dem ziemlich nahe, was allgemein Instinkt genannt, jedoch für eine allzu weite Definition gehalten wurde. Was Sie über die Annahme von Instinkt als Motiv sagten, ist wie jede verallgemeinernde Annahme eines einfachen erklärenden Faktors unrichtig. Es könnte jedoch für die Beschreibung eines feststehenden Bewegungsmusters bei einem Verhalten nützlich sein, dessen Ursprung unklar ist. Wenn die Taube heimfliegt – englisch »homes« –, kann das als Heimfliege-Instinkt bezeichnet werden. Es mag aber eine Vielfalt von Bewegungsmechanismen geben, die wirksam werden. So zum Beispiel kann ein Raubvogel einen Vogelfaß-Instinkt, einen Vogelrupf-Instinkt haben und so fort. Bei jedem Instinkt oder feststehenden Bewegungsmuster sind viele verschiedene Motivationen beteiligt. Aber sie dürfen nicht als Funktion bezeichnet werden. Man muß sie ausdrücklich beobachten und zählen. Sonst sind die sogenannten Erklärungen eines Verhaltens *circuli vitiosi.* Manche der früheren Psychologen, und das gilt für McDougall (1908), begingen leider, wie Sie sagten, den Fehler, sehr freigebig solche Annahmen in Form eines *circulus vitiosus* zu machen. Wenn ihre Erklärungen wissenschaftlich waren, werde ich nächstens meinem Enkel, wenn er mich fragt, was die Eisenbahn in Betrieb setzt, sagen: »Die Lokomotivkraft, mein Kind.«

EVANS: Ich stelle fest, daß die Ethologen versucht haben, die Verwendung des Ausdrucks »angeboren« fallenzulassen, vielleicht aus den gleichen Gründen, aus denen die Psychologen aufgehört haben, den Ausdruck »Instinkt« zu verwenden. Ist diese Annahme richtig?

LORENZ: Es gibt eines, wofür der Ausdruck »angeboren« verwendet werden kann, und das ist die Information, die einem der Umwelterfordernis angepaßten Verhalten zugrundeliegt. Das bedeutet, daß Information über diesen äußeren Reiz festgelegt und in den Organismus gespeichert wurde, um eine entsprechend angepaßte Verhaltensform von ethologischer Struktur aufzubauen.

EVANS: Lassen Sie uns ein wenig präziser sein. Sie sprechen davon, daß er mit Information »gespeichert« wird. Beginnen Sie auf der Ebene des Genoms, der Erbmasse?

LORENZ: Ja.

EVANS: Und Sie sagen, da gibt es eine Art der Programmierung?
LORENZ: Ja. Wenn das Tier »weiß«, wie es mit einer Umweltgegebenheit fertig wird, besitzt es »Information« oder ist programmiert, darauf zu reagieren.
EVANS: Wenn Sie das Wort »weiß« verwenden, meinen Sie es nicht anthropomorph. Sie drücken die Ansicht aus, daß in der DNS oder nachfolgend in der RNS eine »Botschaft« vorhanden ist, welche die Reaktion des Tieres programmiert. Ist das richtig?
LORENZ: Ja. Ich habe eine Botschaft oder Information darüber, wie die Situation strukturiert ist, was meine Reaktion darauf bestimmt. Es gibt nur zwei Arten, diese Information in den Organismus zu bekommen. Durch die Methode Versuch und Irrtum – die Versuch-und-Erfolg-Einstellung im Genom – wird das Erfolgreiche einverleibt und das Erfolglose eliminiert. Die Information kann aber auch durch individuelle Modifikation oder Lernen in den Organismus gespeichert werden.
EVANS: Gehen wir für einen Augenblick zurück. Sie sprechen von Einverleibung des Erfolgreichen und Eliminierung des Erfolglosen. Eine Reaktion kommt zustande, ist erfolglos und wird eliminiert. Woraus besteht dieser Eliminierungs- und Einverleibungsprozeß? Ist es ein Anpassungsprozeß? Sprechen wir nun von Anpassung im Darwinschen Sinn, der biochemisch reflektiert wird, in dem Sinn, wie Darwin überlegt hätte, wäre die DNS zu seiner Zeit entdeckt worden?
LORENZ: Ja, wir sprechen in streng Darwinschem Sinn, wobei Anpassungsreaktionen biochemisch reflektiert werden. Dieser Prozeß der Mutation bewirkt in einem unter 100.000.000 Fällen eine Verbesserung der Anpassung, was einem Gewinn an Information gleichkommt. Eins zu zehn zur achten Potenz weist auf etwas ein wenig Anpassungsfähigeres hin. Das mit dieser neuen Information versehene Individuum hat bei seinen Bemühungen, sich an die Umgebung anzupassen, und in seiner Überlebensmöglichkeit einen enormen Vorteil.
EVANS: Eines dieser Probleme, die sich für den Ethologen bei der Verwendung des Ausdrucks »angeboren« ergeben, besteht darin, daß er ihn für nicht präzise genug hält. So haben Sie versucht, scheinbar angeborenes Verhalten in Form von Information oder Programmierung im Genom zu betrachten. Der Organismus »weiß« oder fühlt diese »Botschaft« und beginnt sich dementsprechend zu verhalten. Ist das richtig?
LORENZ: Ja. Es ist nichts völlig angeboren. Wie sehr auch das Programm oder die Form des Verhaltens im Genom fixiert ist, es braucht die

Umwelt für seine Entwicklung. Nur Information scheint völlig angeboren zu sein. Man vermutet, daß der Organismus, wenn eine Verhaltensform in eine bestimmte Umwelt paßt, Information über diese bestimmte Umwelt erhalten hat. Ich möchte das, was ich früher gesagt habe, in etwas anderer Form nochmals wiederholen. Es gibt nur zwei Arten, wie sich das bewerkstelligen läßt: erstens durch eine gegenseitige Beeinflussung der Spezies und ihrer Umwelt, der allgemein Anpassung genannte Prozeß, das heißt Formung, Aufbau des Organismus durch Mutationsauswahl im Darwinschen Sinn, um ihn für die Umwelt geeignet zu machen; oder zweitens durch Modifikation das Verhalten der Umwelt anzupassen. Verhaltensmodifikation ist Lernen im weitesten Sinn des Wortes. Diese Information ist entweder phylogenetischen Ursprungs oder sie geht vom Lernprozeß aus. Der genaue Charakter dieser Vorgänge wird natürlich weiterhin untersucht. Meiner Ansicht nach ist es von ungeheurer Wichtigkeit zu wissen, welche Informationsquelle dem Anpassungscharakter einer bestimmten Verhaltensform zugrunde liegt. Das gilt auch für menschliches Verhalten, denn wenn der normale Überlebenswert einer Verhaltensweise gesprengt wird, ist es höchst zweckdienlich zu fragen, ob die Störung genetisch ist oder von erlerntem Verhalten bzw. der Konditionierung des Organismus stammt, da die Maßnahmen gegen diese Störung in beiden Fällen verschieden sind.

EVANS: Wir wollen darauf etwas näher eingehen. »Gestörtes« menschliches Verhalten, das als Schizophrenie bezeichnet wird, könnte für diesen Zweck genügen. Über den Ursprung der Schizophrenie gibt es verschiedene Ansichten. Die genetische besagt, daß es eine Erbveranlagung für schizophrenes Verhalten gibt. Wenn also ein solches Individuum in einer Schizophrenie auslösenden Umgebung aufwächst, ist es eher wahrscheinlich, daß es schizophren wird als das in derselben Umgebung aufgewachsene Individuum, das nicht zu Schizophrenie neigt. Eine andere Theorie meint, daß Schizophrenie völlig – als Resultat von Umwelteinflüssen – erlernt und keine Frage genetischer Anfälligkeit ist. Ein dritter Standpunkt beschäftigt sich mit einer biochemischen Spaltung im Organismus, welche die Schizophrenie auslöst, ob sie nun umweltmäßig ausgelöst oder genetisch programmiert war. Die Hauptsache bei diesen Theorien ist jedoch die Wechselwirkung von genetischer Veranlagung, Umweltwirkung und Lernen. Wie würden Sie das, was Sie soeben sagten, auf die Ansichten über Schizophrenie anwenden?

LORENZ: Das kann ich nicht mit Sicherheit sagen. Es gibt natürlich viele

Möglichkeiten der Fehlfunktion. Sogar wenn Überlebensfunktion oder -potential eines Individuums im höchsten Maß ausgebildet sind, kann man in seiner angeborenen Programmierung alles verderben. Man kann es an seinen Wurzeln durch die Hospitalisation eines Kindes verderben. Man kann, wie René Spitz überzeugend nachwies, bei einem in einem Institut lebenden Kind eine genaue Nachbildung von Schizophrenie erzeugen. Anderseits ist es eine viel wesentlichere Frage, wie die Funktionen der Anpassung oder Anpassungsfähigkeit entstehen. Wie sich das auf eine komplexe Krankheit anwenden läßt, ist eine wirklich schwierige Frage.

EVANS: Wir wollen sehen, ob wir im tierischen Verhalten eine ähnliche Analogie verfolgen können, wie Sie sie bei der Arbeit von Spitz angewendet haben, indem wir erörtern, wie das Liebesbedürfnis zum Anerkennungsbedürfnis führt und so fort. Die Reglosigkeitsreaktion, die von manchen für Anpassung gehalten wird, ist bei Tieren wohlbekannt und war das Objekt zahlreicher Forschungen. Ist es möglich, daß wir hier über Programmierung für Reglosigkeit sprechen – über die Wahrscheinlichkeit, daß diese Art der Reaktion nun phylogenetisch auf die menschliche Ebene übertragen und in die Form eines Schizophreniesymptoms in Katatonie transponiert wird? Das stünde im Einklang mit R. D. Laings Ansicht (1965), daß manche schizophrene Reaktionen vielleicht eher auf Anpassung als auf mangelnder Anpassung beruhen.

LORENZ: Das weiß ich einfach nicht. Es gibt sicher bei vielen Tieren Reglosigkeitsreaktionen von hohem Überlebenswert. Der offenkundige Fall von Totstellen ist eine Reaktion von höchstem Überlebenswert, und viele Insekten und höheren Säugetiere haben sie in gleicher Weise. Ob diese Reaktion irgendwie mit dem katatonischen Stupor bei Menschen zusammenhängt, weiß ich nicht. Jedenfalls halte ich diese Art der Betrachtung für schwierig.

EVANS: Ein anderes Gebiet der Forschung, das Bezug zu unserem Gespräch hat, ist die Arbeit von Harry Harlow (1958, 1965, 1966). Wie Sie wissen, war Harlow bestrebt, die Wurzeln und die Natur von Liebe bei der Entwicklung des Organismus zu ergründen. Er studierte die Reaktion von Rhesusaffen auf Ersatzmütter aus Draht und Plüsch, im Gegensatz zur wirklichen Mutter. Er gelangte zu dem Schluß, daß er zwar durch Verwendung von Plüsch und einer Ernährungsvorrichtung eine wirksame Ersatzmutter schaffen konnte, daß die Affen mit Ersatzmüttern jedoch auf lange Sicht zeugungsunfähig waren. Was ist Ihre Ansicht über Harlows Arbeit?

LORENZ: Ich halte Harlows Arbeit für hervorragend und wert, fortgesetzt zu werden. Ich habe jedoch eines zu kritisieren, was auf meiner Erfahrung mit Mutter-Kind-Beziehungen bei Gänsen beruht. Harlow kommt zu dem Schluß, daß sich die Rhesusbabies an der Plüschmutter stärker festklammern als an ihrer natürlichen Mutter. Das ist, glaube ich, auf den ausschließlich taktilen Charakter des Kontaktes zurückzuführen, auf einen Mangel an vokaler Kommunikation. Könnte die Ersatzmutter auf den fragenden Ruf des Babys antworten, würde sich meiner Meinung nach das Baby weiter von der Mutter entfernen. Wenn die Mutter nichts »sagt«, muß man sich an »ihr« festklammern – das ist der einzige Trost, den sie bietet. Wir erhielten bei unserem analogen Experiment mit Ersatzmüttern für junge Gänse einige sehr interessante Informationen. Diese Ersatzmütter hatten alles, was eine Mutter haben kann – weiche Federn, Wärme an der Unterseite und einen großen Schnabel mit einem eingebauten Bandaufnahmegerät, das Gänsetöne von sich gab. Die Gänschen weigerten sich glatt, darauf zu reagieren. Ich nahm ein Gänschen, das eine Ersatzmutter abgelehnt hatte, in die Hand und setzte mich mit ihm nieder. Da begann das Gänschen zu weinen und stieß sein Notgeschrei aus »Biep, biep, biep«. Ich sagte sofort »Komm, komm, komm«. Darauf reagierte das Baby mit seinem Begrüßungsruf »Bibip, bibip«. Beim nächsten Experiment verwendeten wir dieselbe Ersatzmutter, aber nicht mit einer dauernden Bandaufzeichnung, die »Kaka, kaka, kaka«, sagte, sondern wir ließen ein Mädchen mit Mikrophon für die Ersatzmutter antworten. Als das Gänschen herauskam und zu weinen begann, sagte die Puppe »Komm, komm, komm« als Antwort. Das war es – die einfache Antwort darauf, warum das Gänschen auf die ständig schnatternde Gans nicht reagierte. Dann führten Fisher und ich ein sehr einfaches Experiment aus. Wir nahmen zwei Gänschen, das eine war mit einem roten, das andere mit einem gelben Punkt am Kopf gekennzeichnet. Ich reagierte auf das eine Gänschen, Dr. Fisher auf das andere. Wir wiederholten das Experiment viermal in zehn Minuten, dann gingen wir fort. Jedes der Gänschen folgte der Person, die auf seine Notrufe geantwortet hatte. Beide Gänschen hatten beide Rufe gehört; der einzige Unterschied zwischen den beiden bestand darin, daß jedes Gänschen die Stimme einer anderen Person in Beantwortung seines Notsignals erhalten hatte. Deshalb würde ich gern in Richtung von Harry Harlows Plüschmodellen weitermachen und ein Plüschmodell herstellen, das antwortet, wenn das Kleine sich entfernt und um Hilfe ruft.

Aggressivität

Übersicht:
In diesem Abschnitt interpretiert Professor Lorenz den Begriff Aggression oder Aggressivität, wie er sie lieber nennt, und antwortet auf falsche Auslegungen seines Buches »Das sogenannte Böse«. Wir sprechen über seine Analyse des Berichtes der vom Präsidenten bestellten Kommission über Pornographie und Gewalt, die Folgen der Gewaltmodelle und die Gründe für die begrenzte Wirkung von Friedensmodellen. Schließlich macht Lorenz Vorschläge für die Abschreckung von Gewalt in der heutigen Gesellschaft.

EVANS: Ich möchte diesen Teil unserer Diskussion mit Ihrem Buch »Das sogenannte Böse« beginnen, das im Englischen unter dem Titel »On Aggression« herauskam. Das Wort »Aggression« ist ein emotionell überlasteter Begriff – er beinhaltet Gewalttätigkeit, etwas Extremes. Ist es wirklich das, was Sie mit diesem Titel sagen wollten?
LORENZ: Ihre Frage erklärt, warum so viele Leute emotionell reagiert haben und glauben, ich hätte eine Rechtfertigung der Gewalt geschrieben. Als die französische Übersetzung meines Buches erschien, wurde mir klar, daß ich nicht den Titel »Über Aggression«, sondern eher »Über Aggressivität« hätte wählen sollen; das gleiche gilt in geringerem Maß für den englischen Titel. In Freuds Schriften wurde dieses Wort mit »aggression«, nicht mit »aggressivity« übersetzt. Im Deutschen sind die beiden Wörter mehr oder minder synonym, im Englischen und Französischen nicht. So hätte also der Titel *On Aggressivity*, nicht *On Aggression* heißen sollen, und sicher nicht *On Violence*! Der Großteil des Buches befaßt sich mit der Frage, wie Tiere tatsächliche Gewalttätigkeit, tatsächliches Töten vermeiden und so fort. Vergessen wir nun dieses Wort und wenden wir uns dem zu, was ich einmal bei einem Vortrag in Honolulu als »Ich-kann-dich-verhauen«-

Verhalten bezeichnet habe. Wenn man zwei kleine Jungen, zwei Fische einer Art, zwei Hähne, zwei Affen zusammenbringt, werden sie sich so verhalten, wie es Mark Twain in »Tom Sawyer« beschrieben hat: beim ersten Zusammentreffen Toms mit seinem Konkurrenten, Alfred Temple, messen sie ihre Kräfte durch Stoßen mit den Schultern. Und dann sagt der eine von ihnen: »Ich kann dich verhauen.« Bei vielen Arten ist die Aggression im Drohritual, im Messen der Kräfte verborgen. Es ist nicht der Trieb, einen anderen zu töten, sondern ihn zu Unterwerfung zu treiben. Es hat mit Rang oder Territorium zu tun, nicht mit Töten. Es beinhaltet keinen Vernichtungsinstinkt. Wenn man sich selbst phänomenologisch betrachtet – was man empfindet, wenn man auf einen Menschen wirklich ganz wütend ist –, so findet man, daß man ihn nicht umbringen, sondern daß man ihn prügeln will, bis er »genug« sagt; das ist nicht Töten. Bei aggressivem Verhalten ist Töten immer mehr oder minder ein Unfall. Es gibt nur zwei heute bekannte Tierarten, bei denen Rivalitätskämpfe wirklich zum Töten des Gegners führen: die eine ist eine Eidechsenart und die andere der indische Elefant. Tatsächliches Töten bei einem Territorialkampf wurde im Film nur bei einem anderen Tier festgehalten: dem Seetaucher, (Gattg. *gavia*), einem nördlichen Tauchvogel. Die Seltenheit der Beispiele demonstriert sehr gut, wie selten es vorkommt.

EVANS: Da wir über Aggressivität sprechen, können wir die Frage nach dem Maß stellen, in dem sich das gleiche Modell, das wir erörtert haben – Information oder Programmierung im Genom – anwenden läßt. Sind Sie der Ansicht, daß diese gleiche genetische Programmierung im Sinn der Aggressivität vorhanden ist?

LORENZ: Wenn ich mein Buch über Aggression nochmals schreiben sollte, würde ich eine strengere Unterscheidung treffen zwischen individueller Aggressivität innerhalb der Gruppe und der kollektiven Aggressivität einer ethnischen Gruppe gegen eine andere. Das können sehr wohl zwei ganz verschiedene Programme sein. Das ist sogar bei Tieren zu beobachten. Verhaltensmuster von einzelnen Tieren, welche einen Status suchen und um einen Rang kämpfen, sind ganz anders als die Verhaltensmuster der gegen eine rivalisierende Gruppe kämpfenden Gruppe. Ich hatte vielleicht unrecht, diese zwei Faktoren nicht genau genug zu definieren, weil sie von sehr verschiedener Natur und sehr verschiedenem Wert sind. Ich glaube, wie Sie wissen, daß beide Arten der Aggressivität in sich Überlebenswert besitzen. Wenn man frei von persönlicher Aggressivität ist, ist man eigentlich kein Individuum – man ist allen anderen untertan, man hat keine Selbstachtung. Ich glaube, mein Freund Antony Starr hat (1968) die Folgen des pathologischen Mangels an individueller Aggressivität sehr gut demonstriert. Anderseits ist kollektiver, militanter Enthusiasmus, der eine Voraussetzung für Krieg ist, auch eine Voraussetzung für jedes höhere menschliche Streben. Unsere Begeisterung für die Wissenschaft beruht auf den gleichen Urwurzeln des Instinkts. Ein Mensch ohne Instinkt für kollektiven Enthusiasmus ist tatsächlich ein emotioneller Krüppel. Er kann sich für nichts wirklich interessieren. Aber die Menschen brauchen eine sorgfältige Führung bei kollektivem Enthusiasmus. Die Gefahr von extremem Nationalismus – eine lokale Bindung, die zum Haß gegen andere Nationen führt – besteht immer. Diese lokale Bindung ist durch Gefühle wie »Ich bin Amerikaner« oder »Ich bin Franzose, aber er ist Deutscher« gekennzeichnet. Extremer Nationalismus ist gefährlich, weil ein Mensch von ganzem Herzen Franzose oder Engländer oder Deutscher sein kann. Er kann aber auch allgemeiner sein. Er kann Wissenschaftler oder Biologe und auch ein begeisterter Musiker oder Philanthrop sein. Man kann für viele verschiedene Ziele eintreten, viele Identitäten, enge oder weite, haben, für die man tiefes Interesse hegt. Ich glaube, daß heutzutage ein engherziger nationaler Enthusiasmus, ein Nationalismus, besonders gefährlich ist.

EVANS: Sie sind der Ansicht, daß es eine zu individueller Aggressivität führende Programmierung gibt, die sich von der auf kollektive oder Gruppenaggressivität ausgerichteten unterscheidet. Es ist doch bei der Lenkung des Aggressivitätsmechanismus oder irgendeines anderen Instinktes auf menschlicher Ebene eine gewisse soziale Bestärkung beteiligt, oder?

LORENZ: Die ist stets vorhanden. Es gibt nichts im menschlichen Verhalten – nichts in Ihrem oder meinem Verhalten, kein Zucken der Nase, keine Lippenbewegung, kein Wink –, das nicht von unserer kulturellen Umwelt beeinflußt wäre. Das gesamte menschliche Verhalten ist ritualisiert; nicht ritualisiertes Verhalten ist nicht anständig. Sich kratzen, in der Nase bohren, gähnen, sich räkeln – von ungehörigeren Dingen ganz zu schweigen – sind nicht ritualisierte Verhalten. Wenn ein Mensch mit der normalen, vorgeschriebenen sozialen Ritualisierung nicht übereinstimmt, ist er offensichtlich ein Feind. Wenn ein Freund plötzlich ins Zimmer kommt, ohne zu lächeln, ohne einen anzublicken, ohne einen zur Kenntnis zu nehmen, ist der erste Gedanke: »Mein Gott, ich habe ihn beleidigt, denn er ist feindselig geworden.« Im sozialen Umgang ist alles, jede kleine Bewegung, ritualisiert. Das wurde uns selbstverständlich zur zweiten Natur. Der Mensch ist von Natur aus ein Geschöpf seiner Kultur und wenn ich also sage, daß unserem gesamten sozialen Verhalten angeborene Programme zugrunde liegen, so bedeutet das nicht, daß es darüber keinen kulturell bedingten Oberbau gibt.

EVANS: Sie behaupten also, es handelt sich nicht um das auf die Aggressivität allein, sondern auf alle Arten sozialen Verhaltens, ausgedrückt in individueller oder kollektiver Form, angewandte Prinzip angeborener Programmierung. Bei der Behandlung dieses Begriffes in Ihrem Buch »Das sogenannte Böse« haben Sie die Aggressivität als Brennpunkt gewählt. Sie hätten das statussuchende Verhalten oder auch irgendein anderes soziales Verhalten wählen können.

LORENZ: Genau.

EVANS: Sie glauben also, daß es, zumindest theoretisch, an den Eigenschaften der Aggressivität nichts Besonderes gibt?

LORENZ: Mir erscheint, angesichts der überall vorhandenen Kernwaffen, die Aggressivität als eine der gefährlichsten Motivationen in der heutigen Zeit. Die Aggressivität ist aber, wie Sie sagen, nur eines unter vielen Verhaltensmustern. Durch den Sexualtrieb werden mehr schädliche Verhaltensmuster motiviert als durch Aggressivität. Natürlich müssen die angeborenen Quellen jedes Motivs dem verantwortlichen, kultivierten Menschen klar sein, denn er muß das Pferd kennen, auf dem er reitet. Ich schrieb dieses Buch über Aggression, weil ich es für besonders wichtig halte, über eine unserer gefährlichsten Tendenzen Bescheid zu wissen – die Tendenz zu kollektivem Enthusiasmus, organisiert durch eine ebenso kollektive Begeisterung, gegen andere Menschen. Aber Angst ist zumindest ebenso gefährlich und ebenso bedrohlich. Die Folgen einer freibeweglichen Angst können unberechenbar sein. Es sollte jemand, der mehr darüber weiß als ich, ein Buch über Angst als Parallele zu meinem Buch über Aggression schreiben.

EVANS: Lassen Sie uns genauer auf Ihr Werk über Aggression oder Aggressivität eingehen. Etwas, das die Leser Ihres Werkes beunruhigt hat, ist die Tatsache, daß Sie zu glauben scheinen, aggressives Verhalten könne spontan sein; daß Aggression bei Tieren in spielähnlichen Situationen ohne wirkliche Provokation – bei »aggressiven« Spielen auftritt. Logischerweise könnte man sagen, daß die Grundlage für Aggression irgendeine Anpassungsfunktion, etwa eine Reaktion auf Frustration, wäre, aber Sie scheinen anzudeuten, daß aggressives Verhalten ohne Provokation zutage tritt.

LORENZ: Davon bin ich überzeugt. Beim Menschen kann ich es nicht sehr gut beweisen, wohl aber bei bestimmten Tieren. Aggression – Aggressivität – folgt allen Regeln eines schwellenerniedrigenden und Appetenzverhaltens. Man kann erkennen, wenn ein Tier etwas Böses im Sinn hat. Das kann natürlich auch ein Mensch tun. Ich bin ganz sicher, daß die offiziellen und inoffiziellen Gesetze der menschlichen Sozietäten als einschränkende Mechanismen dienen, um die Aggression in vorgeschriebene Bahnen zu lenken. Doch die gleiche Beziehung – zwischen dem aufsteigenden inneren Trieb und den ihn niederhaltenden höheren Zentren – schränkt die Aggressivität ein wie die meisten anderen instinktiven Verhaltensmuster. Bei der Beobachtung von primitiven Stämmen wie den Maika-Indianern am Orinoko oder der australischen Urbevölkerung läßt sich ein starkes Argument zugunsten dieser Annahme finden. Man findet auch bei der sogenannten »Vergesellschaftung« kleiner Kinder, welche die Aggressivität in harmlose Bahnen führt, die Widerspiegelung hochentwickelter Kulturmechanismen.

EVANS: Lassen Sie uns nun zu einem aktuellen Thema in den Vereinigten Staaten übergehen, wo zwei Triebe von besonderer Bedeutung sind: Sex und Gewalt. Wir hatten vom Präsidenten eingesetzte Kommissionen über Pornographie und über Gewalt. Es ist interessant, daß die Kommission über Obszönität und Pornographie (1970) zu dem Schluß gelangte, daß jede durch Pornographie verursachte sexuelle Erregung im großen und ganzen harmlos ist und daß es absurd wäre, unser Freiheitssystem durch Zensur oder Verbot der meisten Pornographie zu gefährden. Anderseits befand die Nationale Kommission über Ursachen und Verhütung von Gewalt (1969), daß die Schilderung von Gewalt ein sehr destruktives Vorbild sein kann und daß wir uns bemühen sollten, Gewalt in Fernsehen und Film auszuschalten. Was halten Sie von diesen Schlußfolgerungen?

LORENZ: Ich würde im allgemeinen beipflichten, daß die Darstellung von Sex und Gewalt zwei Wirkungen hat. Julian Huxley schrieb vor fast siebzig Jahren, daß diese Tätigkeiten selbstanregend und zugleich selbsterschöpfend sind. Aggressivität ist natürlich selbstbelohnend. Es ist also eine sehr reale Frage, ob man durch die Ermutigung der Menschen zu einem stellvertretenden Gefühl destruktiver Aggressivität die Wahrscheinlichkeit derartiger Aggressivität erhöht oder die günstige Wirkung eines kathartischen Abreagierens von Aggressivität erzielt. Ich glaube aber, das größere Problem ist die Gefahr der Beseitigung von Hemmungen. Wenn man Kinder den Überdosen an Krieg, Kämpfen, Mord und anderen Gewalttätigkeiten in den Massenmedien aussetzt, kann das vielleicht die Hemmungen gegen deren Ausübung verringern. Ich glaube, daß das Aggressivitätspotential an sich durch diese Faktoren weniger verändert wird als die Tendenz, die Hemmungen gegen Aggressivität durch Schaffung eines Klimas zu verringern, das sie in zunehmendem Maße toleriert. Vielleicht hat auch die allgemeine Tendenz der Individuen, unbeteiligt zu bleiben, die Entfremdung der Menschen von ihren Nachbarn, das einzelgängerische Leben, das die Menschen heute in einer großen Stadt führen, viel mit der zunehmenden Kriminalität und Gewalt auf den Straßen zu tun. Meiner Ansicht nach ist das Gefährliche die Beseitigung der Hemmungen gegen die Gewalt. Wenn man ein Sexualsadist ist, kann man auch Gewalttaten begehen. Im ganzen glaube ich aber, daß die Hauptgefahr der Pornographie darin besteht, daß sie das Sexualverhalten entromantisiert. Sie macht Schluß mit dem Sichverlieben, der Schönheit und Feierlichkeit der Paarbildung. Das ist für unsere Kultur zumindest ebenso gefährlich wie Gewalt.

EVANS: Was meinen Sie hier mit dem Wort »gefährlich«? Ist es in einem anderen Sinn gefährlich als Gewalt?

LORENZ: Ja. Ich könnte sagen, Vernichtung von Menschen klingt sehr grausam, aber unsere Kultur kann ein gewisses Maß davon ertragen und überleben. Die Zerstörung der höheren Gefühle, das Verschwinden der Liebe – des Sichverliebens, des Liebens, der Liebe zu seiner Frau, der allgemeinen Vielfalt gut angepaßten Partnerschaftsverhaltens – kann für das Überleben unserer Kultur mehr Gefahren bedeuten als Gewalt als solche.

EVANS: Meinen Sie also, daß die Pornographie vielleicht wahllosen »Instantsex« unterstützt und allmählich die sogenannten Liebesreaktionen vernichtet?

LORENZ: Ja. Ich meine, daß sie den feineren, sensibleren und vom soziologischen Standpunkt wichtigeren Oberbau des Sexualverhaltens vernichten kann. Dafür kann ich Ihnen ein Symptom angeben: Menschen schreiben Bücher über Sex. Der Kinsey Report (1948) behandelt zum Beispiel die Paarung, als wäre sie die einzige Form des Sexualverhaltens. Ziemlich das gleiche gilt für Masters und Johnson (1966). Meiner Ansicht nach beginnt das Sexualverhalten mit dem Verlieben, mit dem Bewußtwerden des anderen Geschlechtes, mit den komplizierten Formen des Werbens, die teils angeboren, teils von der Kultur bestimmt sind.

EVANS: Haben Sie bei Tieren ein Werbungsverhalten festgestellt?

LORENZ: Ja, natürlich, aber bei Haustieren besteht die Tendenz zum Verschwinden all dieser feinen Gebilde des Sexualverhaltens, ebenso wie bei dem verstädterten Menschen. Wenn man die Verhaltensmuster von Haustieren mit denen von wilden Arten vergleicht, findet man, daß das Bedürfnis nach wahlloser Paarung, nach der Form von wahlloser sofortiger Begattung, die wir viehisch nennen, nicht für wilde Tiere charakteristisch ist, sondern eher für Haustiere.
EVANS: Kehren wir wieder zur Aggression zurück: in der Studie von Mallick und McCandless (1966) wird eine interessante Abweichung von einigen Ansichten beschrieben, die Sie zum Ausdruck brachten. Sie untersuchten die Frage, ob es das Aggressionsbedürfnis von Kindern entlastet, wenn man ihnen aggressive Tätigkeit gestattet. Es wurde ein Experiment in Gang gesetzt, bei dem eine Gruppe von Kindern, die Gelegenheit hatten, zuerst aggressive Spiele und später andere Spiele spielten, mit einer Gruppe von Kindern verglichen wurde, die an den aggressiven Spielen nicht hatte teilnehmen können. Interessanterweise fanden sie, daß die Teilnahme an aggressiven Spielen das Aggressionsbedürfnis nicht zu entlasten schien. Ganz im Gegenteil: als sie wieder Gelegenheit bekamen, aggressiv zu sein, waren sie aggressiver denn je. Das würde die Annahme nahelegen, daß die Teilnahme an Aggression das Bedürfnis nach Aggression nicht unbedingt entlastet. Es kann das Bedürfnis sogar noch bestärken. Was halten Sie von diesem Experiment?
LORENZ: Ich glaube, hier könnte es sich um eine Fehlinterpretation meiner Ansichten handeln. Ich wollte nie andeuten, daß man die Aggression nicht bestärken kann. Das kann man selbstverständlich. Ein Übermaß an aggressiver Betätigung kann in manchen Situationen sogar zu noch aggressiverem Verhalten führen. Wir wissen, daß man Fische trainieren kann, aggressiver zu sein als ihrem normalen Verhalten entspricht. Was nicht bedeutet, daß dieselben Fische, wenn man ihnen die Möglichkeit nimmt, ihre Aggression auszuleben, nicht spontan aggressiv werden. Wir sprechen hier von zwei verschiedenen Wirkungen. Man kann die Bedingungen schaffen, um den Organismus zu trainieren, aggressiver zu sein, aber das Gegenteil trifft nicht zu. Durch Vorenthaltung aller zu Aggression verlockenden Umweltsituationen kann man die Aggressivität nicht entschärfen. Man kann nicht hoffen, daß das Bedürfnis nach Entladung kumulativer, aufgeschaukelter Aggression schwindet. Das wissen auch die Psychoanalytiker: Menschen mit starken Stauungen der Aggression neigen vermehrt zum Selbstmord. Sie wenden die Aggression gegen sich selbst. Ich bin also für die Er-

gebnisse der Studien von Berkowitz gar nicht erstaunt. Ich habe nie geglaubt, daß man Aggression nicht steigern könne, indem man dem Kind beibringt, sie erfolgreicher zu beseitigen. Aber vergessen Sie nicht, daß diese Prozedur die Hemmungen gegen Aggression beeinträchtigen kann. Der Prozeß des Erleichterns oder Verhinderns von Aggression ist viel komplexer, als man zunächst annehmen würde.
EVANS: Sie glauben also, daß das Aggressivwerden an sich bestärkend ist. Überrascht es Sie nicht, daß Kinder unter diesen besonderen Umständen später aggressiver sind?
LORENZ: Nicht unter diesen Umständen. Ich wäre überrascht, wenn die Beseitigung aller aggressionsauslösender Faktoren – zum Beispiel völlige Nichtfrustration oder völlige Duldsamkeit – ein unaggressives Kind hervorbrächte. Sehen Sie den Unterschied? Tatsächlich zeigen viele Studien, daß Kinder in völlig duldsamer, nichtfrustrierender Umwelt im großen und ganzen sehr aggressiv sind.
EVANS: Lassen Sie mich die Möglichkeiten nochmals aufzählen, die Sie beschreiben. Eine Situation gestattet dem Individuum, aggressiv zu sein, dadurch seine Aggression zu entladen. In einer anderen gestattet die Umwelt dem Individuum, aggressiv zu sein, das aber entlädt die Aggression nicht; tatsächlich scheint es die Wahrscheinlichkeit ihres Wiederkommens zu erhöhen.
LORENZ: Ja, besonders wenn man diese Aktivität durch soziale Anerkennung unterstützt. Das wurde sehr hübsch durch eine Studie bewiesen, bei der ein Indianerstamm mit Buschmännern verglichen wurde. Die Indianer sind höchst aggressiv und ermutigen ihre Kinder durch Ritualisierung der Aggression dazu, aggressiv zu sein. Sie gestatten den Kindern, einander in sehr ausdrucksvoller, nicht aber kräftiger Weise mit einem Stock auf den Kopf zu schlagen. Die weniger aggressiven Buschmänner lenken die Aggression gegen das Kind durch sanfte, aber nachdrückliche Mißbilligung. Die Tatsache, daß die zwei Völker in der Kindheit verschiedenen Arten der Aggression ausgesetzt sind, führt zu auffallenden Unterschieden zwischen ihnen als Erwachsene. Wenn man jedoch das frühe Aggressivverhalten ihrer Kinder vergleicht, findet man, daß es von etwa der gleichen Stärke ist.
EVANS: Die von Ihnen erwähnte Studie stammt von einem Paradigma, das wir »soziales Lernen« nennen. Albert Bandura (1968, 1965) aus Stanford und Berkowitz (1962) haben untersucht, was in der Sozialpsychologie allgemein »Imitation« oder, präziser, »Formgebung« genannt wird. Unter Anwendung dessen auf das Problem der Gewalt im Fernsehen könnte Berkowitz sagen: wenn ein Kind Gewalt im

Fernsehen sieht, wird die Gewalt zu einem Modell, das seinerseits Gewaltmechanismen bestärkt. Ich entnehme dem, was Sie soeben gesagt haben, daß Sie dagegen nichts einzuwenden haben.
LORENZ: Nein, gar nichts. Das Formen – Imitieren – wird durch die Verherrlichung des Modells, welches das Kind imitiert, stark gesteigert. Die höchst gefährlichen Modelle sind Figuren wie James Bond, Berufskiller, die als Helden verherrlicht werden. Es ist keine Rede davon, daß Entlastung in solchen Fällen vorteilhaft ist. Ich habe in meinem Buch über Aggression etwas anderes geschrieben, das ich, wenn ich es nochmal schriebe, modifizieren würde. Ich hege heute starke Zweifel, ob das einfache Beobachten aggressiven Verhaltens eine kathartische Wirkung besitzt. Das ist auch eine der Gefahren der Pornographie – anstatt Dinge zu tun, begnügt man sich damit, sie zu beobachten. Es ist der allgemeine Trend in unserer Kultur, nicht zu tun, sondern sich mit Beobachtung zufriedenzugeben. Von diesem Standpunkt aus könnte sogar die Beobachtung von Gewalt nützlich sein. Wer weiß? All diese Dinge sind aber zweischneidige Schwerter, sie wirken in beiden Richtungen.
EVANS: Nehmen wir an, es könnte uns gelingen, die Gewalt aus dem Fernsehen zu verbannen und Kriegsspielzeug auszuschalten. Angenommen, wir könnten die meisten derartigen Gewaltmodelle aus unserer Kultur ausschalten. Was würde Ihrer Ansicht nach geschehen? Würde es eine annehmbare Chance geben, offenkundige Gewalt in der Gesellschaft einzuschränken?
LORENZ: Es könnte zumindest die Begeisterung für den Krieg verringern. Man kann einem Menschen nicht beibringen, *nicht* begeistert zu sein, kann ihn aber lehren, *wofür* er sich begeistern soll: welche Helden er nachahmen, von welchen Helden er begeistert sein soll. Ich begeistere mich vielleicht nicht für Napoleon oder sonst einen Kriegshelden, kann mich aber sehr für Charles Darwin begeistern, der die konstruktive Seite unserer Kultur darstellt. Ich kann einen Menschen lehren, für welche Sache er eintreten soll, welche Sachen würdig sind, daß man für sie eintritt, wenn auch das Eintreten selbst emotional und hochgradig genetisch programmiert ist. Das meine ich, wenn ich sage, daß der Krieg Sache einer Institution ist, weil Kriege im allgemeinen als Ziele betrachtet werden, die es wert sind, dafür einzutreten. Wir müssen uns an die Tatsache gewöhnen, daß der Krieg nicht mehr zweckmäßig ist. Mit Kernwaffen bedeutet der Krieg Selbstmord. Ich glaube, daß die Ausschaltung des Krieges heute die Hauptaufgabe der sozialen Erziehung sein sollte.

EVANS: Verfolgen wir das weiter und sehen wir uns die Entwicklung an, welche zum Zweiten Weltkrieg führte, betrachten wir den Aufstieg Deutschlands, eines Landes, das infolge des Friedensvertrags nach dem Ersten Weltkrieg völlig erniedrigt war. Wir sahen allmählich das Entstehen des fanatischen Nationalismus, den Sie früher erwähnten. Das gab Hitler die Macht, die er für seine unerhörten Angriffe gegen die Menschheit brauchte. In gewissem Sinne wurde das deutsche Volk selbst Hitlers Opfer. Wie beurteilen Sie das Ansteigen der Aggression in Deutschland, das zum Beispiel zu dem in der Hitlerjugend beobachteten Fanatismus führte? Wie denken Sie darüber?

LORENZ: Darüber habe ich eine sehr vermessene Theorie. Wenn heute junge Menschen in Deutschland desillusioniert und blasiert sind – nach Strohhalmen greifen, sich für falsche Ziele einsetzen, dazu die Jugendkriminalität und so fort –, wird oft behauptet, das zeige die Enttäuschung, die sie in den von Hitler entwickelten nationalen Idealen erlitten hätten. Ich glaube, daß der Erfolg des Nationalsozialismus ein Symptom des Mangels an echten Idealen war. Denken Sie an das Musical »West Side Story«, das die gleichen Muster bei den New Yorker Straßenbanden widerspiegelt. Hier sehen wir gute junge Männer – genetisch einwandfrei anständige junge Leute –, die sich einen Gegner schaffen, bloß um ihn in kollektivem Enthusiasmus zu bekämpfen. Das ist der Nazigeist. Wenn Sie sich klar sind, daß diese jungen Leute ihre eigene Kampfgemeinschaft schufen, können Sie erkennen, wie anfällig junge Menschen für die Ansichten des Demagogen sind, der Scheinideale anbietet und sie, ganz ähnlich wie wir unsere Stichlinge, mit einem Statistenmodell kämpfen läßt. Ich glaube, Hitlers Erfolg in Deutschland ist der Beweis eines gefährlichen Mangels an Idealen, für die man eintreten kann. Ich glaube, die Hauptprobleme, denen wir heute gegenüberstehen, sind ethischer und moralischer Natur. Es geht auch um die rebellierende Jugend, die sich völlig berechtigt gegen die Pöstchenjäger des kommerziellen Wettbewerbs und gegen die Zerstörung und Verschmutzung der Umwelt auflehnt. Sie protestieren mit vollem Recht gegen vieles im Establishment. Ich stehe durchaus auf ihrer Seite. Die Frage stellt sich jedoch, was man ihnen statt dessen geben soll – welche Ideale –, und diese Frage ist sehr schwierig. Was wir brauchen, ist etwas wie eine neue Ethik.

EVANS: Es ist sehr interessant, daß Kriegsmodelle immer anziehender sind als Friedensmodelle.

LORENZ: Ja, weil der Mensch kollektiv begeistert, militärisch begeistert ist; sich für Frieden zu begeistern, ist ein für ihn kompliziertes Verlangen. Ich glaube jedoch, daß wir die Menschen dorthin bringen können. Wir können sie dazu bringen, sich für die Rettung der Umwelt zu begeistern. Ich freue mich, sagen zu können, daß besonders hier in Österreich die Anteilnahme der Jugend an der Umweltschutzbewegung rasch zunimmt. Ich habe mich mit Studenten immer gut vertragen. Ich habe ihnen offen gesagt, was an ihren Zielen falsch ist, ihr Stammeskrieg gegen die ältere Generation, und daß es nötig ist, ihre Begeisterung in die richtigen Bahnen zu lenken. Es gibt bei Gott genügend Hindernisse zu überwinden, wenn wir die Menschheit retten sollen. Es gibt genug wirklich wichtige Ziele, für die sich junge Menschen lieber begeistern sollten, als für den Kampf gegen die ältere Generation. Es ist schade, daß es ihnen nicht überzeugend genug klargemacht wird.

EVANS: Glauben Sie, daß Aggressivitätssymbole wie Hitler wieder auftreten können? Gibt es Ihrer Ansicht nach noch immer die Grundlagen dafür?

LORENZ: Ich habe die tief eingewurzelte Furcht, daß es noch möglich wäre.

EVANS: Kehren wir zu etwas ein wenig Speziellerem in Ihrer Aggressionstheorie zurück: Professor Heinz hat Kritik an Ihrem Werk geübt, und ich halte es nur für recht und billig, Ihre Antwort darauf zu hören. Seine Interpretation Ihrer Aggressionstheorie lautet, 1. daß Aggression eine ständig aufbauende Energie ist, welche Entlastung fordert; 2. daß diese Aggression entlastet wird, auch wenn es keinen geeigneten äußeren Reiz oder kein Objekt gibt, auf das sie gerichtet werden kann. Besteht diese Kritik zu Recht?

LORENZ: Ich weiß nicht, ob sich die Aggressivität im Menschen auf diese Weise aufbaut. Ich glaube jedoch, daß sie es tut. Angesichts der großen Gefahr kollektiver Aggressivität, über die wir früher sprachen, in Anbetracht der Gefahr, daß Individuen »Böses im Sinn haben«, hat der Wissenschaftler die Pflicht, von seinem allgemeinen Grundprinzip, daß er nur Dinge sagen darf, die er beweisen kann, abzuweichen. Wenn die Gefahr ernst genug ist, hat der Wissenschaftler nicht nur das Recht, sondern die unbedingte Pflicht, auf die Gefahr aufmerksam zu machen, wenn er weiß, daß das Pferd, auf dem Sie reiten, wild ist und im Zaum gehalten werden muß, ehe es zu spät ist. Seit ich diese Theorie zum erstenmal formuliert habe, haben wir viele Experimente mit Fischen durchgeführt, die gezeigt haben, daß Fische in vielen Fällen »Böses im Sinn haben.« Das haben wir auch bei Gänsen beobachtet. Tatsächlich wurde im Institut das Appetenzverhalten bei Tieren zum

Zweck der Entladung von Aggression recht überzeugend dargetan. Es ist natürlich immer noch zweifelhaft, ob es auch beim Menschen richtig ist. Wenn es jedoch dafür eine auch nur geringe Wahrscheinlichkeit gibt, sollten wir Abwehrmaßnahmen treffen, um sicherzugehen. So lautet meine Antwort auf diese Frage.

Einige psychologische Begriffe und Probleme

Übersicht:
Dieser Abschnitt enthält Gedanken und Ansichten von Professor Lorenz über verschiedene Freudsche Begriffe und über das Gleichgewicht zwischen Biologie, Kultur und Selbstbestimmung. Er erklärt seine Reaktionen auf verschiedene Komponenten der Theorien von Karen Horney, Erich Fromm und insbesondere C. G. Jung. Es werden die Skinnersche Theorie und schließlich Professor Lorenz' Reaktion auf Abraham Maslows Ansicht über die männliche gegenüber der weiblichen Vorherrschaft erörtert.

EVANS: Es gibt verschiedene Ansichten über die Freudsche Theorie. Wir würden sehr gern wissen, wie Sie auf Freuds Ideen reagieren. Freud nahm insbesondere in seinen frühen Schriften eine starke psychische Sexualenergie als gegeben an, die er »Libido« nannte. Er glaubte, daß die biologische Entwicklung des Menschen durch die Libido charakterisiert ist, die – zuerst innerhalb des Menschen selbst und dann außerhalb – Objekte sucht, für die er sich einsetzen will. Was ist Ihre Ansicht über Freuds Libido-Theorie?
LORENZ: Auf sehr fundamentaler Stufe stimmt die Ethologie mit der Freudschen Theorie durchaus überein. Sie müssen, um das Wesentliche Freuds richtig einzuschätzen, sich darüber klar sein, daß zu der Zeit, als er schrieb, die gesamte wissenschaftliche Welt in der Sherringtonschen Reflextheorie aufging. Daß heißt, in der Lehre, daß die Reaktion auf äußeren Reiz die einzige Funktion des zentralen Nervensystems sei. Freud erkannte die Existenz einer endogenen Instinkt-, einer Reizerzeugung oder wie immer Sie es nennen wollen. Er nannte sie Libido, und wenn man Libido in Instinkte – allgemeine Triebe in ihrer vollen Komplexität – übersetzt, findet man, daß das richtig ist. Freuds grundlegende Entdeckung war die Funktion des zentralen Ner-

vensystems als Dualismus zwischen aufsteigenden inneren Trieben und höheren, überlagerten, diese Triebe unterdrückenden Zentren. Diese Form entspricht, glaube ich, viel besser der Grundfunktion des zentralen Nervensystems. Wenn man auf niedere Tiere wie den Regenwurm zurückgreift, findet man, daß das zentrale Nervensystem – das Bauchmark des Tieres – ständig Reize für eine ganze Reihe von Tätigkeiten erzeugt: für Fressen, Kriechen und so fort. Schneidet man die entsprechenden Ganglien durch, vermengen sich diese Tätigkeiten ähnlich wie bei einem epileptischen Anfall, und die Funktion des zentralen Nervensystems besteht sichtlich darin, das zu unterbinden. Das zentrale Nervensystem agiert jedoch auch als Detektor – ich ziehe die alte Pawlowsche Bezeichnung »Detektor« vor –, der bestimmt, wann eine dieser allgemein gehemmten Tätigkeiten enthemmt oder freigegeben werden soll. Das ist das Grundmodell der ethologischen Auffassung von der Physiologie tierischen Verhaltens. Ich glaube, daß die Freudsche Vorstellung vom Aufsteigen einer Libido, die vom Ich niedergehalten wird, sehr ähnlich ist.

EVANS: Die spezifische Bedeutung von Libido als stark psychische Sexualenergie wurde von Freud zu einer Theorie psychosexueller Entwicklung erweitert. Diese Theorie behauptet, daß die Entwicklung in den ersten fünf Jahren des menschlichen Lebens eine Reihe von Stadien – orale, anale und phallische – durchläuft. Was halten Sie von dieser Theorie der psychosexuellen Entwicklung?

LORENZ: Nun, aufrichtig gesagt, kann ich mit den drei Phasen nichts anfangen, denn die orale, anale und phallische Phase wird auch bei Tieren beobachtet, die praktisch keinen Mund, keinen Anus und keinen Phallus besitzen. Man findet die phallische Phase noch bei Vögeln, die keinen Penis haben. Ich kann also mit dieser Theorie nichts anfangen. Die allgemeine Auffassung von Sex als Paradigma eines Instinkts ist in Ordnung. Damit bin ich einverstanden. Ich glaube jedoch, daß Freud die Vielfalt – das Mosaik – vieler kleiner Motivationen ignoriert, die zusammen das bilden, was wir, in Ermanglung eines besseren Wortes, Trieb nennen. Robert Hinde hat (1956) eine sehr gute Abhandlung darüber geschrieben. Er gelangte zu dem Schluß, daß der Trieb – geschlechtlicher Fortpflanzungs- oder Sexualtrieb und so fort – tatsächlich eine Konkretisierung einer Vielfalt von unabhängigen Faktoren ist und daß der Trieb selbst gar nicht existiert.

EVANS: Freud hat, wie Sie wissen, seine Libidotheorie später beträchtlich modifiziert. Er war über das Abschlachten und die Brutalität im Ersten Weltkrieg ernsthaft beunruhigt. Er sagte, die Libido könne dafür nicht verantwortlich sein, es müsse eine Art Todesinstinkt im Menschen vorhanden sein. Er erweiterte seine Theorie, indem er nicht nur den Lebensinstinkt, die Libido, sondern auch einen gegensätzlichen Todesinstinkt einschloß. Aus dem Todesinstinkt setzte er die Aggression voraus. Glauben Sie, daß Freud mit seiner Behauptung recht hatte, es gebe im Organismus einander entgegengesetzte Lebens- und Todesinstinkte?

LORENZ: Das halte ich für absolut falsch. Es ist viel schwieriger zu erklären, wie Tiere am Leben bleiben und ihre Art fortsetzen, als wie sie sterben. Sie brauchen nicht anzunehmen, daß es in Ihrem Wagen einen eingebauten Mechanismus zur Verhinderung von Pannen gibt, um die Tatsache zu erklären, daß er gelegentlich eine Panne hat; die bekommt er ohnedies. Ich möchte nicht den Eindruck erwecken, daß ich ein Loblied auf Freud singe, der ein viel bedeutender Mann als ich ist, ich glaube jedoch, daß Sie Freuds Theorie über die Rückwendung der Aggression gegen sich selbst als primäre Anwendung für Sexualinstinkte rechtfertigen können. Anfangs ist das Kind, das junge Tier, der junge Mensch selbst Objekt seiner eigenen Sexualinstinkte, dann werden sie nach außen reflektiert. Ich halte Freuds Idee von einem Todesinstinkt, der primär gegen das Individuum selbst gerichtet ist und dann nach außen reflektiert wird – so daß er anstatt sich selbst jemand anders tötet – für fragwürdig. Wenn es auf die individuelle Entwicklung des Sexualinstinktes angewandt wird, ist dieses Modell gültig, scheint mir, nicht aber wenn es auf den Aggressivinstinkt angewandt wird. Aggressivität ist bloß einer von vielen Trieben. In unserem zivilisierten Leben wird, glaube ich, durch das Verliebtsein mehr Verheerung angerichtet als durch Aggressivität, jedenfalls als durch gewaltlose Aggressivität.

EVANS: Sie haben den Selbstmord erwähnt. Ich weiß, das könnte wie eine elementare Frage klingen, aber begehen Tiere jemals Selbstmord?

LORENZ: Nein, ganz bestimmt nicht. Um Selbstmord zu begehen, braucht man Überlegung, und Selbstmord ist auch in Wirklichkeit eine gegen das Individuum gekehrte Aggression. Von vielen brillanten Psychoanalytikern und Psychiatern wurde dargelegt, daß ein großer Prozentsatz von Selbstmorden aufgestaute Aggressivität ist, hauptsächlich Aggressivität gegen ein sehr geliebtes Mitglied der Art – Liebe zu einer Frau und Aggressionsgefühl gegen sie, wobei diese Aggression gerade durch das Gruppenverhalten, das sie ursprünglich zusammenbrachte, gestaut wird. Die Liebe, die man zu einem solchen Menschen empfindet, kann oft zum Selbstmord führen.

EVANS: Dann müssen wir also folgern, daß Selbstmord als Verhaltensmuster unzweideutig menschlich ist.

LORENZ: Er ist ausschließlich menschlich.

EVANS: Begeben wir uns jetzt auf ein etwas anderes Gebiet, Dr. Lorenz; wenn wir verschiedene Brennpunkte betrachten, die wir heute in der Psychologie beobachten, scheinen sie ganz allgemein in drei Richtungen zu gehen: eine Theorie des biologischen Determinismus, die behauptet, daß das menschliche Verhalten primär durch eine Vielfalt biologischer Kräfte bestimmt wird; eine Theorie des sozialen Umweltdeterminismus, welche die Ansicht vertritt, daß der Mensch primär durch die soziale Umwelt, in der er lebt, geformt und beeinflußt wird; und natürlich die Theorie, daß der Mensch primär selbstbestimmend ist, daß er einen freien Willen hat und so fort. Freud müßte seinen Ansichten gemäß als biologischer Determinist bezeichnet werden. Seiner Ansicht nach ist der Mensch weitgehend ein Opfer primitiver, unbewußter, irrationaler Kräfte in seinem Inneren, die zu seiner ererbten Natur, dem »Es«, gehören. Nach Freuds Ansicht entwickelt der Mensch eine bewußte Kontrolle, ein rationales »Ego«, um mit dem irrationalen Unbewußten fertigzuwerden – ein anscheinend aussichtsloser Kampf. Für den Menschen sei es sehr schwierig, diese biologischen Einflüsse zu überwinden. Wie denken Sie über diese drei Theorien?

LORENZ: Ich möchte sagen, alle drei stimmen zum Teil. Die Frage ist nur, inwieweit der Mensch von jeder motiviert wird. Freud hatte recht bezüglich eines Kampfes zwischen dem Es und dem Ich, und in höheren Maß dem Über-Ich. Der Mensch besitzt den gleichen Komplex instinktiver Motivation wie das Tier, hat aber auch noch einen Oberbau, der weitgehend kulturbedingt ist und vom Begriffsdenken herrührt. Es besteht ein gewisser Antagonismus zwischen dem, wozu die Instinkte – das Es – einen Menschen treiben, und dem, was die Gesellschaft von ihm verlangt. In seinem späteren Werk hat Freud sich bestimmt sehr eingehend und mit viel Verständnis in dieses Problem vergraben. Ich glaube, daß die Ansprüche, welche die Kultur an das instinktive Rüstzeug des Menschen stellt, mit der Kultur und insbesondere mit der Bevölkerung wachsen. Instinkte, die in einer Fünfzig-Mann-Gesellschaft von Maikas oder beim Steinzeitmenschen sehr nützlich waren, können für eine Gesellschaft von Millionen Menschen zu einem sehr ernsten Problem werden.

EVANS: Eine der Neo-Freudianerinnen, Dr. Karen Horney, machte eine Bemerkung, zu der mich Ihre Reaktion interessieren würde. Sie sprach

über drei allgemeine Verhaltensweisen des Menschen gegenüber seinen Mitmenschen: 1. Bewegung gegen andere, was man als Agression definieren kann; 2. Bewegung zu anderen hin, was man als Liebe definieren kann; und 3. Bewegung von anderen fort, was man als Furcht oder Zurückweichen definieren kann. Glauben Sie, auf Grund Ihrer Beobachtungen, daß diese drei Richtungen grundlegend sind?
LORENZ: Ich halte das für eine sehr, sehr gefährliche Simplizifierung. Vergessen Sie nicht, ein Tier, das sich zu etwas hin bewegt, kann eine ganze Menge Motive dafür haben. Es kann zum Beispiel durch Sex und Aggression zugleich motiviert werden. Wenn zwei Fische zum erstenmal zusammentreffen, kennt der eine das Geschlecht des anderen nicht. Welche Motive veranlassen sie? Ist es Liebe oder Haß oder Aggressivität? Bestimmt alle drei, und es mag zusätzlich noch viele Motivationen geben, die wir noch nicht identifiziert haben. Ich halte es jedoch für überaus gefährlich, zu versuchen, diese Reihe von Trieben, sogar nur jene, die wir bestimmt identifiziert haben, in drei Rubriken festzulegen. Sie lassen sich in der Praxis unmöglich unterscheiden. Wir sind objektiv genug, um eine Definition, welche nicht getestet werden kann, nicht zu akzeptieren. Eine Verhaltensdefinition erfordert eine Motivationsanalyse, und das ist ein heikles und kompliziertes Verfahren. Je mehr wir über Motivation wissen, desto mehr neigen wir dazu, einfache Triebe in ein Begriffsschema zu bringen.
EVANS: Ein anderer Autor, der sich oft mit den Neo-Freudianern in eine Gruppe stellte (obwohl das diesem Mann nicht gerecht wird), ist Dr. Erich Fromm (Evans, 1966). Wie Sie wissen, nimmt Dr. Fromm mehreren Verhaltensaspekten gegenüber im psychohistorischen Sinn einen sehr interessanten Standpunkt ein. In seinem hervorragenden Buch *Escape from Freedom* (1941) untersuchte er die historische Entwicklung des Menschen und sein Streben nach Freiheit; wie der Mensch manchmal mit den Verantwortungen der Freiheit nicht zurechtzukommen vermag und mehr oder minder durch Hinnahme von Macht und Abhängigkeit davonkommt. In einem 1973 veröffentlichten Buch ist die Aggression eines von Dr. Fromms Themen. Er sagt, daß der Mensch, wenn er mit Gefahr, Bedrohung oder Enttäuschung konfrontiert wird, vielleicht Zurückweichen für eine überzeugendere Reaktion hält als Aggression. Was halten Sie von dieser Idee?
LORENZ: Also, wenn Sie Aggression, Flucht, Rückzug, Zurückweichen in die Kategorie Vermeidung einordnen, kommen Sie zum Kern der Sache. Man kann ein Mitglied derselben Art auf zweierlei Weise loswerden: man kann es fortjagen oder man kann selbst davonlaufen. Wir

wissen, daß die Motivationen für beides nahe beieinander liegen. Man bringt einen Stichling mit einer einfachen Attrappe zusammen: wenn die Attrappe ein wenig kleiner ist als der betreffende Stichling, kommt es zu Aggressionen; ist sie etwas größer, kommt es zu Flucht. Man kann ein Tier identischen Reizen aussetzen, und es wird, wenn es sich an einem bestimmten Tag anfällig fühlt, flüchten; wenn es aber in besserer Verfassung ist, und sei es auch nur in geringem Maß, wird es angreifen. Aggression und Flucht liegen somit sehr nahe beieinander.

Schließlich müssen Sie an das denken, was manchmal die kritische Reaktion genannt wird – das Kämpfen wie eine in die Enge getriebene Ratte. Wenn Sie ein Tier, das primär durch Davonlaufen reagiert, in eine Ecke treiben, wird es unbedingt angreifen – in gewissem Sinn Vorfahre der Aggression –, ein blitzschnelles Wechseln von Aggression und Flucht. Die beiden liegen nahe beieinander und sind derart installiert, daß sich der Wechsel leicht ergibt. Wenn zwei Tiere derselben Art, zwei gleichwertige Rivalen, einander bedrohen, kann man sehen, daß beide zwischen Aggressions-, Angriffs- und Fluchtverhalten hin- und hergerissen werden. Tatsächlich wird jede Drohung definitionsgemäß durch den Konflikt zwischen Aggression und Flucht aktiviert. Alle höchst komplizierten Zeremonien der Rivalitätskämpfe bei Fischen oder Vögeln sind in Wirklichkeit von hohem Überlebenswert. Sie dienen der Funktion, den stärkeren Organismus auszuwählen, ohne ein Individuum zu opfern. Auch auf diesem Gebiet sind jedoch, meiner Ansicht nach, Vereinfachungen gefährlich.

EVANS: Ich glaube, von allen psychoanalytischen Autoren ist Jung mit dem Begriff des kollektiven Unbewußten für Sie besonders anfechtbar.

LORENZ: Ja, das ist richtig.

EVANS: Er sprach von Archetypen, welche, wie er mir in meinem Dialog mit ihm erklärte, »unerlernte Reaktionstendenzen« sind. Jedenfalls scheint Jung, wenn er sich auf in der Geschichte der Menschheit erworbene Symbole bezieht, in quasi Lamarckschen Begriffen zu sprechen. Er spricht zum Beispiel von Archetypen wie »der Vater«, »das Böse«, »die Mutter«, »der König« und so fort. Diese Ansicht wurde sehr umstritten; die amerikanischen Psychologen finden es schwer zu glauben, daß man etwas auf symbolischer Ebene ererben kann. Nach meiner Diskussion mit Jung ist zu schließen, daß er intellektuell differenzierter war, als man nach dieser Interpretation seiner Ideen annehmen würde. Er behauptete, daß die Umwelt diese »Symbole« aktivieren würde. Erscheint Ihnen diese Idee eines kollektiven Unbewußten plausibel?

LORENZ: Ich bin durchaus überzeugt, daß es so etwas wie eine angeborene, nicht erworbene, genetisch programmierte Neigung dieser Art gibt, welche in der Erbmasse eingeplant ist. Tatsächlich gibt es beim Menschen eine angeborene (vielleicht sollte ich das unbeliebte Wort »angeboren« vermeiden) Reaktion auf eine Vaterfigur, auf eine Mutterfigur oder auf ein Individuum, das sich auf eine sozial anomale Weise verhält. Ein Mann, der Kinder tötet oder sie mißhandelt, erregt eine entschieden unbewußte oder zumindest unbewußt motivierte Reaktion. Das überrascht den Ethologen nicht, denn er weiß, daß man auf ein höchst komplexes, innerliches, bildähnliches Diagramm konnatal reagieren kann. Es kann auf ein überaus kompliziertes Diagramm einer Situation eine selektive Reaktion geben. Zuerst nannte ich dieses Schema das angeborene Diagramm. Wir kamen jedoch davon ab, weil es zu sehr klingt, als wäre das Ganze angeboren, in Form eines Urbildes, was bei einem Tier nicht der Fall ist. Bei einem Tier kann man sehr deutlich zeigen, daß angeborene Reaktionen eine Kombination von Einzelreaktionen auf kleine, einfache Reizkombinationen sind, von denen jede in sich eine auslösende Wirkung besitzt; die Reaktionen auf die Attrappe hängen von der Summe aller einzelnen auslösenden Reize, wie wir sie nennen, ab, die auf das Tier einwirken. Das ist also kein Urbild. Der Mensch besitzt die Fähigkeit, sich Dinge vorzustellen. Man kann zum Beispiel experimentell zeigen, daß gewisse Merkmale der Frau angeboren sind – eine schlanke Taille, ausladende Hüften und Brüste und dergleichen. Wenn man an der Attrappe eines weiblichen Tieres die Auslösungsreize auf falsche Weise und an der falschen Stelle anbringt, werden sie bei dem unerfahrenen Männchen dennoch eine Reaktion hervorrufen. Der Mensch besitzt jedoch ein Vorstellungsvermögen. Er ist imstande, sich die weibliche Gestalt in der Phantasie vorzustellen, auch wenn er ihr noch nie begegnet ist. Er kann sich eine Vaterfigur vorstellen, obwohl er nie einen Vater gehabt hat. Dieser Angeborenes-auslösende Mechanismus, wie wir ihn nennen, führt zusammen mit dem menschlichen Vorstellungsvermögen – dem Träumen von einer Situation – zu Erscheinungsreaktionen, die mit Jungs Begriff von Archetypen mehr oder minder identisch sind. Ich glaube, Archetypen sind Angeborenes-auslösende Mechanismen, mit denen das Vorstellungsvermögen, die Phantasie des Individuums ausgestattet ist. Der Mensch vermag in seiner Phantasie Experimente in seinem Inneren auszuführen, was ein Tier nicht kann. Das erklärt vielleicht tatsächlich Jungs Theorie von den Archetypen. Das gleiche gilt für das Freudsche Konzept der niederen Instinkte. Das untere Niveau im zen-

tralen Nervensystem produziert Energie, das obere Niveau liegt darüber und hält sie zurück oder lenkt sie in die richtigen Situationen.
EVANS: Ich stelle mir vor, daß Sie, als Sie Freud und Jung zum erstenmal zu lesen gegannen, vermittels Ihrer eigenen Erfahrung ziemlich aufnahmebereit waren.
LORENZ: Zu meinem großen Bedauern muß ich einräumen, daß das genaue Gegenteil der Fall war. Ich war sehr heftig gegen Freud eingestellt, weil er in seinen Behauptungen zu kühn war. Wenn Sie meine Randbemerkungen zu Freuds Werken läsen, würden Sie sich wundern, wie schnell ich ihn ablehnte. Erst in der Reife des hohen Alters beruhigte ich mich so weit, daß ich Freud schätze. Das gleiche gilt für meine anfängliche Reaktion auf Jung.
EVANS: Bei der Lektüre Ihrer *Evolution and Modification of Behavior* fand ich ihre Reaktion auf Clark Hulls (1943) Werk höchst interessant. Ich würde gern Ihre Reaktionen auf einen anderen Behavioristen hören, Professor B. F. Skinner von der Harvard Universität, der sehr berühmt geworden ist. Skinner hat, wie Sie wissen, in seinem speziellen Modell den Wert von Motivationsbegriffen wie zum Beispiel Aggression zunehmend in Frage gestellt. Seiner Ansicht nach ist diese Auffassung unerheblich, er glaubt, daß wir das Verhalten durch einfaches Arrangieren der Gegebenheiten in der Umwelt formen und verändern können. Wir können auf diese Weise die Wahrscheinlichkeit erhöhen, daß gewisse spezifische Reaktionen erfolgen werden; wir können dieses Reaktionsausmaß messen, kontrollieren und vorhersagen; warum sollten wir bei lästigen, wie Skinner es nennen würde, »Black Box«-Begriffen wie etwa »Agression«, steckenbleiben? Was halten Sie davon? Erscheint es Ihnen plausibel, daß eine Verhaltensforschung, welche Begriffe wie Aggression im Motivationssinn ignoriert, eine bessere Wissenschaft sein könnte?
LORENZ: Ich glaube, darauf kann ich eine sehr präzise Antwort geben. Für Skinner und alle anderen Verfechter des Lernens durch Arbeit, wie Sie sagen, ist nur eine Auffassung wissenschaftlich gerechtfertigt: die Situation durch Bestärken einer Reizsituation zu verändern. Die Gegebenheiten von bestärktem Verhalten werden die Wahrscheinlichkeit, daß dieses Verhalten öfter zutage tritt, erhöhen. Praktisch besitzen jedoch alle Organismen mit einem höher entwickelten Nervensystem einen Lernapparat – einen phylogenetisch programmierten Apparat –, welcher den Verhaltenserfolg auf früheres Verhalten zurückwirken läßt. Dieser Lernapparat wurde von Tintenfischen, Kraken, Kopffüßlern, Krustentieren, Insekten und Wirbeltieren entwickelt – sie alle

haben unabhängig voneinander diese Erfindung gemacht, und der Lernapparat ist bei allen so ziemlich der gleiche. Wenn man sich auf diese Skinnersche Technik beschränkt, studiert man nur den Lernapparat und läßt alles, was bei Kraken, Krustentieren, Insekten und Wirbeltieren verschieden ist, aus. Mit anderen Worten, man läßt alles aus, was eine Taube zur Taube, eine Ratte zur Ratte, einen Menschen zum Menschen, und vor allem, einen gesunden Menschen gesund und einen kranken Menschen krank macht. Meiner Ansicht nach vermag der Skinnerianer definitionsgemäß nichts zu sehen, als den Lernapparat, und er hat infolgedessen kein Recht, über angeborenes Verhalten, über phylogenetisch programmiertes Verhalten wie Aggression zu sprechen. Skinnerianer geben nie zu, daß sie außerstande sind, eine bestimmte Taubenart so zu trainieren, daß sie das typische Balzverhalten des Nickens und Gurrens ausführen, oder eine weibliche Taube oder Ratte zum Kauern zu trainieren, wie sie es bei der Begattung tut, weil das ein phylogenetisch programmiertes Verhalten ist, das durch die Skinnersche Methode, indem man einfach eine Futterpille hinwirft, nicht antrainiert werden kann. Das ist unmöglich. Man kann einer Ratte durch keinen anderen Reiz andressieren, daß sie gewisse Dinge nicht frißt, als durch Verursachen von Übelkeit, wie John Garcia in einer höchst interessanten und bedeutungsvollen Arbeit gezeigt hat. Er demonstrierte, daß eine Bestrafung der Ratte durch elektrischen Schock, oder indem man sie zu schwimmen zwingt oder ihr Schmerz zufügt, nachdem sie eine gewisse Art von Nahrung gefressen hat, keinen Erfolg zeigt. Gibt man ihr jedoch einen leichten X-Strahlenschock oder eine Apromorphininjektion, die ihr Übelkeit verursacht, so wird die Ratte die betreffende Nahrung nicht mehr fressen. Garcia verfütterte etwa zehn verschiedene Speisen an seine Ratten, und wenn er nach einer davon bei den Versuchstieren Übelkeit herbeiführte, wichen sie dem Gericht aus. Das zeigt, wie »intelligent« ein solches angeborenes Programm ist. Wenn man jeden Tag das gleiche ißt, und einem nach dem Essen einer neuen Speise übel wird, gibt man der neuen Speise die Schuld, ob sie das letzte war, was man gegessen hat, oder nicht.

EVANS: Ich weiß nicht, ob Professor Skinner unbedingt einverstanden wäre, aber manche Behavioristen behaupten, daß sich der Verhaltensforscher mit drei Dingen befaßt: mit Voraussage, Kontrolle und Verstehen. Es interessiert sie nicht, das Verhalten zu verstehen, sondern nur es vorauszusagen und/oder zu kontrollieren. Sie würden sagen: »In Ordnung, Professor Lorenz, Ihre faszinierende Arbeit über das

Verständnis des Verhaltens ist unbestreitbar, aber für uns ist das unerheblich. Wir können dramatisch demonstrieren, wie man mit unserer Methode der Verhaltensmodifikation, des *operant conditioning*, Lernens durch Arbeit, gewisse spezifizierte Verhaltensweisen voraussagen und/oder kontrollieren kann. Wir wollen Ihnen einige der Dinge zugestehen, die Sie behaupten. Wir hoffen, daß Sie diese hervorragende Arbeit fortsetzen. Aber unser Interessengebiet ist das Modifizieren des Verhaltens, das Kontrollieren des Verhaltens, das Voraussagen des Verhaltens. Alles andere interessiert uns nicht sehr.« Wie reagieren Sie auf eine solche Bemerkung?

LORENZ: Meine Antwort ist, daß man das Verhalten erst kontrollieren kann, bis man weiß, was die Bestärker sind. Man muß seinen Bereich von angeborenen Verhaltensweisen kennen, um zu wissen, welche Art von Situationen als Bestärkungen funktionieren. Futterpillen sind nicht in jeder Situation unbedingt wirksam. Garcia kann das Verhalten seiner Ratten in einer Weise kontrollieren, die Skinner nicht schafft, weil Garcia weiß, was als Bestärkung wirkt und was nicht. Auch ich kann das Verhalten recht gut kontrollieren. Ich möchte den sehen, der mit Skinnerschen Methoden eine Graugänsekolonie in einer neuen Lokalität anzusiedeln vermag, ohne mehr als vier Prozent der Vögel zu verlieren. Wir können das Verhalten ziemlich gut kontrollieren.

EVANS: Aber Skinnerianer könnten sagen, daß Sie bloß Skinnersches Lernen durch Arbeit verwenden, ohne die Gegebenheit genau anzugeben.

LORENZ: Ich verwende tatsächlich die Methoden des Lernens durch Arbeit, aber ich verwende auch noch andere Methoden, vor allem andere Informationsquellen. Das ist der Unterschied. Ich lehne nichts von dem ab, was die Skinnerianer tun, nur tue ich noch vieles andere außerdem.

EVANS: Vielleicht könnten wir die Art und Weise, wie Sie einen Hund dressieren würden, mit der Art vergleichen, mit der ein Skinnerianer ihn dressieren würde. Wie würden Sie eigentlich, genaugenommen, einen Hund zimmerrein machen?

LORENZ: Wenn es sich um denselben Hund handelt, nehme ich an, wir würden so ziemlich die gleichen Methoden verwenden. Die Skinnerianer würden jedoch in Wirklichkeit wahrscheinlich nicht soziale Anerkennung als Bestärkung verwenden. Bei der Erziehung eines Hundes spielt soziale Anerkennung eine gewaltige Rolle. Ich schlage einen Hund nie; ich bewundere und lobe ihn, wenn er zum erstenmal außerhalb des Hauses sein kleines Geschäft verrichtet.

EVANS: Die Skinnerianer führen vielleicht ins Treffen, daß es eine empirische Frage ist. Wenn Ihre soziale Anerkennung eine bestärkende Wirkung hätte – wenn sie funktionierte – würde es ihnen nicht unbedingt etwas ausmachen, ob Sie es »soziale Anerkennung« oder irgendwie anders nennen. Sie schließen jedoch den Wert von »Lernen durch Arbeit«–Methoden nicht aus, nicht wahr?
LORENZ: Ich bin mit allem einverstanden, was der eingefleischte Behaviorist tut. Ich werfe ihm nur die vielen Dinge vor, die er nicht tut: zum Beispiel die einfache Beobachtung der Anpassung des Tieres an seine natürliche Umwelt. Ich glaube nicht, daß viele Behavioristen daran gedacht haben, eine wilde Ratte im Feld zu studieren, bloß um zu sehen, was sie tut. Wenn sie es täten, könnten sie sehr wertvolle Informationen über »Reinforcer« erhalten.
EVANS: Sie sind, mit anderen Worten, der Ansicht, es könnte eine Möglichkeit geben, ethologische Beobachtung mit Lernen durch Arbeit zu kombinieren und dadurch die Kenntnisse über »Reinforcer« zu erweitern.
LORENZ: Ich zweifle nicht an den Skinnerschen Ergebnissen, nicht im mindesten. Sie sind richtig.
EVANS: Aber ich nehme an, Sie könnten ihnen recht gute Ratschläge geben, welche »Reinforcer« sie verwenden sollen.
LORENZ: Ja, da könnte ich.
EVANS: Zu dem allgemeinen Gebiet unserer Diskussion steht die Arbeit eines amerikanischen Psychologen in einer gewissen Beziehung, des verstorbenen Abraham Maslow (1954), der als Führer der sogenannten Dritten Kraft, der »Persönlichen-Wachstums-Bewegung«, ziemlich bekannt wurde. Er führte eine sehr interessante Forschungsstudie durch, bei der mehrere Ehepaare beteiligt waren, und fand, daß die wirkliche Konfliktquelle zwischen den meisten Eheleuten nicht sexueller oder wirtschaftlicher Natur, sondern eher ein raffinierter Machtkampf war. Meinen Sie, daß dies der wahre Ursprung des Ehekonflikts ist und daß sexuelle und wirtschaftliche Konflikte bloß oberflächliche Erscheinungen sind?
LORENZ: Es wäre möglich. Lassen Sie mich zuerst kurz beschreiben, in welcher Beziehung die Dominanz zur Paarbildung bei Fischen und Vögeln steht. Bei Arten, welche in Größe und Äußerem keinen großen äußerlichen Unterschied zwischen den Geschlechtern aufweisen, kann jeder potentiell den anderen dominieren. Das war tatsächlich eine Entdeckung der Doktorarbeit meiner Schwiegertochter. Sie führte eine simultane Motivationsanalyse der Kämpfe, Angriffs-Ausweich-

Reaktionen und sexuellen Reaktionen durch. Zugleich versuchte sie herauszufinden, wie die Geschlechter einander erkennen, denn bei den Fischen, bei denen die beiden Geschlechter einander genau gleichen, findet man selten homosexuelle Paare, was bei Vögeln oft vorkommt. Sie entdeckte, daß zwei sexuell reife Fische gleicher Größe, wenn man sie zusammenbringt, beide in aggressiver Weise erregt werden und ein wenig Angst voreinander haben. Diese Elemente – Aggressivität und Furcht, Aggression und Flucht – vertragen sich bei Männchen und Weibchen gleichermaßen. Jedes Drohen ist definitionsgemäß ein Konfliktverhalten zwischen Aggression und Angst. Aggression und Sex, und Angst und Sex vertragen sich jedoch bei beiden Geschlechtern unterschiedlich. Das Männchen kann höchst aggressiv und zugleich sexuell motiviert sein. Es kann das Weibchen schlagen, daß die Schuppen fliegen, und dann im nächsten Augenblick Sexualbewegungen ausführen. Das Männchen kann jedoch nicht sexuell erregt sein und zugleich Angst vor der Partnerin haben. Wenn es auch nur ein wenig Angst vor ihr hat, versagt seine Sexualität völlig. Beim Weibchen ist es genau umgekehrt. Das Weibchen kann Todesangst vor dem Männchen empfinden und dennoch sexuell erregt sein. Sie kann jedoch nicht aggressiv und zugleich sexuell erregt sein. Wenn das Männchen ein derartiger Schwächling, ein derartiger Feigling ist, daß sie es wagt, ihm gegenüber aggressiv zu sein, wird er als Sexualpartner völlig uninteressant, und sie wird ihn töten, sogar wenn das für sie bedeutet, daß sie an Laichverhaltung sterben wird. Das verhindert die Stärke ihrer sexuellen Motivation nicht. Bei vielen Vögeln ist der gleiche Mechanismus wirksam: der Stärkere spielt die männliche Rolle, der Dominierte spielt die Rolle des Weibchens. Das Dominieren beseitigt die weibliche Sexualität, das Dominiert-werden beseitigt die männliche Sexualität. Beim Männchen gibt es jedoch kein reines Männchen und kein reines Weibchen. Es gibt bei jedem Mann ein weibliches Element und bei jeder Frau männliche Elemente. Ich glaube nicht, daß bei menschlichen Ehepaaren die Beziehung so einfach ist, daß der eine Teil dominiert wird und der andere dominiert. Ich unterwerfe mich zum Beispiel in mancher Hinsicht meiner Frau. Sie hat eine bessere Menschenkenntnis. Ihre Einschätzung von Fremden ist viel besser als meine, deshalb verlasse ich mich diesbezüglich auf sie. In anderer Hinsicht unterwirft sie sich meinem Urteil. Ich glaube, das gilt für viele Freunde. Es ist eine berechtigte Frage, inwieweit die »Männlichkeit« sich dagegen wehrt, dominiert zu werden. Es gibt reine Männchen und reine Weibchen, die sehr schön und zugleich ziemlich dumm sind. Der

»richtige Mann«, das Filmschauspielerideal, ist fast immer dumm. Wenn ich einen Mann kennenlerne, der zu gut aussieht, zweifle ich oft an seiner Intelligenz. Ich kenne viele »männliche« Männer, die intelligente Frauen ablehnen, die lieber dumme Frauen haben, nicht wahr?

Zeitfragen, Kritiker und Kritiken und die Zukunft

Übersicht:
In diesem Abschnitt äußert sich Professor Lorenz über Zeitfragen wie die Frauenbewegung, Geburtenkontrolle, den Streit um die angebliche »Minderwertigkeit« von Schwarzen, wie sie von Arthur Jensen laut IQ-Ergebnissen interpretiert wird. Es wird auch über die wichtigsten Einflüsse auf Lorenz' Karriere, seine Ansichten über die Werke von Robert Ardrey und Desmond Morris, und schließlich über seine Einschätzung seiner wichtigsten Arbeiten und seine Zukunftspläne gesprochen.

EVANS: Viele Dominanzaspekte, über welche wir gesprochen haben, sind auch Angelegenheiten, für die sich die Frauenbewegung interessiert, zum Beispiel die Ansicht mancher Männer, daß sie zu dominieren und die Frauen zu gehorchen haben. Ist bei Tieren das Männchen immer der dominierende und das Weibchen der gehorchende Teil?
LORENZ: Leider muß ich den Damen von *Women's Lib* sagen, daß bei den meisten Tieren, die ich kenne, eine klare Dominanz der Männchen herrscht. Und bei den früher von mir beschriebenen Fischen ist das Weibchen gegen das nicht dominierende Männchen sexuell frigid. Es gibt einige wenige Ausnahmen. Bei manchen Watvogelarten, bei denen das Weibchen entschieden schöner ist als das Männchen, wird das Männchen vom Weibchen dominiert, es sitzt auf den Eiern und brütet sie aus. Das gleiche gilt für einige wenige Fischarten.
EVANS: Ich würde nun gern hören, was Sie über eine andere, interessante Entwicklung unserer Zeit, das *Gay Liberation Movement*, zu sagen haben. Diese Bewegung wurde von männlichen und weiblichen Homosexuellen gegründet, welche der Ansicht sind, daß die Gesellschaft sie benachteiligt hat und sie das Recht haben, sich nach ihrer Wahl sexuell zu betätigen. Sie bestreiten, daß die Gesellschaft das Recht hat zu

entscheiden, was für sie richtig ist. Sie treten auch vehement gegen die Auffassung ein, daß homosexuelles Verhalten abwegig sei. Würden Sie, nach Ihren Beobachtungen tierischer Paarbildung, homosexuelles Verhalten als abwegig bezeichnen?

LORENZ: Das ist eine interessante Frage. Bei den Tieren, Vögeln und Fischen, bei denen Männchen und Weibchen in Größe, Äußerem und Form gleich sind, besteht gewöhnlich in der normalen Natur des Tieres die Fähigkeit für homosexuelles Verhalten. Zwei Taubenmännchen oder -weibchen werden sich, wenn man sie zusammenbringt, sexuell betätigen. Der dominierende Vogel wird die männliche, der dominierte Vogel die weibliche Rolle spielen. Erst wenn Sie das Fehlen von Eiern im Nest beobachten – oder aber die doppelte Zahl von Eiern –, merken Sie, daß Sie ein homosexuelles Paar vor sich haben. Die Eier können fruchtbar sein, wenn beide lesbischen Tauben eine Liebschaft mit einer männlichen Taube haben. Das ist eine Art der Homosexualität. Es gibt noch eine andere Art von homosexueller Beziehung bei Gänsen, bei denen Paarbildung, Verlieben, von der Begattung ebenso dissoziiert werden kann wie beim Menschen. Man kann bei Gänsen eine sehr starke homosexuelle Bindung zwischen zwei Gantern finden, die sich wie ein Paar verhalten – sie bleiben beisammen, verteidigen einander, nehmen gemeinsam am sogenannten Triumphgeschrei teil –, obwohl sie einander nicht begatten können. Sie versuchen es in jedem Frühjahr. Sie vergessen, daß sie sich beide nicht besteigen lassen. Beide verhalten sich wie völlig normale Ganter. Wenn er reden könnte, würde der Ganter sagen: »Ich liebe meine Frau sehr, aber sie ist völlig frigid.« Solche männliche Paare können ein gemeinsames Weibchen gewinnen. Sie sind bei Kämpfen jedem normalen Paar überlegen, weil das Kampfpotential zweier Männchen dem Kampfpotential eines Paares überlegen ist. Und so steigen sie in der Rangordnung einer Gänsekolonie sehr hoch. Sie werden von unverheirateten Weibchen bewundert. Wenn sie sich zu paaren versuchen und es nicht können, weil keiner der beiden Ganter sich kauern will, kommt sehr oft ein liebevolles Weibchen dazwischen und wird von einem Ganter oder beiden begattet. Dieses Weibchen wird allmählich von den beiden Männchen akzeptiert, aber es wird nicht anerkannt. Keiner bietet ihm ein Triumphgeschrei. Gelingt es dem Weibchen jedoch, ein Nest zu bekommen und Eier zu legen, kann es in beiden Gantern die Eltern-Sorge-Reaktion wecken, sie werden bei ihrem Nest Wache halten, die Jungen akzeptieren und ihnen das Triumphgeschrei bieten. Dann hat man eine Familie, ein *ménage à trois*, aber nicht das übliche *ménage à trois* von zwei Männchen, die ein Weibchen lieben, sondern vielmehr zwei Männchen, die einander lieben, und ein Weibchen, das eines der Männchen liebt. Das kann man nicht als abwegiges oder exzentrisches Verhalten bezeichnen. Peter Scott hat gezeigt, daß es unter den rosafüßigen Wildgänsen Islands viele Dreiecksbeziehungen gibt, die besonders erfolgreich im Aufziehen der Jungen sind. Zwei Männchen sind besser imstande, die Kleinen gegen solche Gefahren wie die Geierfalken zu verteidigen. Dort ist die Homosexualität für das Überleben wichtig. Um auf Ihre Frage in bezug auf die *Gay Liberation* Bewegung zurückzukommen, so glaube ich nicht, daß es gegen Homosexualität irgendwelche moralische Bedenken geben kann. Es gibt viele Leute, die eine ästhetische oder emotionelle Abneigung gegen homosexuelles Verhalten haben. Ich sah einmal, wie sich zwei Jungen in einem Badezimmer küßten. Warum sollten sie es nicht tun? Es gibt keinen moralischen Einwand dagegen, dennoch war ich ungehalten. Ich fand es ein wenig abstoßend. Aber warum sollten sie es, vom moralischen Standpunkt gesehen, nicht tun? In einer übervölkerten Welt könnte erhöhte Homosexualität etwas sehr Gutes sein. Von diesem Standpunkt aus könnte sie vielleicht sogar wünschenswert sein.

EVANS: Übervölkerung wird in den Vereinigten Staaten als sehr ernstes Problem betrachtet, obwohl das Problem dort vielleicht gar nicht so ernst ist wie in anderen Teilen der Welt. Es gibt Leute, die dafür eintreten, daß etwas getan werden muß, um die Größe der Familie zu verringern. Haben Sie das Verhalten von Tiergruppen beobachtet, bei denen es zu Übervölkerung kam, und haben Sie bemerkt, daß eine Lösung dieses Problems versucht wurde?

LORENZ: Ja, gewiß. Es gibt viele Formen der Bevölkerungskontrolle. Übervölkerung bedeutet schlechte Wirtschaftslage. Wenn man das Tier oder die Pflanze, von der unser Auskommen abhängt, zu sehr ausbeutet, zerstört man die eigenen Versorgungsmittel. Es liegt im Interesse der Art, eine übertriebene Ausbeutung zu verhindern. Das Territorium – territoriales Verhalten – hat einen entschiedenen Überlebenswert durch die Beschränkung der Zahl von Individuen oder Paaren und deren gleichmäßige Verteilung über den verfügbaren Lebensraum. Wynne-Edwards (1962) behandelt dieses Problem in seinem sehr aufschlußreichen Buch »Animal Dispersion in Relation to Social Behavior«. Es gibt bei manchen Tieren bevölkerungsbeschränkende Mechanismen, aber nicht bei allen. Bei Löwen gibt es bestimmt einen bevölkerungsbeschränkenden Faktor, nicht jedoch bei Schakalen und Wildhunden.

EVANS: Die Leute, die sich mit der Übervölkerung auf menschlicher Ebene befassen, führen ins Treffen, daß es sich dabei nicht nur um eine Frage der Verteilung, sondern der wirtschaftlichen Fähigkeiten, der Nahrungs- und Energiequellen handelt. Mit anderen Worten, Verteilung ist nicht die einzige Lösung. Gibt es Situationen, wo auch für Tiere die Möglichkeiten begrenzt werden – wo es einfach nicht genug Nahrung gibt, um die tierische Bevölkerung zu erhalten? Gehen die Tiergruppen einfach zugrunde, wenn ihre Ernährungsmöglichkeiten versiegen?
LORENZ: Bei Tieren ist Bevölkerungsbeschränkung durch Verhungern die Ausnahme. Es gibt in der Regel Mechanismen, welche Übervölkerung verhindern, lang bevor als Beschränkungsfaktor Futtermangel einsetzt. Ich glaube, unser Planet, die Erde, kann viel mehr Menschen ernähren, als er in Würde und Freiheit zu erhalten vermag. Das menschliche Paar braucht, um ein geistig gesundes Leben zu führen, viel mehr Platz als ihm zugeteilt würde, wenn die Nahrungsmittelproduktion der alleinige Beschränkungsfaktor wäre. Sie sprachen von drastischen Maßnahmen. Wir können keine drastischen Maßnahmen ergreifen. Unsere Probleme heute sind alle auf die Übervölkerung zurückzuführen. Wenn jedoch eine Lösung durch andere als erzieherische Maßnahmen versucht würde, wären wir wieder im wildesten autoritären Regierungssystem. Was nicht freiwillig getan wird, kann gar nicht getan werden. Die Hauptgefahr freiwilliger Bemühungen besteht darin, daß sie zu einer falschen Art von Selektion führen – in dem Sinn, daß intelligente und verantwortungsbewußte Menschen Familienplanung treiben, während unverantwortliche es nicht tun.
EVANS: Gibt es so etwas wie Familienplanung – natürlich nicht bewußt – bei Tiergruppen?
LORENZ: Es gibt zahlreiche Mechanismen dieser Art. Lassen Sie mich ein Beispiel anführen. Wenn Wölfe nur schwer Nahrung finden und Großwild töten müssen, um zu überleben, wie sie es beim Lake Superior tun, sind sie gezwungen, große Rudel zu bilden. In solchen Rudeln bekommt nur das Alpha-Weibchen, das dominierende Weibchen, Junge. Sie hindert praktisch alle anderen Weibchen daran, sich zu paaren. Wenn es nicht nötig ist, Großwild für die Ernährung zu töten, löst sich das Rudel in Einzelpaare auf, und jedes Weibchen kann Junge bekommen. Mit einem Wort, wenn ein Rudel von vierzehn Wölfen nötig ist, um einen großen Elch zu schlagen, bekommt nur eine von sieben Wölfinnen Junge. Das wurde wiederholt von verschiedenen Beobachtern bestätigt. Da haben Sie also einen Mechanismus, der ganz

deutlich die Menge der Nachkommenschaft der verfügbaren Nahrung angleicht.

EVANS: Es gibt in Amerika gerade jetzt eine wichtige Auseinandersetzung zwischen Psychologen und Erziehungsfachleuten, zu der ich sehr gern Ihre Reaktion erfahren würde. Die Hauptbeteiligten dieses Streits sind der Nobelpreisträger für Physik William Shockley, der amerikanische Erziehungspsychologe Arthur Jensen und ein Psychologe der Universität Harvard, Richard Herrnstein. Im wesentlichen vertreten sie die Ansicht, daß Schwarze, auch wenn sie sich in einer kulturell angereicherten Umwelt mit Möglichkeiten zur Überwindung der Mängel, unter denen sie gelitten haben, befinden, nicht auf die geistige Stufe von Weißen gelangen können, weil sie in zumindest einer Art von geistigem Potential genetisch unterlegen sind. Jensen fand zum Beispiel, daß Schwarze trotz früher Anwesenheit in einer kulturell angereicherten Umwelt nicht imstande waren, bei einem vermutlich abstrakteren Intelligenztypus so gute Ergebnisse zu erzielen wie die Weißen. Jensen wurde in dieser Frage heftig angegriffen. Er behauptet, er sei falsch interpretiert worden. Seiner Ansicht nach hat er die Frage individueller Unterschiede, darunter die Frage der mit der Rasse zusammenhängenden genetischen geistigen Unterschiede, wieder aufgeworfen. Die Kontroverse ist Ihnen sicher bekannt. Welchen Standpunkt nehmen Sie ein?

LORENZ: Ich möchte bezüglich Jensens IQ-Test von Schwarzen und Weißen meinen Freund John Garcia zitieren. Der IQ-Intelligenztest wurde für eine weiße Mittelklassekultur entwickelt und es ist unfair, ihn bei Menschen einer anderen Rasse und Kultur anzuwenden. Kein Mensch kann die Tatsache leugnen, daß die Rassen verschieden sind. Es ist jedoch völlig albern zu behaupten, daß das einen Wertunterschied bedeutet. Sie und ich sind genetisch verschiedener als die Spießente und die Stockente. Nun frage ich Sie, welche ist die bessere, wertvollere Ente, die Spieß- oder die Stockente? Das ist eine lächerliche Frage. Garcia zitiert hinsichtlich des Intelligenztestes die Ergebnisse Tryons (1940), der Ratten zu züchten versuchte, die sich beim Laufen durch ein Labyrinth besonders schlau verhielten. Dieses Labyrinth hatte eine Falltür, die sich immer schloß, wenn die Ratte nach rechts abbog. Nachdem er viele Generationen lang selektierte, fand er schließlich heraus, daß er Ratten auswählte, welche nicht labyrinthschlau, sondern vielmehr gegen Falltüren, die sich hinter ihnen schlossen, unempfindlich waren. In dieser besonderen Situation erreichten Ratten, die gegen Falltüren unempfindlich waren, die besten Ergebnisse, und Garcia behauptet, daß es bei Intelligenzmessungen genau die gleiche Gefahr gibt. Ich leugne zwar die wesentlichen und unzweifelhaften Unterschiede zwischen den Rassen nicht, bestreite jedoch, daß irgend jemand das Recht hat zu behaupten, eine Rasse sei besser oder wertvoller als die andere. Welche Rasse steht höher? Sie können sogar so weit gehen zu behaupten, daß Schwarze und Gelbe und Weiße Subspezies sind. Sie können auch über den Rassenbegriff hinausgehen. Aber zu fragen, welche Subspezies besser sei, ist absurd!

EVANS: Wenden wir uns jetzt einem anderen Gebiet zu: ich möchte Ihre Reaktion auf einige der letzten Entwicklungen in der Psychologie und Neurophysiologie hören, welche die Frage der genetischen Informationsübertragung im Organismus unmittelbar berühren. Dieses Arbeitsgebiet wurde von amerikanischen Wissenschaftlern wie James McConnell (1959), A. L. Jacobson (1959) und George Unger (1970) fortgesetzt. Es gelang ihnen, Hypothesen für die Basis eines bemerkenswerten Phänomens, der Gedächtnisübertragung, aufzustellen.

McConnells frühe Arbeit befaßte sich mit der *planaria*, dem Plattwurm. Er wurde trainiert, auf Licht zu reagieren, was er normalerweise nicht tut. McConnell konnte den Plattwurm in kleine Stückchen schneiden, und das Wurmende setzte diese besondere Reaktion fort. Stücke des Plattwurms, die diese Reaktion gelernt hatten, konnten an einen anderen Plattwurm verfüttert werden, der die Reaktion nicht »gelernt« hatte. Dieser nicht trainierte Plattwurm »lernte« sie nun schnell. Später unternahm Jacobson (1965) Forschungen mit Mäusen. Man brachte der Maus eine bestimmte Reaktion bei, und der RNS-Extrakt der Maus wurde einer anderen Maus injiziert, welche diese bestimmte Reaktion nicht gelernt hatte. Die Maus mit der RNS-Injektion lernte viel schneller als eine Maus, die keine Injektion erhalten hatte. Ist diese Art der Forschung im Sinne Ihrer Begriffsauffassung der Mechanismen, die das Verhalten auslösen, für Sie interessant?

LORENZ: Ich hege starke Zweifel an diesen Ergebnissen. Bei meiner Beurteilung verlasse ich mich auf die Autorität verschiedener Biochemiker. Ich glaube, daß diese chemisch übertragbaren Neigungen zu einer bestimmten Reaktion einer Sensitivierung oder Desensitivierung zuzuschreiben sind. Daß da etwas Spezifischeres beteiligt ist, finde ich kaum glaubhaft. Sagen wir, die Information – die Plattwürmer lernen auf Licht reagieren, während sie normalerweise auf Licht nicht reagieren – ist durch Sensitivierung erklärbar. Sie werden einfach empfindlicher für Licht, ohne wirklich eine Assoziation zu bilden. Es ist keine wirkliche Bestärkung der Reaktion beteiligt. Die Kritik meiner

Kollegen, der Biochemiker, besagt, daß man, um ein erlerntes Gedächtnis zu chiffrieren, zuerst annehmen muß, daß es einen Apparat gibt, der ein Kettenmolekül der hereinkommenden Information aufzeichnet – tack, tack, tack – wie ein Telegraph auf ein Papierband. Dann müssen Sie annehmen, daß es einen zweiten Apparat gibt, der das Molekül liest und es wieder in Nervenimpulse umwandelt. Wie lang braucht ein RNS-Bote, um ein Molekül zu bilden? All das erfordert viel zu viel Zeit – ich weiß nicht genau, wie lange –, um diese Informationsübertragung auf chemischem Weg zu erklären. Fachleute behaupten, daß sich viele der Experimente mit Plattwürmern nicht wiederholen lassen. Das ist keine unmittelbare Beobachtung. Aber ich bin skeptisch; wenn es möglich ist, erlernte Information in Gedächtnisübertragung zu speichern, welche Funktion hat dann das ungeheuer komplizierte zentrale Nervensystem? Es gäbe keinen klaren Zusammenhang zwischen erlernter Fähigkeit und dem Umfang des zentralen Nervensystems. Das ist ein überzeugendes Argument dagegen, glaube ich. Vielleicht ist es jedoch zu früh, um den wahren Wert dieser Forschung zu beurteilen.

EVANS: Um einen früher erörterten Punkt weiterzuverfolgen: Es herrscht die weitverbreitete Ansicht, daß Ihre scharfen Beobachtungen des tierischen Verhaltens, vor allem auf dem Gebiet des sozialen Verhaltens und Bewegungsmechanismus, ein wesentliches Umdenken in den Methoden der Einstellung zu den sozialen Wissenschaften herbeigeführt haben. Das gilt nicht nur für das Gebiet der Psychologie, sondern auch für das der Ethologie, kulturellen Anthropologie und Soziologie. Sie haben die Wirkungen der biologischen Veranlagungen im Menschen als Faktoren, mit denen man sich beschäftigen muß, wie auch die Wirkungen der sozialen Umwelt stärker in den Brennpunkt gerückt. In gewissem Sinn haben Sie die Gebiete der Verhaltensanthropologie, der Verhaltenssoziologie, vielleicht sogar der Ethologie geschaffen. Ihre Betonung der Umweltauswirkungen auf den Organismus hat wichtige Beiträge zum Gebiet der Verhaltensbiologie geleistet. Als Resultat haben sich mehrere Begriffe und Fragen ergeben: eine betrifft die Vermassung und die Intimsphäre. Es wurden verschiedene Hypothesen entwickelt. Manche sagen zum Beispiel, die Übervölkerung könnte dazu führen, daß die partizipatorischen Führungsmuster in autokratische übergehen. Erscheint Ihnen das plausibel? Wenn Sie mit einer im wesentlichen partizipatorischen oder demokratischen Führerschaft beginnen, wird die Übervölkerung sie in eine eher autokratische Art der Führerschaft verwandeln?

LORENZ: Das geschieht bestimmt bei Affen, und der Mechanismus ist eindeutig klar. Ich halte den Schluß für berechtigt, daß sich beim Menschen der gleiche Prozeß abspielt. Bei einer Affenpopulation, besonders Rhesusaffen oder Pavianen, die nicht an Übervölkerung leidet, hängt der Führerschaftsanspruch weitgehend von der Fähigkeit des Individuums zur Bildung von Verbindungen oder Freundschaften ab. Warum soll man nicht annehmen, daß die einfachen Freundschaften bei Menschen instinktiv und gefühlsmäßig sind? In allem, das so gefühlsmäßig bedingt ist wie Freundschaft, gibt es eine angeborene Grundlage. Nun waren die in der Paviangruppe von Washburn und DeVore (1961) studierten Anführer sehr alt und nicht mehr im Vollbesitz ihrer Kräfte, hielten jedoch ihre Führungsposition, indem sie sich zusammenschlossen und einander verteidigten. Experimente haben sehr ähnliche Verhaltensmuster in einer normalen Rhesuskolonie gezeigt. Wenn sie übervölkert sind, werden sie reizbar. Wenn Menschen zusammengedrängt sind, werden sie reizbar. Der übervölkertste Ort, den ich in der Welt kenne, ist der Autobusbahnhof in der Zweiundvierzigsten Straße in New York City, und ich kenne keinen anderen Platz in der Welt, wo Menschen reizbarer sind. Wenn Sie einen Mann nach dem Weg fragen, fährt er Sie an – er ist durch den Mangel an Ellbogenfreiheit gereizt. Wenn Sie Affen in gedrängte Verhältnisse bringen, werden sie reizbar und fauchen einander an. Dieses Anfauchen zerstört Freundschaften. Sobald Reizbarkeit und Launenhaftigkeit Platz greifen, wird die Aggressivität stärker als das Gruppenverhalten, und alte Anführer hören auf, Freunde zu sein. Natürlich wird das gewalttätigste, stärkste und aggressivste Individuum der Regent. Auf diese Weise kommt es zu einer »Ein-Mann« Regierung, wie in einer Anzahl von Verhaltensstudien bei Primaten gezeigt wurde. In einer normalen, nicht übervölkerten, freundlichen Gesellschaft gibt es nur ein Minimum von Aggression zwischen Alpha, Beta und Gamma, zwischen dem Präsidenten, dem Vize-Präsidenten und dem Senat. In einer übervölkerten Gesellschaft gibt es größte Feindschaft, größte Gegnerschaft und das Maximum von aggressiven Verhaltensweisen zwischen den höchstrangigen Individuen. Wenn man die aggressiven Verhaltensweisen zwischen Alpha und Beta pro Minute zählt, erhält man ein Minimum in der normalen und ein Maximum in der übervölkerten Gesellschaft. Das gleiche Phänomen findet man auch unter niederen Säugetieren. Katzen zum Beispiel zeigen in der Übervölkerung erhöhten Blutdruck und andere Streßsymptome.

EVANS: In den Vereinigten Staaten ziehen die Menschen zuerst ins

Zentrum von Stadtgebieten. Darauf folgt gewöhnlich eine Flucht in die Vorstädte. Es gibt da ein Bewegungsmuster – zuerst zu der Masse, dann fort von der Masse. Konnten Sie das auch bei Tieren beobachten?

LORENZ: Ich glaube nicht. Das ist kulturbedingt, auf einer höheren Ebene. Ich kann nicht sagen, daß bei Tieren je etwas Ähnliches beobachtet wurde.

EVANS: Diese Diskussion führt uns natürlich zur Intimsphäre. Die amerikanischen Sozialpsychologen interessieren sich in letzter Zeit besonders für die Intimsphäre. Der Begriff des territorialen Imparativs wurde mehr ins Einzelne gehend von Ihrem Kollegen Robert Ardrey entwickelt. Wie weit kann man jedoch in der Frage der Wichtigkeit der Intimsphäre und der Folgen der Übervölkerung generalisieren? Gibt es nicht einen Punkt, wo man mit einem solchen Gedanken über das Ziel hinausschießen kann? Ist er wirklich in der Endanalyse, sogar auf tierischer Ebene, hinreichend maßgebend für das spätere Verhalten?

LORENZ: Auf tierischer Ebene bestimmt. Aber der Mensch ist ein höchst konditionierbares Tier, und der Einfluß der Kultur wird so sehr zu seiner zweiten Natur, daß er Körperform und individuelle Haltung beeinflußt. Man kann nicht sagen, wie weit man einen Menschen trainieren kann, um sich einer anderen Umgebung anzupassen. Ich bezweifle aber stark, daß man ihn so konditionieren kann, daß er durch Übervölkerung nicht nervös und neurotisch wird. Ich bezweifle das sehr. In einem Gebiet, wo Menschen in weit voneinander abliegenden Häusern wohnen – meilenweit von ihren nächsten Nachbarn –, findet man die größte Freundlichkeit. Ich erinnere mich an ein Erlebnis, das mir lebhaft im Gedächtnis geblieben ist. Als ich in München in meinem Institut wohnte, war ich mit menschlichen Kontakten übersättigt. Immerfort wollten mir Leute Fragen stellen, meine Freunde kamen ständig zu mir – sogar nette Menschen können einen nervös machen. Wir hatten ein amerikanisches Ehepaar als Hausgäste, Naturschützer, die im tiefsten Wisconsin leben. Gerade als wir uns zum Essen setzten, läutete die Türglocke. Ich sagte, »Wer zum Teufel ist das schon wieder?« Wenn ich den schlimmsten Fluch ausgestoßen hätte, wären die beiden nicht ärger erschrocken. Für sie war es völlig unverständlich, daß man nicht von Freude überwältigt wurde, wenn die Türglocke läutete. Durch diesen Vorfall erkannte ich, wie sehr ich selbst ein Opfer der Übervölkerung geworden war.

EVANS: Professor Lorenz, welche von all Ihren bemerkenswerten und einzigartigen Arbeiten halten Sie für die wichtigste?

LORENZ: Soweit es veröffentlichte Bücher betrifft, würde ich sagen »The Evolution und Modification of Behaviour«, meine tatsächliche Antwort auf Lehrmans (1953) Kritik meiner Arbeit. Ich glaube, dieses Buch faßt das Wesentliche meines Denkens in gedrängter Form zusammen.

EVANS: Wir haben eine Anzahl Ihrer anderen Werke besprochen. Sie waren einer der Gründer der Ethologie, und Ihnen ist das zu verdanken, was ich die psychologische Ethologie nennen würde.

LORENZ: Ich kann das Verdienst für den Teil der Ethologie, der die Bewegungskoordination oder Bewegungsweisen und die durch solche Muster gekennzeichneten größeren taxonomischen Gruppen untersuchte, nicht beanspruchen. Das wurde von Whitman und Heinroth entdeckt und bildet die Grundlage, auf der die Ethologie beruht. Ich könnte das Verdienst für die Entwicklung des Begriffes der auslösenden Mechanismen beanspruchen. Solange die Bewegungskoordination oder Bewegungsweise bloß als eine Kette von Reflexen angesehen wurde, stach der erste Reflex in der Kette nicht besonders hervor. Als man jedoch erkannte, daß das erste Bewegungsmuster in einem Arrangement des zentralen Nervensystems aus einem mechanismus-erzeugenden und einem anderen, mechanismus-hemmenden Reiz besteht, bekam meine These entscheidende Bedeutung. Pawlow nannte diesen reiz-auswählenden Mechanismus (1927) den Detektor. Man könnte mir die Konzentration der Aufmerksamkeit auf den Auslösungsprozeß, die Auswahl der Reaktion auf eine bestimmte Reizsituation, gutschreiben. Daraus wurde später das Objekt der Zusammenarbeit zwischen Tinbergen und mir. Tinbergen begann den angeborenen Auslösemechanismus, welcher Bewegungsweisen enthemmt, experimentell zu untersuchen. Die Erkenntnis der Dualität dieser zwei Prozesse ist vielleicht meine bedeutendste Entdeckung.

EVANS: Wenn Sie auf ihr Leben zurückblicken, welche Männer und Frauen hatten Ihrer Ansicht nach den größten Einfluß auf Sie?

LORENZ: Die Formung meines Charakters wurde von einem Hochschullehrer, einem Benediktinermönch, sehr stark beeinflußt. Ich glaube, es ist bemerkenswert und höchst charakteristisch für die Liberalität des alten Österreich, daß ich von einem Mönch über Darwin und natürliche Auswahl unterrichtet wurde. Wenn Sie mit Ihrer Frage meinen, wen ich von lebenden oder toten Menschen am meisten bewundere, ist es Charles Darwin, der auf sehr prosaische Weise so große Entdeckungen machte. Ich bewundere auch einen Mann, gegen den die Tradition – die orthodoxe christliche Tradition – einen so heftigen Kampf führte, Thomas Huxley. Wie er einmal sagte: »Jede

Wahrheit beginnt ihr Leben als Ketzerei und beendet es als Orthodoxie.« Das ist so richtig für Darwins Entdeckung. Als Darwin schließlich imstande war, seine Entwicklungstheorie klarzulegen, fühlte er sich nicht als Sieger oder als großer Entdecker. »Ich fühle mich wie ein Mörder«, schrieb er in sein Tagebuch.

EVANS: Welche Kritik an Ihrem Werk stört Sie am meisten?

LORENZ: Der störendste Aspekt der Kritik besteht darin, daß man etwas Falsches an seiner Position findet. Die bloße Verteidigung seiner Position erfordert nicht unbedingt persönliche Beteiligung. Kritiken jedoch, die mich veranlaßten, meine Positionen zu ändern, störten mich am meisten und halfen mir zugleich am meisten. Oder mit anderen Worten, die Kritiken, welche mich störten, sind identisch mit den Kritiken, auf die ich am umfassendsten reagierte. Ein gutes Beispiel ist Daniel Lehrmans Artikel »Kritik an Konrad Lorenz' Theorie«, in dem er eine mehr oder minder behavioristische Haltung entwickelte und sagte, daß alles Verhalten, das ich genetischer Programmierung zuschrieb, erlernt sein könne. Er zitierte die Experimente von Z. Y. Kuo (1932), der glaubte, es sei der passiv durch den Kopf des Kükens gehende Herzschlag, der das Küken zu picken lehre. Zugleich war seine Kritik eine mehr als leicht übertriebene Vereinfachung meiner Ansichten. In dieser Hinsicht war er ungerecht. Ich antwortete ihm später in einer Abhandlung, die ich für den Kongreß über den Instinkt abfaßte. Ich führte aus, daß Kuo, um den Begriff »angeboren« zu vermeiden, etwas wie eine angeborene »Paukerin«, den Herzschlag, annimmt, der das Küken lehrt, wie es picken soll. Diese »Lehrerin« kann natürlich dem Küken nicht beibringen, auf was es picken soll. Es ist bemerkenswert, daß ich etwa zehn Jahre brauchte, um zu dem Schluß zu gelangen, daß die angeborene »Paukerin« tatsächlich das Problem allen Lernens zusammenfaßt – wenn Lernen den Überlebenswert verbessert, muß der Lernapparat eine Information darüber enthalten, was gelernt werden soll und was nicht. Es muß einen Lehrer geben, der einem auf die Schulter klopft und sagt: »Das ist richtig, tu das wieder« oder »Nein, nein, nein, tu das nicht, davon bekommst du Bauchschmerzen.« Meine Reaktionen auf Lehrmans Kritik gipfelten in meiner Abhandlung »The Innate Basis of Learning« (1969) und in dem Artikel, den ich für meinen wichtigsten halte »The Evolution and Modification of Behaviour« (1965). So wurde die Kritik, die mich am meisten störte, auf lange Sicht die konstruktivste.

EVANS: Eines der Dinge, die ich beim Lesen Ihres Werkes beobachtete, ist die Tatsache, daß Sie ziemlich besorgt waren über allzu begeisterte Verallgemeinerungen, die aus Ihren ethologischen Studien gefolgert wurden. Insbesondere waren es zwei Bücher, die in weiten Kreisen gelesen wurden: Desmond Morris' »Der Nackte Affe« (1967) und Robert Ardreys »Der territoriale Imperativ« (1966). Sie enthalten bestimmt weitgehende Verallgemeinerungen Ihres Werkes. Stören Sie diese beiden Bücher?

LORENZ: Vorerst darf ich sagen, daß beide, Morris und Ardrey, meine sehr guten Freunde sind. Desmond Morris war es schon immer, und Robert Ardrey ist es geworden. Darf ich außerdem sagen, daß Robert Ardrey ein sehr guter Ethologe ist; er hat eine Menge gelernt. In seinen ersten Büchern, insbesondere im »Territorial Imperative«, sind die Prinzipien ein wenig zu sehr verallgemeinert, ein wenig zu gewagt. Als ich es las, litt ich genauso, wie wenn man neben einem Autolenker sitzt, der eine bestimmte Strecke viel schneller nimmt, als man sie selbst zu fahren wagen würde, aber keine Möglichkeit hat, ihn zum langsamer Fahren zu veranlassen. Mit anderen Worten, Ardrey riskierte *meinen* Kopf. Ich betone, daß das mit Ardreys späterem Werk nicht der Fall ist. Damit bin ich völlig einverstanden.

EVANS: Wie steht es mit Morris?

LORENZ: Ich bin mit manchen Aspekten des »Nackten Affen« nicht einverstanden, weil er den Menschen behandelt, als wäre dessen Kultur ein biologisch irrelevantes Phänomen. Auch nicht mit seiner Ansicht, daß jede kumulative Tradition bei der Spezies Mensch eine Nebenfrage und etwas sei, das man bedauern, nicht bewundern müsse. Wenn ich einer Spezies einen Namen gebe, wähle ich eine Funktion, durch welche die Spezies überlebt – ich nenne eine Bachstelze Bachstelze, weil sie am Bach stelzt und dabei ihre Nahrung findet. Wäre ich gezwungen, die menschliche Spezies Affen zu nennen, müßte ich zumindest zeigen, daß die die Kultur-Affen, die traditionssammelnden Affen, der ideale Begriff aller Affen ist. Daß der Mensch nackt ist, ist unerheblich. Er könnte genausogut ein Fell tragen.

EVANS: Zum Schluß wäre es noch interessant zu hören, Professor Lorenz, woran Sie jetzt arbeiten und was Sie in Zukunft zu tun gedenken. Ich weiß, daß Sie an einem neuen Buch arbeiten. Wovon handelt es? Mit welchen Forschungen befassen Sie sich derzeit?

LORENZ: Ich werde zwischen der Epistemologie, insbesondere der Philosophie der Werte, und sehr spezifischen Forschungen, die ich noch betreibe, hin und her gerissen. Im Augenblick beende ich ein Buch über die Erkenntnistheorie, auf das ein zweiter Band über das menschliche Wertgefühl vom naturalistischen Standpunkt aus folgen wird. Was ich aber an Forschungsarbeit betreiben will, sind eingehendere Studien des aggressiven Verhaltens bei Fischen, des Gruppenverhaltens und aller aggressionsverhindernden Mechanismen bei höheren Tieren. Mit anderen Worten, ich will die Verhaltenssoziologie weiter studieren.

Neueinführung von Konrad Lorenz in die Psychologie

Das bekannteste Bild von Konrad Lorenz ist das des hervorragenden Wissenschaftlers, der bereit ist, über die technischen Einzelheiten seiner Forschung hinauszugehen und mit der Allgemeinheit über ein weites Feld von sozialen Angelegenheiten zu diskutieren, der populäre Essayist von »Er redete mit dem Vieh, den Vögeln und den Fischen« (1949), »Das sogenannte Böse« (1963), »Die acht Todsünden der zivilisierten Menschheit« (1973) und »Die Feindschaft zwischen den Generationen« (im folgenden Abschnitt dieses Buchs wiedergegeben).

Die Zuerkennung des Nobelpreises 1973 für Biologie zeigt ein anderes Bild von Lorenz: den Mitbegründer, zusammen mit Karl von Frisch und Nikolaas Tinbergen, einer esoterischen, neuen wissenschaftlichen Disziplin, der »Ethologie« oder Verhaltenszoologie, bei der eingehende Studien angeborenen tierischen Verhaltens dazu verwendet werden, Entwicklungsaufeinanderfolgen und -beziehungen zwischen den Arten zu beschreiben. Diese Seite von Lorenz wird am besten in seinen gesammelten Aufsätzen dargestellt, in zwei Bänden herausgegeben (1971, 1972) von der Harvard University Press, und ist in der faszinierenden »Entwicklung der Ritualisierung« (1966) wiedergegeben, die hier abgedruckt ist.

Diese Einführung und die folgenden ausgewählten Aufsätze zeigen ein drittes Bild von Lorenz, das eines Psychologen von großer Bedeutung. Die besprochenen Themen beinhalten kybernetische Verhaltensforschung, Entwicklungs-Erkenntnistheorie, Aggression zwischen Gruppen, soziale Entwicklung, und die politischen Folgen der genetischen Entwicklung. Zu den behandelten psychologischen Themen zählen Theorie des Lernens, Erkenntnispsychologie, Wissenspsychologie und die Psychologie der individuellen Unterschiede. Dieses Bild deckt sich unvermeidlich teilweise mit dem Bild des Nobelpreisträgers, zeigt aber auch einige ebenso wichtige Leistungen, denen die verdiente Aufmerksamkeit noch nicht zuteil wurde. Unvermeidlich ist auch, daß es teilweise mit dem Bild des populären Essayisten zusammenfällt. Auf diesem Gebiet werde ich mir gestatten, einige von Lorenz betonten Behauptungen von meinen zu trennen, weil er bereit ist, bei umstrittenen Fragen einen energischen Standpunkt einzunehmen, und um meiner eigenen Kollegen willen, die meinen Standpunkt in diesen Fragen besser kennen als meine Begeisterung für Lorenz und vielleicht Hilfe brauchen, um beides miteinander abzustimmen. Ich hoffe, daß diese Diskussion über die Gebiete unserer Meinungsverschiedenheit meiner Einführung von Lorenz bei den Psychologen mehr Wert verleihen wird.

In der Tradition von William James

Bei der Überlegung, welchem Psychologenmodell Lorenz am ehesten entspricht, komme ich zu William James' »Principles of Psychology« (1890). Das erscheint vielleicht als Wahl seltsam, denn die meisten Anhänger von William James sind Phänomenologen und Humanisten. James war jedoch ein biologisch denkender Psychologe, ein begeisterter Verfechter der Folgen der Entwicklungstheorie für die Psychologie, überzeugt von der Zweckmäßigkeit menschlichen und tierischen Verhaltens und bestrebt, Begründungen für solche Zweckmäßigkeiten herauszufinden, welche mit einer materialistischen Orientierung vereinbar waren. Als Verfechter der Darwinschen natürlichen Zuchtwahl war er unnachgiebig gegen die Lamarckschen oder teleologischen Erklärungen, während er einsah, daß die teleonomischen Tatsachen erklärt werden müssen. Er war daran interessiert, bewußte Erfahrungen zu verstehen und sie mit biologischen und Entwicklungsperspektiven in Beziehung zu bringen, sowie am Betreiben von Epistemologie – Erkenntnistheorie – in vollem Wettstreit und Kontakt mit der Philosophie. Ebenso wie Lorenz neigte er dazu, kulturelle Umweltquellen menschlicher Psychologie zu unterspielen, obwohl er an sozialer Entwicklung als Erweiterung und analog zu biologischer Entwicklung (James, 1880) interessiert war. Beide befaßten sich ernsthaft mit der Notwendigkeit, ein moralisches Äquivalent für den Krieg zu finden.

Die Aufmerksamkeit ist natürlich nicht gleichmäßig verteilt. Das Lorenz-Ähnlichste bei James beschränkt sich auf wenige Kapitel, zum Beispiel seine Untersuchung über die Instinkte. Das James-Ähnlichste bei Lorenz ist nicht seine berühmteste Arbeit, sondern der hier abgedruckte Aufsatz »Kants Lehre vom Apriorischen« (1941) und in solchen Essays wie »Gestaltwahrnehmung als Quelle wissenschaftlicher Erkenntnis« (1959) und »Haben Tiere ein subjektives Erleben?« (1963), die in den Harvardbänden enthalten sind. Dessenungeachtet kann James die vielseitige Relevanz Lorenz' für eine wirklich vollständige Psychologie besser als jedes andere mögliche Vorbild illustrieren.

Man beachte, daß das biologische Fundament von James und Lorenz sie nicht zu typischen Reduktionisten macht. Sie sind auch keine Vitalisten, obwohl sie für Tatsachen aufgeschlossen sind, auf welche Vitalisten wie Bergson (1911), Driesch (1914), Uexküll (1926) und Polanyi (1969) hinweisen, und dazu neigen, sie gelten zu lassen. Sie akzeptieren jedoch diese Tatsachen als Rätsel, die eine Erklärung fordern, und suchen nach Lösungen, die mit der Physik, Chemie und Entwicklungsbiologie vereinbar sind. Beide finden in dem Darwinschen Begriff der natürlichen Zuchtwahl (1859) einen Schlüssel für eine solche Erklärung. Lorenz' Behandlung dieses Problems wird in dem hier wiedergegebenen Aufsatz »Der modische Irrtum des Verzichts auf Beschreibung« (1973) elegant illustriert.

Kybernetische Verhaltensforschung

Unter diesem Titel beziehe ich mich auf den zentralen Kern von Lorenz' Beiträgen zum Verständnis tierischen Verhaltens, auf die Werke, welche das Max Planck Institut für Verhaltensphysiologie in Seewiesen über Starnberg von dessen Gründung im Jahr 1954 bis zu Lorenz' Pensionierung im Jahr 1973 zum Mekka für amerikanische Psychologen gemacht hat. (Inzwischen hat Lorenz unter dem Schutz der Österreichischen Akademie der Wissenschaften in Altenberg bei Wien ein neues Institut für vergleichende Verhaltensforschung gegründet.)

Die noch heute bei der Psychologie dominierenden Verhaltenslehren (einschließlich der wichtigsten mathematischen Lernmodelle) sind meiner Ansicht nach unzureichend für die Erklärung erlernten oder angeborenen Verhaltens oder auch nur einer so koordinierten Handlung wie der Griff nach einem Bleistift. Die Kybernetik (Wiener, 1948; Ashby, 1952; 1956) liefert ein mechanistisches Modell für bewußt zielgerichtetes Verhalten, das, wie ich glaube, schließlich zu einer integrierten psychologischen Theorie ausgearbeitet werden und die gegenwärtigen Verhaltenslehren ersetzen wird. Sobald diese kybernetische psychologische Theorie zu einem Abschluß gelangt, wird das Werk von Lorenz und den anderen Ethologen einer der zentralen Pfeiler des Gebäudes sein.

Diesem kybernetischen Modell entsprechend muß der Organismus für jede Anpassungshandlung ein Sinnesorgan oder ein Wahrnehmungskriterium für deren Ausführung (ein multidimensionaler »Homöostat«, ein »Referenzsignal« oder eine »akkustische Schablone« für den Zielzustand) besitzen. Wo es sich um gegenseitige Beeinflussung von anderen Tieren oder Gegenständen handelt, nehmen diese Kriterien den Charakter von »Bildern« an, und eine phänomenologische Dimension wird hinzugefügt. Hierher gehört Lorenz' Begriff des »Auslösers«. Der Organismus muß auch spezifische anatomische Strukturen besitzen, um die vielen Körperzustände zu überwachen – Blutzuckerspiegel, Serum-Salzgehalt usw.–,die bei Hunger,Durst und anderen sogenannten Trieben beteiligt sind, und es muß andere Sinnesorgane geben, welche die wahrscheinliche Befriedigung des körperlichen Mangels anzeigen. Zu komplizierten Handlungen gehören hierarchisch organisierte Gruppen solcher zielgerichteter Untereinheiten. Auf jeder Stufe gibt es eine Reizsignal-Schablone, einen Reaktionsaufbau während der Perioden der Nichtaktivität und eine Zielvollendungsschablone, die dann eine Komponente der Auslöseschablone für die nächste Anpassungseinheit in der Hierarchie sein kann. Wo die Auslöseschablone äußere Objekte notwendig macht, wird es ein aktives Suchverhalten auf Wahrnehmungs- und Lokomotionsebene geben. Wo es um Lernen geht, werden spezifische »Lust-« und »Unlust«-Empfindungssysteme (Olde, 1958) zusammen mit einigen von den Zwischenziel-Erreichungsschablonen aktiviert.

Das gibt viele von Lorenz' Beschreibungen spezifischer Instinktsysteme bei Tieren frei wieder. Ein ähnliches Bild ergibt sich, wenn zwei orthodoxe Behavioristen wie Miller (1959) und Sheffield (1950) ein vermutlich einzigartiges Trieb- und Bestärkungssystem wie Hunger studieren. Ihre Ratten laufen durch Labyrinthe, um ihre Geschmacksbecher mit nährwertlosem Saccharin kitzeln zu lassen oder zum Vergnügen Futter zu fressen und zu schlucken, das ihren Magen nie erreicht, weil an ihnen eine Umleitungsoperation vorgenommen wurde, oder um in ihrem Magen einen Ballon aufblasen zu lassen, der, wenn nicht übertrieben, das angenehme Gefühl des Vollseins hervorruft. Das behavioristische Konzept der »Triebreduktion« hat eine verborgene Teleologie und muß durch eine Anzahl spezifischer anatomischer Kybernetikeinheiten ersetzt werden, wie uns Lorenz gelehrt hat. Eines seiner besten Essays über dieses Thema ist seine Arbeit »Über angeborene Lerngrundlagen« (1969).

In Lorenz' faszinierender Rekonstruktion der Entwicklung instinktiver zwischenpersönlicher Rituale bei verschiedenen Spezies gibt es viel potentiellen Wert für Sozialpsychologen. Man beachte, wie das Balzritual bei einer Vogelart sich vom Kinderfütter-Ritual entwickelt zu haben scheint, während es bei einer anderen von instinktiv aggressiven Reaktionen gegen fremde Artgenossen gelenkt wird. Diese Studien haben für Entwicklungsbiologen Nobelpreiswert wegen ihrer auffallenden Anhäufung von Verhaltensbeweisen für Studien der gewöhnlich auf der Anatomie allein basierenden Entwicklungssequenz und Artbildung. Für Psychologen, die sich schließlich mit der Verhaltensentwicklung befassen müssen, besitzen sie einen zusätzlichen Wert. Der hier abgedruckte Aufsatz »Entwicklung der Ritualisierung in der biologischen und kulturellen Sphäre« ist eine hübsche Einleitung zu diesem Gebiet, ebenso wie Lorenz' berechtigtermaßen populäres Buch »Er redete mit dem Vieh, den Vögeln und den Fischen« (1949).

Entwicklungs-Epistemologie

Mit diesem Ausdruck beziehe ich mich auf das Studiengebiet, in welchem die Philosophen, Biologen und Psychologen Aspekte traditioneller Probleme der Erkenntnisphilosophie oder Epistemologie in wissenschaftlichem Geist zu lösen versuchen. Die »Entwicklungs-Epistemologie« ist eine spezifische Version der »beschreibenden Epistemologie« oder, wie Quine sie (1969) nennt, der »akklimatisierten Epistemologie«.

Die beschreibende Epistemologie versucht die Erkenntnisprobleme – Wissen wir? Wieso wissen wir es so gut, wie wir es wissen? Können wir mit Bestimmtheit wissen, daß unser Wissen richtig ist? – durch die Verwendung von wissenschaftlicher Erkenntnis anzugehen, zum Beispiel der Physik der zu erforschenden Welt und der Entwicklungsbiologie und -psychologie des wissenden Menschen. Es hat immer ein gewisses Maß an Epistemologie gegeben, aber die Klärung der Philosophie im letzten Jahrhundert machte sie tabu. Die Philosophen hielten diese Bemühungen gern für Beweise von Inkompetenz – ein mangelndes Verständnis für die Anliegen der Epistemologie. Man versteht ihren Standpunkt besonders leicht in Hinsicht auf das Problem der Induktion oder der Rechtfertigung wissenschaftlicher Erkenntnis. Es ist tatsächlich ein *circulus vitiosus*, die Gültigkeit wissenschaftlicher Erkenntnis durch Rechtfertigung der Gültigkeit des Prozesses anzunehmen, der zu dieser Erkenntnis führt.

Wenn man jedoch die Aufgaben der beschreibenden Epistemologie von der traditionellen oder analytischen Epistemologie trennt, kommt ein faszinierendes und nützliches Wissensgebiet zum Vorschein, das mit den bedeutenden Leistungen der Tradition der skeptischen Empiristen Locke, Berkeley, Hume, Kant und ihren modernen Nachfolgern völlig im Einklang steht. Ihre pessimistische Schlußfolgerung besagt, daß wir unsere wissenschaftlichen Überzeugungen nicht logisch rechtfertigen und auch in keiner anderen Weise Gewißheit erreichen können. Die induktive »Logik« oder die Verfahren, welche wir anwenden, um zu wissenschaftlichen Schlußfolgerungen zu gelangen, lassen immer die Möglichkeit offen, daß wir unrecht haben. Diese Schlußfolgerungen gelten nicht nur für wissenschaftliche Erkenntnisse, sondern auch für visuelle und taktile Wahrnehmung, insofern als diese in uns Ansichten über Objekte oder Vorgänge hervorrufen, welche über die wechselnden, unerklärten Wahrnehmungen selbst hinausgehen. Humes »Induktionsproblem« wurde eine Zeitlang wegen des Glaubens an die zuverlässige Wahrheit der Newtonschen Physik mißachtet. Die Zerstörung dieser Theorie in der modernen Zeit sowie die sorgfältige Überprüfung der historischen Grundlagen, denen zufolge wissenschaftliche Theorien ausgewählt und abgelehnt werden, hat zu einer neuen Vertiefung in dieses Problem geführt, bei der Humes Logik und Pessimismus ausdrücklich akzeptiert (Popper, 1959; 1963) oder als neue Beobachtung wieder erfunden wurden (Kuhn, 1962; Toulmin, 1961; 1972).

In völliger Vereinbarkeit mit dieser pessimistischen Lösung des logischen Erkenntnisproblems kann eine beschreibende Epistemologie fragen, was unternehmen wir hinsichtlich des zugegebenermaßen unzulänglichen Wissens? Wie können wir, angesichts unserer ungünstigen epistemologischen Lage, so gut Bescheid wissen, wie es der Fall zu sein scheint? Die klassischen Epistemologen wie Hume und Kant stellen dafür Theorien auf, ebenso Popper (1959; 1963), Polanyi (1958), Toulmin (1961; 1972), Kuhn (1962) und andere. Was die Fachphilosophie als Unsinn verpönte, wird nun von einer wachsenden, mutigen Minderheit innerhalb der Philosophie praktiziert (für Einzelheiten siehe Campbell, 1974).

Die beschreibende oder Entwicklungs-Epistemologie ist ein wichtiges neues Gebiet. Und sie ist keineswegs ein Monopol der Philosophen. Im Sinne der gewöhnlich von den Philosophen getroffenen

Unterscheidung zwischen Philosophie und Wissenschaft müßte die beschreibende Epistemologie als Wissenschaft eingestuft werden. Die Philosophie liefert die altbekannte Liste von Problemen, die moderne Wissenschaft liefert Unterlagen für die Lösungen. Die beschreibende Epistemologie ist also ein Gebiet, an dem Physiker, Biologen, Psychologen und Soziologen mitarbeiten sollten. Wenn diese Disziplin sich etabliert, wird Konrad Lorenz als einer ihrer Gründer und Hauptmitarbeiter anerkannt werden. Der Physiker-Philosoph Vollmer hat Lorenz diesen Status bereits (1974) zuerkannt. Eines von Lorenz' neuesten Büchern, »Die Rückseite des Spiegels« (1973), beschäftigt sich ausschließlich mit dieser Disziplin. Die erste Abhandlung darüber, »Kants Lehre vom Apriorischen im Lichte gegenwärtiger Biologie« ist in dem vorliegenden Band wiedergegeben.

Unsere kollegiale Freundschaft entstand auf diesem Gebiet. Als ich meinen ersten Essay über das Thema (1959) veröffentlichte, kannte ich bereits einige von Lorenz' epistemologischen Abhandlungen durch einen Essay von Bertalanffy (1955) und eine (1951) von Whyte herausgegebene Sammlung. Später bekam ich eine Übersetzung des hier abgedruckten Artikels sowie von »Gestaltwahrnehmung« (1959). Sie waren so zweifelhaft gelungen, daß ich Monate damit verbrachte, sie zu überarbeiten, wobei ich zumindest einmal bei jedem Satz ein deutsch-englisches Wörterbuch verwendete. Ich befaßte mich so eingehend damit, daß ich diese Leistungen in meinem Lebenslauf als »Übersetzungsredakteur« anführe, wo sie zwei Drittel meiner Veröffentlichungen des Jahres 1962 ausmachten! Was mir bei den Übersetzungen sehr half, war der Umstand, daß ich intuitiv erfaßte, was Lorenz sagen wollte. Unsere Freundschaft wurde hauptsächlich dadurch gefestigt, daß wir unsere gegenseitigen Beiträge auf einem Gebiet schätzten, für das sich damals niemand zu interessieren schien, das für uns jedoch überaus faszinierend war.

Mit seiner Abhandlung »Kants Lehre vom Apriorischen im Lichte gegenwärtiger Biologie« löste der junge Lorenz schöpferisch ein bedeutendes epistemologisches Problem. Es erweist sich, daß wenigstens zweiundzwanzig Philosophen und achtzehn Biologen, Physiker oder Psychologen seit Darwin die Vermutung zum Ausdruck brachten, daß die apriorischen Wahrnehmungs- und Erkennungskategorien vielleicht Produkte biologischer Entwicklung sind (Campbell, 1974), eine immer wiederkehrende Ketzerei, die so wenig Aufmerksamkeit fand, daß kaum einer der Verfechter dieser Ansicht von den anderen wußte. Von ihnen allen ist Lorenz' Darstellung die beste und subtilste.

In der Erkenntnislehre ist der epistemologische Relativismus ein ständig wiederkehrendes Problem, und die Art, wie Lorenz es behandelt, hat besonderen Wert. Wie sein Lehrer Uexküll (1934) räumt er ein, daß jedes Tier (und jede Sprache, jede Kultur, jede historische Periode, jedes wissenschaftliche Paradigma) die Wirklichkeit aus einer anderen und begrenzten Perspektive betrachtet. Jede Perspektive beruht auf Voraussetzungen, die, wenngleich nützlich, von unbewiesenem und begrenztem Wert sind. Diese Unterschiede werden in seinen Überlegungen über die Begriffe Lebensraum und Kausalität bei der Wasserspitzmaus (in »Kants Lehre vom Apriorischen im Lichte moderner Biologie«) großartig dargestellt. Er läßt für die menschliche Erkenntnis, auch in ihrer Reflexion in der modernen Physik, eine analog begrenzte Perspektive gelten. Das beschreibt er als epistemologischen Relativismus in unserer Kategorie als Wissende.

Viele, die im Besitz dieser geistigen Differenziertheit sind, gehen zu einer Philosophie über, welche die Wirklichkeit leugnet, oder zu irgendeiner anderen Wirklichkeit mit Ausnahme jener unserer eigenen Wahrnehmungen oder einer, wenn auch unzureichend, in anderen Perspektiven reflektierten normalen Wirklichkeit. Nicht so Lorenz. Er kombiniert seinen epistemologischen Relativismus mit einem hypothetischen Realismus, einem kritischen Realismus. Seine Entwicklungstheorie führt ihn dazu, es für notwendig zu finden, einen gemeinsamen physischen Lebensraum und eine Kausalität anzunehmen, die von Wasserspitzmaus und Mensch unvollkommen abgesteckt sind. Höhere Organismen haben oft vollständigere Pläne, bei denen die Merkmale ihrer primitiveren Vorfahren mit schärferen Unterscheidungen kombiniert werden. Fortschrittliche Naturlehren vermögen vielleicht die Wahrnehmungskategorien von Tieren und naiven Menschen zu umgehen und dennoch einseitig und perspektivisch relativ zu sein. Das ist eine noch bei einer Minderheit der Erkenntnisphilosophen verbreitete Ansicht, die jedoch ständig im Wachsen begriffen ist, wenn auch jede neue Demonstration von epistemologischer Relativität in der Geschichte der Denkvorstellungen vorübergehend neue Anhänger einer ontologischen Relativität hervorbringt.

Lorenz hat auch Beiträge zu anderen Gebieten der beschreibenden Epistemologie geleistet. Seine Essays »Der modische Irrtum des Verzichtes auf Beschreibung«, der hier abgedruckt ist, und »Gestaltwahrnehmung als Quelle wissenschaftlicher Erkenntnis« (1959) sind hervorragende Beiträge zur Erkenntnispsychologie. Sie liefern eine dringend nötige Berichtigung für jene, die fälschlich meinen, daß qualifiziertes, atomisiertes und instrumentales Wissen die gewöhnliche Wahrnehmung in der Wissenschaft ersetzt (Campbell, 1966). Der heitere Charme von »Haben Tiere ein subjektives Erleben?« sollte wertvolle Beiträge zu dem »Du-Evidenz«- und »Leib-Seele«-Problem der Philosophen nicht verbergen. Beachten Sie die In-Frage-Stellung der verbreiteten Ansicht, daß die Tätigkeit der höchsten und evolutionsmäßig jüngsten Teile des Gehirns der bewußten Erfahrung entsprechen. Dieses Rätsel der bewußten Wahrnehmung führt Lorenz zu dem paradoxen Titel: »Die Rückseite des Spiegels«.

Aggression zwischen Gruppen

Das bei den Psychologen und Sozialwissenschaftlern bekannteste und am heftigsten angegriffene Buch von Lorenz ist »Das sogenannte Böse«. Um Lorenz einzuführen, finde ich es notwendig, dieses Werk wegen seiner Berühmtheit und auch wegen meiner Beziehung zu dem Problem der Untergruppenkonflikte zu besprechen.

Lorenz' Darstellung tierischer Aggression ist ein schönes Beispiel wissenschaftlicher Problemlösung. Für Korallenfische bringt er die verschiedenen Rätsel der grellen Farbmuster, des auf Mitglieder der eigenen Art gerichteten Kämpfens, der stabilen Lebensplätze in den Korallenriffen und der Vorteile des räumlichen Abstandes für das Überleben in Einklang. Ebenso hervorragend ist seine Darstellung des Gruppenverhaltens, der Nestverteidigung und der Aggression gegen Artgenossen bei verschiedenen Gänsearten, sowie seine Identifikation modifizierter Aggressionsgesten bei ihren Balzritualen.

Bei diesen und vielen anderen Beispielen wird stichhaltig bewiesen, daß intraspezifische Aggression – Aggression gegen Mitglieder der selben Spezies – nützlich und anpassungsfähig sein und das Überleben der Art fördern kann. Lorenz bietet diese Tatsache als Richtigstellung gegenüber Freuds Erklärung der Aggression als Ausdruck eines selbstzerstörerischen Todeswunsches und allgemeinerer Neigungen an, alle Ausdrucksformen von Feindseligkeit als böse, schlecht angepaßt, unnatürlich und als Produkt abnormaler Umweltbedingungen zu betrachten; deshalb nannte er ein Kapitel »Wozu das Böse gut ist« und gab der deutschen Ausgabe des Buches den noch provokanteren Titel »Das Sogenannte Böse«. Solche Titel gehören zu einem Gespräch, zu einer Reaktion auf allzu extreme Erklärungen früherer Beteiligter in anderen Richtungen. Angesichts des Inhalts des Buches als Ganzes und der nachfolgenden Gespräche, die es nach sich zog, hätte man einen genaueren Titel mit umgekehrter Betonung verwenden können, etwa »Das Böse der menschlichen Aggression im Gegensatz zu der Gutartigkeit tierischer Aggression in einer beständigen natürlichen Umwelt.« Denn Lorenz' wichtigste Lektion besagt, daß die Aggression, die sich in Krieg, Mord und Völkermord ausdrückt, heute die größte Gefahr ist. Der Mensch braucht unbedingt politische Neuerungen und allgemein gültige Vereinbarungen, die solche aggressive Tendenzen einschränken. Bei dieser Problemlösung und Selbsterziehung wird es eher von Schaden als von Nutzen sein, die angeborene Aggressivität des Menschen zu leugnen. Wir sollten vielmehr versuchen, die Aggression zu verstehen, und dazu gehört Verständnis für die frühere Anpassungsfähigkeit von Tendenzen, welche sich ins Negative kehrten und nun unser eigenes Überleben bedrohen.

Viele meiner friedensorientierten Mitliberalen reagieren mit Angst auf die Botschaft »Aggression ist natürlich«, denn sie beinhaltet für sie »Aggression ist gut«, oder sie befürchten, daß sie das für die Allgemeinheit bedeuten wird, die sie über die Gefahren traditioneller, ethnozentrischer Feindseligkeit gegen Fremdgruppen aufklären wollen. Sie fürchten, daß diese Botschaft eines hervorragenden Wissenschaftlers dazu dienen wird, diese gefährlichen Rückstände aus früheren Gesellschaftssystemen und/oder -stadien der biologischen Entwicklung zu rechtfertigen und zu bestätigen. Lorenz und sie sind sich einig über die Gefahr und über die Rückständigkeit der aggressiven Traditionen und Instinkte. Lorenz will für diese Traditionen keinen Anschein von wissenschaftlicher Unterstützung liefern. Ganz im Gegenteil. Dennoch bleibt es leider im gegenwärtigen Klima richtig, daß die Bezeichnung »natürlich« für Aggression zur Folge haben könnte, daß man diese als »normal« und »gut« betrachtet. Vielleicht sollten wir von dieser übertrieben vereinfachten, allzu optimistischen sittlichen Gesinnung loskommen und zu dem unserer religiösen Tradition verankerten Mißtrauen gegen die menschliche Natur zurückkehren.

Meine Mitliberalen haben noch eine zweite Angstreaktion auf die Botschaft »Aggression ist angeboren«, weil sie pessimistisch ist und die Schwierigkeit oder Unmöglichkeit beinhaltet, Kriege zu verhindern. Der Wissenschaftler, der eine solche Botschaft verkündet, unterstützt Apathie und Defaitismus gegenüber dem Problem des Krieges und vielleicht chauvinistischen Nationalismus. Die politischen Folgen der Erklärungen eines hervorragenden Wissenschaftlers zu diesem Problem sind so groß, daß er den Schluß »Aggression ist angeboren«

oder »Krieg ist natürlich« nicht ziehen sollte, es sei denn, die Gewißheit wäre zwingend, was derzeit bestimmt nicht der Fall ist.

Führt »natürliche« menschliche Aggressivität zum Krieg oder ist es die Organisation der menschlichen Gesellschaft, welche Krieg hervorruft? Lorenz bezieht sich sowohl auf biologisches Erbe wie auf soziale Entwicklung, und sowohl auf individuelle männliche Territorialität, wie auf Stammesorganisation, was die menschliche Kampfeslust anlangt. Bei seinen Popularisatoren gibt es jedoch keine solche Mehrdeutigkeit, sondern die Botschaft ist klar: das streitbare Verhalten des Menschen ist eine Folge der Tatsache, daß er ein territoriales Tier ist. In seinem in diesem Buch dargelegten Interview würde es Lorenz jetzt lieber sehen, wenn er die Unterscheidung zwischen individueller und organisierter Gruppenaggression klarer verdeutlicht hätte. Er hat brieflich sein Einverständnis zu der folgenden Erklärung gegeben:

Die in dem Aufsatz des Jahres 1965 und den vorliegenden Abänderungen enthaltene Denkweise muß von der allgemein verbreiteten biologischen Entwicklungserklärung des Krieges scharf unterschieden werden. Der Territorialitätsbegriff hat viel zu unserem Verständnis der Aggression auf der Ebene individueller Kampffische und Ganter (Lorenz, 1966) beigetragen. Man kann die realistische Gruppenkonflikttheorie als eine Theorie sozialer Gruppenterritorialität und sozialer Gruppenaggression auffassen. Die Beziehung zwischen diesen zwei Territorialitätsebenen sollte jedoch klargestellt bleiben. Die Wirbeltierterritorialität, wie sie von den Ethologen studiert wird, stellt das Verhaltenssyndrom eines individuellen Männchens dar, welches ein einziges Weibchen oder einen Harem und seine Nachkommenschaft schützt. Realistische Gruppenkonflikttheorie ist nicht die gleiche Theorie und erklärt Konflikte zwischen Gruppen nicht als Ausdruck dieses territorialen Instinktes bei individuellen Männchen. Sie ist eher eine auf einer anderen Organisationsebene analoge Theorie. Realistische Gruppenkonflikttheorie betrifft organisierte Gruppen, an denen viele Männchen und viele Familien beteiligt sind. Hinsichtlich der Verhaltensdispositionen der beteiligten Individuen stehen die beiden Territorialebenen eher im Gegensatz, als daß sie aneinander grenzen. Obwohl bei Bemühungen, die menschliche Ethnozentrizität zu mobilisieren, häufig auf den Schutz von Heim und Familie angespielt wird, machte es Territorialität auf Gruppenebene immer erforderlich, daß der Soldat für lange Zeitperioden darauf verzichten mußte, seine eigene Frau, seine Kinder und sein Heim zu schützen. Individuelle Ter-

ritorialität und Aggression bedeutet Konflikt innerhalb der Gruppe und wird im Dienste des Konfliktes zwischen Gruppen regelmäßig unterdrückt. Die Behauptung 4 der realistischen Gruppenkonflikttheorie (1965) erklärt, daß »wirkliche Bedrohung die Solidarität innerhalb der Gruppe verursacht«. In einer frühen Erklärung sagt Sumner: »Die Erfordernisse des Krieges mit Außenstehenden sind es, die zum Frieden im Inneren führen, es sei denn, daß innere Zwietracht die Eigengruppierung für den Krieg schwächt. Diese Erfordernisse schaffen auch Regierung und Gesetz in der Eigengruppe, um Streit zu verhindern und Disziplin zu erzwingen« (1906). Die »innere Uneinigkeit« und die »inneren Streitigkeiten« sind, wenn irgend etwas, die aggressiven Manifestationen instinktiver Territorialität. Das ist das häufigste Problem bei den vielen Quellen realistischer Gruppenkonflikttheorie. Die Sherifs machten daraus (1953) eine wichtige Frage. Und man kann mit Hilfe von Rezensenten wie Coser (1956), Berkowitz (1962) und Rosenblatt (1964) ohne weiteres mehrere Dutzend Zitate sammeln, die es bestätigen. Es ist auch ein Hauptthema der anthropologischen Beschreibung hierarchisch organisierter Gesellschaften (LeVine und Campbell, 1972). Es ist somit nicht Säugetier- oder Primatenterritorialität, die den Krieg in dieser Theorie erklärt, sondern eine analoge Funktion auf breiterer Organisationsebene, die auch das Verbot individueller Säugetierterritorialität auf niedrigerer Ebene erfordert. Diese Unterbrechung macht eher aus den sozialen Insekten als aus den höheren Affen das nächste Funktionsanalogon zu der komplexen menschlichen Sozialorganisation (Campbell, 1972).

Von diesem Standpunkt gesehen, werden Kriege auf der Grundlage sozialer Indoktrinierung und Organisation geführt und erfordern das Verbot der »natürlichen« territorialen männlichen Aggressivität. Diese sozialen Traditionen und Institutionen von Gruppenfeindschaft sind schon mehrere Jahrhunderte lang gründlich überholt, gefährlich und böse, und werden mit Kernwaffen selbstmöderisch.

In den beiden hier abgedruckten Abhandlungen »Entwicklung der Ritualisierung« und »Die Feindschaft zwischen den Generationen«, sowie in den »Acht Todsünden der zivilisierten Menschheit« (1973) erklärt Lorenz sozial organisierte innerartliche Aggression als Folge von »Pseudo-Speziation« (Schein-Artenbildung), ein von Erik Erikson (1966) entlehnter Begriff. Die Fähigkeit des sozial organisierten Menschen für Völkermord beruht auf sozialen Neigungen, welche Menschen, die eine andere Sprache sprechen und zu einem anderen Stamm gehören, unmenschlich, als eine von unserer verschiedene Spezies scheinen läßt. Diese Auffassung ist ein wertvoller Beitrag zu den sozialwissenschaftlichen Theorien des Konfliktes zwischen Gruppen, der Ethnozentrizität, des Krieges und Völkermordes. Lorenz' Ansichten über das Böse im Töten von Artgenossen, das nur durch Schein-Artenbildung differenziert wird, stimmt im wesentlichen mit Kelmans neuer, brillanter Analyse (1973) überein.

Soziale Entwicklung und Traditionserhaltung

Lorenz hat, obwohl von Beruf Zoologe, einige kluge Bemerkungen und Überlegungen über soziokulturelle Entwicklung geliefert, von denen hier Beispiele in »Die Feindschaft zwischen den Generationen und deren wahrscheinliche ethologische Ursachen« und in »Entwicklung der Ritualisierung« abgedruckt sind. Die historische Ansammlung von Gewohnheiten, Techniken, Überzeugungen und Regeln fand wahrscheinlich im Lauf eines »natürlichen Selektions«- oder »selektiven Retentions«-Prozesses analog zur biologischen Entwicklung statt. Unter Voraussetzung einer stabilen Ökologie oder eines selektiven Systems sowie sozialer Systeme, welche die gewählten Varianten getreu wiederzugeben imstande sind, würde ein solcher Prozeß zu klugen und angepaßten Gewohnheiten, einschließlich »klugen Aberglaubens«, führen, deren wahren Vorteil die Öffentlichkeit und deren Führer vielleicht gar nicht erkennen oder in wissenschaftlich einfacher Form deuten. Wer diese Ansicht – wie ich selbst als Vorbedingung (1965) – vertritt, wird wahrscheinlich zu einem allgemeinen Respekt für Tradition gelangen. Ebenso wie der Glaube an die Entwicklungslehre bei einem Biologen eine erstaunte Scheu vor diesen bizarren Formen biologischen Lebens erzeugt, deren adaptiven Vorteil er noch nicht versteht, sollte auch der Glaube an soziale Entwicklung bei dem Sozialwissenschaftler, der mit einer »unglaublichen« traditionellen Überzeugung konfrontiert wird, ein zögerndes Vertrauen darein hervorrufen, daß eine adaptive Wahrheit darunter liegt, die er noch nicht verstanden hat. Während die Weisheit aller Entwicklungsprozesse eher Wahrheit über eine frühere Umwelt ist als über eine derzeitige oder zukünftige, es sei denn, diese seien der vergangenen gleich, würde es die Gültigkeit der Sozialwissenschaft erhöhen, wenn eine so vertrauensvolle Haltung weiter verbreitet wäre. Die üblichere Praxis, Tradition als Erklärung für soziale Fehlfunktionen anzuführen, hat keine Berechtigung.

Biologische Entwicklung hängt von strengen Mechanismen für getreue Wiedergabe der angesammelten Selektion der gewählten Gene ab. Diese strenge Beibehaltung und Verdopplung steht im Gegensatz zur Mutationsveränderung, ist aber ebenso wichtig wie diese. Wenn entweder die Beibehaltung oder die Veränderung ein Maximum erreicht, wird die Entwicklungsanpassung unmöglich gemacht. Man könnte erwarten, daß die Entwicklungsgenetiker für eine größere Mutationsrate eintreten, weil das Rohmaterial für Entwicklungserneuerung dadurch vermehrt würde. Aber sie haben sich im Gegenteil übereinstimmend solchen Erhöhungen widersetzt, die durch Röntgenstrahlen und Kernreaktionen erzeugt werden, weil diese die Beibehaltung der bereits erreichten Anpassungen gefährden würden. Ihrer Ansicht nach neigt sich das Gleichgewicht zwischen Beibehaltung und Variation bereits in Richtung Variation.

Ebenso könnte jemand, der glaubt, daß ein historischer, soziologischer Entwicklungsprozeß adaptive Systeme erzeugt hat, deren Funktionen wir noch nicht völlig verstehen, der Ansicht sein, daß kostbare Schätze gefährdet werden, wenn die Beibehaltungsmechanismen der sozialen Gewohnheiten versagen. Es gibt Grund zur Besorgnis, wenn eine ganze Generation von jungen Menschen heranwächst, die nicht so werden wollen wie ihre Eltern, oder wenn die Erziehungsmuster das Kind nicht mehr dazu führen, sich mit seinen Eltern zu identifizieren, oder wenn Eltern ihre disziplinären Pflichten, ihre Kinder an Selbstbeschränkung und an die bestehende soziale Ordnung zu gewöhnen, vernachlässigen, oder wenn Stadtleben und Fernsehen die ständige Gruppenbeteiligung und soziale Kontrolle verringern. Lorenz beschäftigt sich in »Die Feindschaft zwischen den Generationen« und in den »Acht Todsünden der zivilisierten Menschheit« (1973) mit diesen Problemen. Solche Fragen werden heute weitgehend vernachlässigt, und Lorenz erfüllt eine wertvolle Mission, indem er unsere Aufmerksamkeit auf diese Gefahren lenkt.

Die weitverbreitete Annahme des wissenschaftlichen Weltbildes zusammen mit einem logischen Verlust der Glaubwürdigkeit für übernatürliche Maßnahmen mag zu einem möglichen Bruch in der Übermittlung kulturellen Wissens beigetragen haben. »Die Feindschaft zwischen den Generationen« wurde als Teil einer Essaysammlung von hervorragenden Wissenschaftlern veröffentlicht, welche diese Möglichkeit erörterten (Weiss, 1970; Polanyi, 1970; Eccles, 1970). Lorenz erklärt zustimmend: »Der Irrglaube, daß nur das rational Verständliche oder das wissenschaftlich Beweisbare zu der bestimmten Erkenntnis der Menschheit gehören, führt zu katastrophalen Folgen. Es ermutigt die wissenschaftlich aufgeklärte Jugend, den enormen Wissens- und Erkenntnisvorrat über Bord zu werfen, der in den Traditionen jeder alten Kultur und in den Lehren der großen Weltreligionen enthalten ist (1973, S. 63).« Aber Lorenz' Festhalten am Status des Menschen als Tier kann für die Glaubwürdigkeit sozialer Tradition besonders zerstörerisch sein. Die traditionelle Betonung auf dem Unterschied des Menschen zum Tier, seine gottähnliche Natur, kann eine Verpackung der Wahrheit sein, daß der Mensch der Träger einer kostbaren, sozial überlieferten, kulturellen Zivilisation ist. Man beachte, daß Monot in seinem Artikel über »Das Königreich und das Dunkel« (1972) sich selbst in einem ähnlichen Konflikt befindet wie auch Lorenz' Feinde, die behavioristischen Psychologen.

Ich stimme der Bedeutung dieser Probleme völlig zu und stehe durchaus im Einklang mit Lorenz' Schlußfolgerungen, aber diese beiden Essays beunruhigen mich, und ich möchte letzten Endes nicht mit ihnen identifiziert werden. Wenn ich versuche, mir über meine Gefühle klarzuwerden, komme ich auf mehrere Punkte, mit denen ich nicht übereinstimme. Der Anhänger der sozialen Entwicklungslehre kann dem ältlichen Nörgler, der automatisch jede Abweichung von einer sentimental idealisierten Version der Vergangenheit verdammt, eine nützliche soziale Rolle anvertrauen. Dessenungeachtet ist es schmerzlich zu sehen, wie Lorenz seine weitere sozial-evolutionäre Perspektive verliert und in diese Rolle verfällt.In diesen zwei Essays protestiert er zu viel und zu automatisch gegen alle Aspekte der Modernität und idealisiert er zu viel wilde und archaische ländliche Lebensformen, die nicht mehr bestehenden ökologischen Nischen angepaßt sind und eine widersprechende Kette von Kritiken hervorrufen. Er protestiert gegen die industrialisierte Massenproduktion und das Vermarkten von Kleidern durch Massenkommunikationsmittel, behauptet, daß das eine passive, schrullige Stileinheitlichkeit erzeugt und zum Verlust traditioneller ländlicher Regionalkleidung führe. Doch der moderne Stadtbewohner verfügt über eine viel größere Stilauswahl und ist genügend wählerisch, um letzten Endes eine viel größere Heterogonität von Person zu Person, Individualität und Freiheit zu erlangen als früher der alte Dorfbewohner. Was ein Tourist als wertvolle Abwechslung von Dorf zu Dorf sieht, die in Gefahr ist, durch moderne Produktions- und Verteilungsmittel verlorenzugehen, war historisch, für das Individuum innerhalb eines Dorfes, eine erzwungene Gleichartigkeit und bedrückende Auswahlbeschränkung.

Außerdem gehören, wie Lorenz einräumt, die Einheitlichkeit innerhalb der Gruppe und die sorgfältig erhaltenen Unterschiede zwischen den einzelnen Gruppen zu der Schein-Artenbildung oder Ethnozentrizität, welche Lorenz mit Recht verdammt. Während er in diesen zwei Essays weder Stammesgefühl noch Nationalismus als eine der Todsünden aufzählt, glaube ich in Anbetracht dieser Essays, zusammen mit »Das sogenannte Böse«, er würde zustimmen, daß ein Nationalismus, der Schein-Artenbildung als Rechtfertigung für Völkermord benützt, die schlimmste Todsünde ist. Tatsächlich sagt er das in einem Absatz von »Die acht Todsünden«:

Jede genügend scharf umschriebene Kulturgruppe neigt dazu, sich tatsächlich als eine eigene Spezies zu betrachten, insofern nämlich, als sie die Mitglieder anderer, vergleichbarer Einheiten nicht für vollwertige Menschen hält. In sehr vielen Eingeborenensprachen bedeutet die Bezeichnung des eigenen Stammes einfach »Mensch«. Ein Mitglied des Nachbarstammes totzuschlagen, bedeutet somit keinen wirklichen Mord! Diese Konsequenz der Schein-Artenbildung ist höchst gefährlich, weil durch sie die Hemmung, einen Artgenossen zu töten, weitgehend beseitigt wird, während die durch Artgenossen, und nur durch diese, ausgelöste intraspezifische Aggression wirksam bleibt. Man hat auf die »Feinde« eine Wut, wie man sie nur auf andere Menschen haben kann, selbst auf das böseste Raubtier nicht, und man darf ruhig auf sie schießen, denn es sind ja keine wirklichen Menschen. Selbstverständlich gehört es zur bewährten Technik der Kriegshetzer, dieser Meinung Vorschub zu leisten.

Mit diesem Passus stimme ich so sehr überein, daß ich es bedauere, daß er in diesem Buch bloß dazu verwendet wird, triftige Gründe für eine ähnliche Pseudospeziation im Krieg zwischen den Generationen zu geben. Sünde und Gefahr dieses Krieges erscheinen mir vergleichsweise nicht so wichtig. Während Kernwaffen auf seiner Liste der Todsünden stehen, war völkermordender Nationalismus schon vor der Atom- und der Wasserstoffbombe die Todsünde Nummer eins.

Ein anderer Streitpunkt: das Interesse an den strengen Beibehaltungsmechanismen, die soziale Entwicklung ermöglichen, bringt eine, wenngleich widerwillige Sympathie zu dem fanatischen Druck zur Konformität und zur Ächtung von abweichenden Individuen, die von gut geschulten Gruppenmitgliedern auch auf scheinbar funktionslose Stilfragen ausgeübt werden. Eine sichtbare Abweichung von Gruppennormen funktioniert wie einer von Lorenz' angeborenen Auslösemechanismen und entfesselt scheltende Ahndung und Ächtung, so als ob etwas von wesentlicher Wichtigkeit auf dem Spiel stünde. Ich kann zwar die Bedeutung eines solchen Mechanismus verstehen, sehe jedoch ungern, daß er bei Lorenz in diesen Essays zum Ausdruck kommt. Er reagiert auf die Gepflogenheiten eines Teils der Jugend in punkto Kleidung und Körperpflege wie der sprichwörtliche Stier auf das rote Tuch. Das wundert mich besonders, zumal er selbst mit sichtbarem Vergnügen von der orthodox glattrasierten, Straßenanzug-und-Schlips-tragenden Norm für Wissenschaftler und Geschäftsleute abweicht.

Ernsthaft gesprochen lautet Lorenz' globale Botschaft, daß eine Katastrophe bevorsteht, wenn man die Dinge so beläßt, wie sie sind. Er sollte daher, und tut es tatsächlich stellenweise, gegen jene sozialen, traditionellen Indoktrinierprozeduren, gegen Druck zur Konformität und Treue zu ethnozentrischen Gruppen, welche die Dinge so bewahren, wie sie sind, eintreten. Einstmals bewährte Traditionen können, wie er selbst erklärt, falsch werden, wenn das Selektivsystem sich geändert hat, wie es tatsächlich der Fall ist. Er gibt zu, daß er und die ethisch ausgerichteten »Hippies« über viele Ursachen des Bösen einer Meinung sind. Warum kann er dann ihre abweichenden Uniformen nicht quasi als »Priesterkragen« und als öffentlich sichtbare Verpflichtung betrachten, ein uneigennütziges, altruistisches Leben zu führen, unabhängig von der veralteten Establishment-Kultur, die in die Katastrophe mündet?

Noch ernster sind meine Vorbehalte bezüglich seiner Meinung zur »pseudodemokratischen Lehre.« Wie bereits dargelegt, teile ich einige von Lorenz' kritischen Ansichten über den Behaviorismus, identifiziere mich jedoch völlig mit den Umwelt-verändernden, lernbetonten, Gesellschafts-verbessernden »Behavioristen«, die er mit den Begriffen »pseudodemokratische Doktrin« und »Indoktrinierbarkeit« abtut. Einige bezeichnende Zitate verdichten diese Sorge:

Es ist eine unbezweifelbare ethische Wahrheit, daß alle Menschen das Recht auf gleiche Entwicklungsmöglichkeiten besitzen. Allzuleicht aber läßt sich diese Wahrheit in die Unwahrheit verdrehen, daß alle Menschen potentiell gleichwertig seien. Die behavioristische Doktrin geht noch einen Schritt weiter, indem sie behauptet, alle Menschen würden einander gleich werden, wenn sie sich unter gleichen äußeren Bedingungen entwickeln könnten, und zwar würden sie zu ganz idealen Menschen werden, wenn nur diese Bedingungen ideal wären. Daher können, oder besser gesagt, d ü r f e n *die Menschen keinerlei ererbte Eigenschaften besitzen, vor allem aber keine solchen, die ihr soziales Verhalten und ihre sozialen Bedürfnisse bestimmen (Lorenz, 1973).*

Der Irrglaube, daß man dem Menschen, richtige »Konditionierung« vorausgesetzt, schlechterdings alles zumuten, schlechterdings alles aus ihm machen kann, liegt den vielen Todsünden zugrunde, welche die zivilisierte Menschheit gegen die Natur, auch gegen die Natur des Menschen und gegen die Menschlichkeit begeht. Es m u ß *eben übelste Auswirkungen haben, wenn eine weltumfassende Ideologie samt der sich aus ihr ergebenden Politik auf einer Lüge begründet ist. Die pseudodemokratische Doktrin trägt auch unzweifelhaft einen erklecklichen Teil der Schuld an dem drohenden moralischen und kulturellen Zusammenbruch der Vereinigten Staaten, der höchst wahrscheinlich die ganze westliche Welt mit in seinen Strudel reißen wird (Lorenz, 1973).*

Die Sünden, Übel und der Zusammenbruch werden im letzten Absatz nicht im einzelnen angeführt. Ich erkenne sie nicht und frage mich besorgt, welche früheren sozialen Ordnungen idealisiert werden. Erbmonarchie und soziale Kasten, die durch Glauben an ererbte genetische Überlegenheit gerechtfertigt werden? Sonderrechte für ein Herrenvolk?

Behavioristen, die so wie ich soziale Verbesserungen anstreben, konzentrieren sich auf Umweltveränderungen und Lernen, weil wir das als etwas ansehen, wofür die gutgesinnte Gesellschaft etwas tun kann, nicht weil wir alle individuellen Fähigkeitsunterschiede leugnen. Eines unserer großen Ziele, das wir teilweise erreicht haben, ist freier öffentlicher Unterricht. Denken Sie daran, wie tiefgehende Veränderungen in der Gesellschaft sich vollziehen würden, wenn wir den Teil des Gleichheitsideals ernst nähmen, für den Lorenz eintritt: »Alle Menschen haben ein gleiches Recht auf die gleichen Chancen der Entwicklung.« Es würde die gleiche Art politischer Ziele zur Folge haben, die er als Exzesse der Gleichheitsfanatiker verurteilt. Es würde uns zu einer »Chancengleichheit im Kapitalismus« oder Sozialismus führen, bei welcher die Entwicklungschancen nicht durch ererbten Reichtum und bevorrechteten Zugang zu den Möglichkeiten beeinflußt werden. Lorenz sieht das Ideal in einer h o r i z o n t a l e n Mannigfaltigkeit von Kultur. Dieses Ideal wird durch besonders privilegierten wirtschaftlichen Imperialismus stärker bedroht als durch demokratischen oder sozialistischen Gleichheitsfanatismus. Was er befürwortet, scheint mir jedoch stillschweigend eine v e r t i k a l e Mannigfaltigkeit sozialer Klassen oder Kasten zu rechtfertigen, eine Hierarchie von Subkulturen, die mit politisch garantierten, besonderen Möglichkeiten für jene, die bereits oben stehen, Hand in Hand geht. Er expliziert aber nicht, für welche soziale Ordnung er an Stelle jener, die er verdammt, eintritt.

Die politischen Implikationen der Entwicklungsgenetik

Nicholas Pastore schrieb einmal (1949) eine Studie, bei der er die Politik von Psychologen, welche den Vererbungseinfluß hervorhoben, mit der Politik jener verglich, welche die Umweltdeterminanten der Intelligenz betonen. Die Wechselbeziehung war stark – die Vererbungsbetonenden waren politisch konservativer. Lewis Terman, ein Sozialist, der die Vererbung betonte, war eine der wenigen Ausnahmen. Meiner Ansicht nach würden Zoologen, wenn sie eine solche Studie anstellten, eher Vererbungsdeterminanten individueller Unterschiede hervorheben und politisch konservativer sein, während Soziologen in beiden Punkten zum Gegenteil neigen würden. Vieles davon ist einfach die Tendenz, die Wichtigkeit des eigenen Faches zu übertreiben, und da gibt es natürlich Ausnahmen. Karl Pearson (1887; 1897) vereinte seinen Enthusiasmus für die Darwinsche Entwicklungsbiologie mit der begeisterten Veröffentlichung sozialistischer Aufsätze; Kropotkin (1902; 1924) schrieb anarchistische Artikel und Haldane (1938) drückte offen pro-kommunistische Sympathien aus. R. A. Fisher lieferte (1930) eine eingehende genetische Theorie über den Niedergang von Zivilisationen, die einen zu einem Verfechter von Sozialismus oder Verhütungsmitteln oder von beidem machen konnten! In den Privatbesitz-Gesellschaften alter oder moderner Zivilisationen vergrößerten solche mit Unfruchtbarkeit verbundene Gene die Mitgift und andere für Kinder vorgesehene Vorteile und veranlaßten diese Gene, sich mit Befähigungsgenen zu verbinden und die letzteren schließlich aus der Bevölkerung zu entfernen. Es bleibt jedoch zweifellos eine allgemeine Neigung zu der Ansicht, Biologismus stimme mit Konservatismus überein, und sie ist derzeit vielleicht sogar noch stärker als früher. Heute zeigt sich das Eintreten für eugenische Sozialprogramme, wie die Einschränkung von Zeugungsmöglichkeiten für geistig unfähige und defekte Menschen, nur in rechtsgerichteten Parteiprogrammen. In der Zeit von 1880 bis 1930 gehörte Eugenik (Rassenhygiene) oft zu den liberal-demokratischen Reformprogrammen. Beachten Sie, daß Haldane (1938), obgleich er die Rassenpolitik der Nazis verdammt und im einzelnen ausführt, wie geringfügige Wirkungen dadurch erwartet werden könnten, den Mangel an entsprechenden genetischen Kenntnissen hervorhebt, auf die man eugenetische Entscheidungen stützen könnte, und das moralische Problem aufwirft, wer darüber entscheiden solle, dennoch weit davon entfernt ist, jegliche Rassenhygiene-Politik der Regierung auszuschließen.

Ein Zoologe neigt natürlich dazu, seine biologischen Perspektiven auf menschliche Probleme anzuwenden und politische Folgerungen zu ziehen. Das ist eine Tendenz, die wir, wenn sie gründlich und offen erfolgt, ermutigen sollten – wahrscheinlich brauchten wir eingehende Betrachtungen über die Folgen des Priesterzölibats in Irland, ob die intelligenteren öfter für den Priesterstand angeworben werden. Überlegungen über die Wirkung von Verhütungsmitteln auf künftige menschliche Sexualtriebe (z. B. Darwin, 1960) sind in Ordnung. Zwar bevorzuge ich kulturmotivierte Umwelterklärungen für die durchschnittlich leichte Überlegenheit jüdischer Amerikaner bei Intelligenztesten (Klineberg, 1944) und bin besonders fasziniert von der heterokulturellen Emanzipationstheorie Thorstein Veblens (1919), eines amerikanischen Soziologen norwegischer Herkunft, aber wir sollten meiner Ansicht nach historische Studien über die Frage anstellen, ob die Lebensbedingungen der Juden in der europäischen Diaspora so geartet waren, daß die Menschen mit den besten Fähigkeiten für die Erfordernisse einer hohen Zivilisation, auch die meisten Kinder mit den besten Überlebenschancen hatten. Wir brauchen auch Studien, wie sie Herrnstein (1973) über die Möglichkeit angestellt hat, daß zunehmende Chancengleichheit schließlich die genetische Überlegenheit der in freien Berufen und im Management Tätigen über die in eher untergeordneten Stellungen Beschäftigten zur Folge haben wird.

Das derzeit herrschende geistige Klima widersetzt sich solchen Studien, und diese Tabuisierung ist so wirkungsvoll, daß wir vielleicht einige der Vorteile verlieren könnten, welche die Entwicklungsgenetik zur sozialen Planung beitragen kann. Das ist der Kern eines Großteils von Lorenz' Erklärungen über »Indoktrinierbarkeit« und das »pseudodemokratische Dogma.« Ich sehe die Wurzeln des Widerstandes nicht im populistischen Behaviorismus, dem er die Schuld gibt, sondern eher in der besorgten Reaktion der Intellektuellen gegen spezifische politische Bewegungen, die mit katastrophalen Ergebnissen Lehren von rassischer Überlegenheit vertreten haben. Auf der politischen Szene der Vereinigten Staaten ist der Rassenkonflikt eine so latent vorhandene Gefahr, daß auf dieser Linie noch immer hohe politische

Wachsamkeit erforderlich ist, obwohl die Nazibedrohung bereits dreißig Jahre zurückliegt. Daß diese Wachsamkeit ein legitimes Gebiet biologischen Studiums und Forschens verhindert, ist bedauerlich. Ich sehe keine klare Möglichkeit, dieses Dilemma zu lösen, stimme aber mit dem Biologen überein, nach dessen Ansicht seine wissenschaftliche Forschungsfreiheit verletzt wird.

Anderseits bin ich insbesondere mit vielen Folgen der kurzen und beiläufigen Bemerkungen nicht einverstanden, die Lorenz in »Die Feindschaft zwischen den Generationen«, in den »Acht Todsünden« und in dem in diesem Buch vorgestellten Interview macht. Er zählt »genetischen Verfall« als eine der Todsünden auf. Soweit ich begreife, wovon er spricht, bin ich anderer Meinung. Es ist denkbar, ja sogar wahrscheinlich, daß die Möglichkeit, ohne weiteres in den Besitz von Brillen zu gelangen, die früher als Selektionsdruck wirkende Tendenz der Menschen mit schlechterem Sehvermögen, weniger Kinder zu bekommen, herabgesetzt hat. Nichtsdestoweniger wurde auf dem Gebiet des Sehvermögens die allgemeine Zugänglichkeit unserer Spezies so sehr erweitert (einschließlich zum Beispiel der Lesefähigkeit der über Fünfzigjährigen), daß unsere reine Anpassungsfähigkeit, unser Überlebenswert, durch die weitverbreitete Benützung optischer Lesehilfen gewaltig verbessert wurde. Ein verständnisvoller Anhänger der Entwicklungslehre sollte daher, in Anbetracht der biologischen wie der sozialen Entwicklung, die Verwendung von Brillen begünstigen, auch wenn sie einen genetischen Verlust mit sich bringen. Ebenso könnte man die Ansicht vertreten, daß künstliche Transportmittel, angefangen vom Pferd, den Selektionsdruck auf angeborene Komponenten im Lauftempo verringert haben. Wir haben diesbezüglich seit hundert Jahren vergleichbare olympische Rekorde, bei denen die Spitzengeschwindigkeiten ständig steigen, anstatt zu fallen, und es gibt auch keine allgemeinen Vorteile für ländliche Konkurrenten gegenüber städtischen, wahrscheinlich dank der Verbesserung von Ernährung und Training. Aber sogar wenn es Beweise für genetisch begründete Verschlechterung des Lauftempos gäbe, wäre das noch keine Ursache zur Beunruhigung, denn in der ökologischen Nische des modernen Menschen ist schnelles Laufen für die Anpassungsfähigkeit unerheblich. Möglicherweise werden infolge der langsamen Änderung in der Entwicklung, bei der ästhetische Bevorzugungen die Sexualselektion und die Führungswahl lenken, veraltete Kriterien für Anpassungsfähigkeit fortbestehen lassen, aber der konsequente Anhänger der Entwicklungstheorie sollte, so scheint mir, diesen atavistischen Geschmack eher verdammen, als ihm den Status bewährter moralischer und ästhetischer Normen geben.

Besonders enttäuschend bei Lorenz' Erörterung des genetischen Verfalls ist die Verbindung extremer Schlußfolgerungen – »Zweifellos droht uns durch den Verfall des genetisch verankerten sozialen Verhaltens die Apokalypse in einer besonders schrecklichen Form (1973, S. 66) – mit schwachen Anekdoten von begrenzter Relevanz. Anstatt triftiger Argumente für seine Schlußfolgerungen wird der Fall eines kriminell Geisteskranken angeführt, der, nachdem er dreimal als geheilt entlassen worden war, drei weitere Menschen umbrachte. Glaubt Lorenz, daß die Anwendung der Todesstrafe oder eine lebenslängliche Kerkerstrafe in solchen Fällen unsere genetische Rasse verbessern würde? Oder daß man Mörder nie gefahrlos in die Freiheit setzen darf? Oder daß die Psychiatrie in der Lage ist, die erforderlichen Diagnosen zu stellen? Ich finde keine dieser Ansichten gerechtfertigt. Er hätte zumindest Alternativen bieten und deren genetischen Einfluß begründen sollen. Er versäumt es, Strafargumente anzuführen, die für die Gründe seiner bekundeten Sorgen relevant sind.

Domestikation ist ein genetischer Trend, den er bedauert. Das erscheint mir fehl am Platz. Verstädterung ist die passendere Bezeichnung, und der moderne Mensch ist dem Stadtleben und einer weltweiten, kosmopolitischen Kultur zweifellos besser angepaßt als je zuvor in der Geschichte. Zu dieser Anpassung gehört ganz gewiß genetische wie auch kulturelle Anpassung, die zwar schwer bestimmbar, aber eine legitime Frage für eine wissenschaftliche Untersuchung ist. Zu bedauern, daß dieser Prozeß spezifische Anpassungen an spezifische, regional verschiedene ökologische Nischen beseitigt, wie es Lorenz zu tun scheint, ist jedoch lächerlich, wenn es diese ökologischen Nischen nicht mehr gibt. Genetische Reinheit scheint eine der von Lorenz geschätzten Qualitäten zu sein, aber moderne Studien über die Genetik natürlicher Bevölkerungen in ihrer natürlichen Umwelt finden bei ihnen eher große Heterozygotie als Homozygotie, genetische Gleichheit. Das systematische Züchten von Tieren und Pflanzen in Domestikation erzeugt einen genetisch reinen Bestand, der sich sowohl für die Kontrolle letaler Gene wie für die Anpassungsfähigkeit an Umweltveränderungen als echter Nachteil erweist. Vom Standpunkt genetischer Erfahrung mit Tieren und Pflanzen gibt es, soviel ich weiß, nicht die Gefahr der Kreuzung und keine belegten Fälle, in denen eine wertvolle artspezifische Anpassung an eine noch relevante ökologische Nische durch Rassenmischung verloren wurde.

Konrad, ich schulde Ihnen und dem Leser eine Entschuldigung, weil ich so viel Platz für Fragen verbraucht habe, die einen sehr kleinen Teil Ihrer gesamten Schriften oder der vier wertvollen Beiträge darstellen, die in diesem Buch enthalten sind. Sie haben sicher bemerkt, daß ich es tat, weil auch ich durch das, was Sie das Übergewicht der pseudodemokratischen Doktrin nennen, und durch das, was ich als die wohlbegründeten Befürchtungen des liberalen Intellektuellen von der Rassenpolitik erkenne, beeinflußt bin. Dieser sehr reale soziale Druck macht es mir unmöglich, meine große Bewunderung für Ihre bedeutenden Beiträge zu Ethologie, Verhaltensentwicklung, kybernetischer Verhaltensforschung, beschreibender Epistemologie, zu den Gefahren der gruppenorganisierten Aggression und zur sozialen Entwicklung unbefangen auszudrücken. Das Bedürfnis, mich einzudrängen stammt vielmehr daher, daß ich klarstellen will, wie ich zu anderen Ihrer umstrittenen Ansichten stehe. Gäbe es nicht den sozialen Druck, dessen Vorhandensein wir (ungeachtet unterschiedlicher Erklärungen) beide zugeben, hätte ich meine von den Ihren abweichenden Ansichten nicht erwähnen müssen und eine einhellig begeisterte Einführung schreiben können. Sie wäre ebenso richtig gewesen wie die vorliegende – bloß in der entgegengesetzten Richtung verzerrt.

Wie die Dinge liegen, halte ich es jedoch für nötig, dafür zu sorgen, daß mein guter Ruf in den umstrittenen Fragen nicht dadurch beeinträchtigt wird, daß ich Ihrem Werk große Bewunderung ausspreche. Diese selbstsüchtige Sorge ist mir so wichtig, daß ich, zusätzlich zu der obigen Diskussion, das Bedürfnis habe, eine Frage zu erörtern, die Sie gegen Ende des Interviews nur obenhin erwähnen – Rassenunterschiede in Intelligenz. Das ist in der heutigen Psychologie in den Vereinigten Staaten eine Frage von entscheidender Bedeutung, und wenn Psychologen Erklärungen darüber abgeben, werden diese sofort von der Rassenpolitik aufgegriffen. Meiner Ansicht nach genügt es nicht, wenn Sie sagen, daß Rassen zwar verschieden sind, daß diese Unterschiede aber kein Besser oder Schlechter bedeuten, da jede für eine andere ökologische Nische am besten angepaßt ist. Eine solche Schlußfolgerung ist herablassend und erniedrigend für Rassen, die jetzt in einer minderwertigen Umwelt leben. Sie ist auch, glaube ich, für die Hauptkomponenten der früheren und gegenwärtigen Anpassungen falsch. In der modernen Entwicklungslehre erfordert ein Verstehen von Rassenunterschieden die genaue Angabe eines Unterschieds im systematischen Selektionsdruck. Was die Hautfarbe anlangt, ist man sich jetzt über einige Arten des Selektionsdrucks im klaren: in Nordeuropa absorbieren die Kinder meist zu wenig Vitamin D vom Sonnenlicht, während sie in Afrika zu viel aufnehmen. Was die Sichelzellenanämie anlangt, können wir heute den erhöhten Widerstand gegen Malaria für den heterozygoten Zustand angeben, der im zentralen Westafrika zu einer hohen Gen-Frequenz führte. Sechzig Jahrhunderte kulturellen Tabus erklären, daß die Chinesen keine Verdauungsfähigkeit für Kuhmilch entwickelt haben. Für die Züge allgemeiner Anpassungsfähigkeit lassen sich jedoch keine derartig unterschiedlichen Arten von Selektionsdruck anführen. So wie die olympischen Schnelllaufrekorde weitgehend auf verschiedene Rassen verteilt sind, sollte meiner Meinung nach der Entwicklungsbiologe vor allem einen hohen Selektionsdruck zugunsten der Intelligenz in der Entwicklungsvergangenheit aller Gruppen erwarten. Alle gegenteiligen Annahmen sollten von eingehender Untersuchung des spezifischen Selektionsdrucks begleitet werden, der in anderen Richtungen wirkt.

Der Wortschatz, der den Kern der Intelligenz- und Leistungsteste bildet, ist so offensichtlich erlernt, daß ich ihn für die Frage der genetischen Unterschiede nicht relevant finden kann, bei denen die fraglichen Gruppen unterschiedliche Möglichkeiten haben, das bei den Testen verwendete Vokabular zu lernen. Nicht einmal für die Brüder und Schwestern derselben Familie sind die Möglichkeiten gleich, und es gibt genug durchschnittliche Chancenunterschiede, um einen verläßlichen IQ-Unterschied zu erzeugen, der erstgeborene Kinder begünstigt. Dennoch können Vergleichsstudien der IQ-Ähnlichkeit eineiiger Zwillingsbrüder für den Beitrag der Vererbung relevant sein, wenn die Familienumwelt verhältnismäßig konstant gehalten wird. Solche Bestimmungen sind jedoch für die Interpretation von Vergleichen, die durch Umweltunterschiede gestört sind, irrelevant, ebenso irrelevant, wie sie es für die Erklärung von Unterschieden zwischen englischen und französischen Kindern bei einem Test mit französischem Vokabular wären. Dennoch finde ich Otto Klinebergs (1944) Studien aus den dreißiger Jahren relevant und zwingend. Je ähnlicher die weiß/schwarze Erziehungsumwelt ist, desto geringer der Unterschied. Da die Umweltunterschiede durch keine verfügbaren Vergleiche beseitigt werden können, ist die plausibelste Extrapolation gar keine IQ-Differenz, wenn die Lernmöglichkeiten gleich sein sollen.

An den heftigen Debatten über Rassenunterschiede, die heute unter Psychologen der Vereinigten Staaten geführt werden, habe ich nur teilgenommen, aber eindeutig auf der Seite der Anhänger des Gleichheitsgedankens. Ich trat sogar für einen Aufschub weiterer Messung von Gruppenunterschieden ein, es sei denn, sie sind begleitet von einer sorgfältigen Messung des EIPQs (umweltbedingter Intelligenz-produzierender Faktor); das heißt, der Wortschatz seiner wachsamen Umwelt, die Häufigkeit von Wortschatz-einübenden Spielen, die geistige Anregung und Reaktion auf kindliche Neugier, die Qualität des Spielzeugs und so fort (Campbell und Frey, 1970). Das politische Klima der amerikanischen Öffentlichkeit ist so bestellt, daß umweltbedingte Unterschiede, werden sie an die Öffentlichkeit gebracht, als Rassenunterschiede interpretiert und dazu verwendet werden, dauernde und verstärkte Unterschiede in Umweltmöglichkeiten zu rechtfertigen. Leider ist Lorenz' Ansicht, daß im Volk in den USA die Anhänger des Gleichheitsgedankens dominieren, falsch. Daß sie unter den Intellektuellen der USA überwiegen, ist zum Glück richtig, wenn auch diese Dominanz trotz der Beunruhigung der Gleichheitsgegner ständig abnimmt.

Eine der nationalen Erfahrungen, die den Glauben an vererbte soziale Klassen- und Rassenunterschiede in der geistigen Veranlagung stärkt, ist der dürftige Zustand der kompensatorischen Schulprogramme. Die Programme beseitigen niemals völlig die Unterschiede, und die Wirkung schwindet schnell. Frey und ich haben gezeigt, daß dies genau die Resultate sind, die man erwarten würde, wenn die IQ-Punkte völlig auf die Chancenunterschiede der Umwelt zurückzuführen und somit für die Auseinandersetzung Vererbung/Umwelt irrelevant wären (Campbell und Frey, 1970). Bei den meisten Auswertungen kompensatorischer Programme wurden gewissermaßen experimentelle Ziele verfolgt, welche die Folgen unterschätzen; sie lassen die Programme wirklich als schädlich erscheinen, wenn sie faktisch schwach sind. Ich habe mich laut und deutlich zu dieser Tendenz geäußert (Campbell und Erlebacher, 1970; Campbell, 1973). Die optimistischen Ergebnisse werden durch die wenigen zufallsmäßigen Experimente geliefert. Sie beseitigen die Lücke niemals völlig, aber auch nicht den Unterschied zwischen dem Wortschatz zu Hause und auf dem Spielplatz.

Ich kann mir eine politische Umwelt vorstellen, bei der die Diskussion über genetische Unterschiede zwischen Rassen in gelehrter Wißbegierde ohne politische Leidenschaft vor sich geht. Diese Umwelt wäre auf Chancengleichheit festgelegt. In einer solchen Umwelt hätte die Rasse eines Menschen oder die durchschnittliche Begabung seiner Rasse mit seinen Möglichkeiten nichts zu tun. Statt dessen haben wir in Amerika eine Struktur, in der ein Weißer der Mittelklasse mit einem IQ-Faktor 100 einem Schwarzen mit dem gleichen IQ gegenüber unzählige Vorteile genießt. Manche dieser Vorteile haben noch rechtlichen Status, andere sind in inoffiziellen Diskriminierungen, Chancenkomplexen und der Kultur unterlegten Unterschieden eingebettet. Die wenigen Intellektuellen, die öffentlich für den Glauben an Rassenunterschieden in der Intelligenz eingetreten sind, neigten, wie mir scheint unlogischerweise, dazu, diese Schlußfolgerungen mit methodischen Ratschlägen (wie spezielle Lehrpläne) zu begleiten, welche die Chancenbenachteiligung verstärken und in Zukunft größere Unterschiede verursachen würden. Es wäre logischer gewesen, wenn sie die Kinder auf Grund der Tests eingestuft hätten, die sie für die Messung der durchschnittlichen Rassenunterschiede verwendeten, denn sie sollten doch gewiß glauben, daß Testergebnisse ein besserer Hinweis für die relevanten Gene sind als die Hautfarbe. In den USA wäre es ein moralischer Gewinn, die Rassentrennung durch IQ-Trennung zu ersetzen, und ein Aufspüren der Begabten in den Schulen könnte dem vielleicht nahekommen. Dennoch wird ein solches System der Chancengleichheit, für die Lorenz ebenso eintritt wie ich, nicht gerecht. Die Trennung durch IQ fügt zu den Unterscheidungsmerkmalen durch Vererbung und frühere Umwelt noch weitere hinzu. Wir haben im Augenblick keine brauchbaren Vorschläge für Erziehungssysteme, welche die Chancen wirklich gleichmachen könnten. Wir wollen zumindest Methoden vermeiden, welche noch weitere Unterscheidungen schaffen.

Übersicht

Konrad Lorenz hat in seiner großartigen Laufbahn schöpferische Beiträge zu den verschiedensten Gebieten geleistet. Zusätzlich zu den vom Nobelpreiskomitee aufgezählten Arbeiten werden hier andere beschrieben, wie kybernetische Verhaltenslehre und beschreibende Epistemologie, die auf lange Sicht vielleicht für ebenso wichtig erachtet werden. Es gibt auch seine weitverbreiteten Essays aus den späteren Jahren, die zu umstrittenen Bestsellern geworden sind und in der Öffentlichkeit sowohl mit Beifall wie auch mit Ablehnung aufgenommen wurden. Sie brachten Ansichten zum Ausdruck, von denen er im voraus wußte, daß sie bei vielen Intellektuellen nicht auf Gegenliebe stoßen würden, und bei manchen Fragen gelang ihm das so gut, daß ich mich sehr ausführlich davon losgesagt habe, wodurch ein deutlich gestörtes Gleichgewicht in diesem Essay entstand.

Ein nochmaliges Lesen der viereinhalb ersten Abschnitte dieser Einführung wird dazu verhelfen, das in den letzten eineinhalb Abschnitten gestörte Gleichgewicht wiederherzustellen. Ebenso das Lesen von Lorenz' Hauptwerken und der vier hier wiedergegebenen Essays, von denen nur einer, »Die Feindschaft zwischen den Generationen«, sich auf umstrittene Gebiete begibt, und auch dieser verdient seinen Platz durch seine provokatorische Erweiterung der Perspektiven.

Donald Campbell*

* Professor für Psychologie an der Northwestern University und derzeit Präsident der American Psychological Association.

Antwort an Donald Campbell

Altenberg, 16. August 1974

Lieber Donald,

wie ich Ihnen bereits sagte, bin ich Ihnen sehr dankbar, daß Sie die »Neueinführung von Konrad Lorenz in die Psychologie« geschrieben haben. Ebenso wie beim Lesen Ihrer Wiedergabe der ersten Abhandlungen, die Sie übersetzt hatten, fand ich,daß Sie das, was ich sagen wollte, viel klarer zum Ausdruck brachten, als ich es je hätte tun können. Sie haben auch die geringen, aber wichtigen Widersprüche zwischen meinen Ansichten und der ihnen von einigen Autoren zuteil gewordenen Interpretation sehr schön analysiert, zum Beispiel die von Robert Ardrey in seiner viel zu vereinfachten Interpretation menschlicher Territorialität. Sie haben auch unbedingt recht mit der Annahme, daß der Glaube an des Menschen »gottähnliche Natur eine Verpackung der Wahrheit ist, daß der Mensch Träger einer kostbaren, sozial überlieferten, kulturellen Zivilisation ist.« Eben deshalb werde ich so wütend über jeden, der religiöse Menschen verachtet, oder noch schlimmer, sich über ihren Glauben lustig macht.

Im Vergleich zu Ihrem tiefen Verständnis von 98 Prozent dessen, was ich zu sagen bemüht bin, machen die wenigen Punkte, in denen ich glaube, daß Sie mich mißverstanden haben, kaum etwas aus. Meiner Ansicht nach ist jedoch in den meisten davon eine wirkliche Übereinstimmung zwischen uns möglich, und das veranlaßt mich, Ihnen folgendes zu schreiben:

1. (Seite 110) Ich will sicher n i c h t »jede Abweichung von einer sentimental idealisierten Version der Vergangenheit verdammen«! Ich könnte ebensogut die Tatsache verdammen wollen, daß in einer Spezies Mutationen vorkommen. Ich vertrete den Standpunkt, daß die Wechselwirkung zwischen Faktoren, die auf der einen Seite Unveränderlichkeit erhalten, und Faktoren, die auf der anderen Seite Än-

derungen bewirken, ein Gleichgewicht halten muß, das genau der Veränderlichkeit der Umwelt entspricht, in welcher das lebende System, *unabhängig davon, ob dieses System eine Spezies oder eine menschliche Kultur ist,* existieren muß. Es ist mir ganz klar, daß die Veränderlichkeit der menschlichen Umwelt rasch zunimmt und daß infolgedessen der Einfluß der rebellierenden Jugend entsprechend zunehmen muß, während der Konservativismus schnell abnehmen muß, wenn unsere Kultur lebensfähig bleiben soll. In meinem drei Jahre zurückliegenden Vortrag in Stockholm, »Die Feindschaft zwischen den Generationen«, dessen Zuhörer hauptsächlich junge, von der Hippie-Bewegung beeinflußte Leute waren, habe ich vielleicht den Eindruck erweckt, daß ich eher auf der konservativen als auf der Seite dieser jungen Leute stehe. Hätte ich zu einem Publikum konservativer Geschäftsleute gesprochen, so hätte es zweifellos so ausgesehen, als neigte ich mich der anderen Seite zu. Ich habe mich mit der Tatsache abgefunden, daß man bei den konservativen Alten ebenso unbeliebt wird wie bei der revolutionären Jugend, wenn man ihnen sagt, daß sie nur zusammen, im Gleichgewicht ihres Antagonismus, die Lebensfähigkeit irgendeines kulturellen Systems erreichen können. Wenn Sie meine Meinung über die Wechselwirkung zwischen der bestehenden Zivilisation und denen, nach deren Ansicht sie von Grund auf geändert werden sollte, erfahren wollen, lesen Sie Theodore Roszaks Buch »The Making of a Counter Culture« (1969).

2. (Seite 112) Ich reagiere nicht antagonistisch auf die Uniform revolutionärer Jugend – abgesehen davon, daß mir Uniformen jeder Art äußerst zuwider sind. Wenn ich als Ethologe meine eigene instinktiv antagonistische Reaktion beobachte, die durch lange Mähnen und ungewaschene nackte Füße verursacht wird, eine Reaktion, die tatsächlich der des sprichwörtlichen Stiers analog ist, ergibt sich als Resultat dieser Selbstbeobachtung etwas ganz anderes als die instinktive Reaktion selbst. Ich stimme jedoch nicht mit Ihrer Ansicht überein, daß diese Uniform dem Priesterkragen analog ist; ich glaube, sie ist der Kriegsbemalung von Indianern vergleichbar. Zu dieser Erkenntnis brachte mich eine amüsante, wenn auch eher demütigende Selbstbetrachtung. Gewöhnlich weiche ich selbst, wie Sie sagen, von der orthodoxen Kleidung der Wissenschaftler ab, tue das aber aus Bequemlichkeit, nicht als Signal für jemand anders. Als meine jungen Mitarbeiter immer hippie-ähnlichere Kleidung zu tragen begannen, ertappte ich mich dabei, wie ich das Gegenteil tat! Als ich eines Tages, bevor ich zu einem unserer wöchentlichen Kolloquien in Seewiesen

ging, nach Kragen und Krawatte griff, fragte ich mich, warum ich das tat. Als ich merkte, daß ich tatsächlich, als Protest gegen die jungen Leute, Kriegsbemalung anlegte, zog ich mir beschämt wieder meine alten, saloppen Kleider an. Ich muß auch zugeben, daß sich die Bedeutung der Kleidung sogar für mich geändert hat: als ich letzthin einen nett gekleideten, kurzhaarigen Jungen mit Kragen und Krawatte sah, ertappte ich mich dabei, daß ich den Eindruck hatte, er müsse wohl schwul sein. All das ist übrigen bereits überholt: was zuerst die »Kriegsbemalung« von Rebellen war, hat bedauerlicherweise eher seine Schärfe verloren und wurde zu einer allgemein akzeptierten Mode.

3. (Seite 110) Tatsächlich halte ich »industriallisierte Massenproduktion und Massenkommunikations-Vermarktung« für eine ernste Gefahr. Schon vor einiger Zeit wurde mir klar, welche verderblichen ethischen Wirkungen die pseudodemokratische Doktrin hat, indem sie das menschliche Individuum aller Verantwortung für seine Handlungen enthebt. Dieser Prozeß schafft die meisten oder alle menschlichen Werte ab, denn moralische Verantwortung ist nicht nur eine Verpflichtung, sondern ein Privileg des Menschen, das keinem Tier zusteht. Etwas später begriff ich deutlich, welcher Schaden der menschlichen Ethik und Moral durch das zugefügt wird, was ich in »Der modische Irrtum des Verzichtes auf Beschreibung« als »technomorphe Denkgewohnheiten« bezeichnet habe. Ich schäme mich eigentlich, daß ich den engen Zusammenhang zwischen Technokratie und Pseudodemokratie nicht erkannt habe, bis ich, in letzter Zeit erst, Theodore Roszaks (1969) großartiges Buch las. Ich war immer schon gegen extreme Industrialisierung, weil ich, auf unbestimmte und intuitive Weise, das fühlte, was Roszak so überaus klar macht: all diese Prozesse gehören zu dem technokratischen Trend, den sie verpacken, um Menschen gefügiger, leichter manipulierbar zu machen, sie immer mehr der Fähigkeit zu berauben, ihre eigenen Entschlüsse zu fassen, kurz, ihnen ihre Individualität zu rauben. Ich stimme nicht mit Ihrer Behauptung überein, daß »der moderne Stadtbewohner über eine viel breitere Stilauswahl verfügt und wählerisch genug ist, um letzten Endes eine viel größere Heterogenität von Person zu Person, Individualität und Freiheit zu erlangen, als früher der alte Dorfbewohner«. Ich habe die meiste Zeit in alten Dörfern gewohnt, aber auch lang genug in großen, modernen Städten, und ich bin dennoch anderer Ansicht. Der durchschnittliche Stadtbewohner *scheint* vielleicht in reichem Maß freie Wahl zu haben, ist aber in Wirklichkeit zu sehr geneigt, der

Führung von Fachleuten in der hohen Kunst des Manipulierens von Kunden zu folgen. Es ist, wir mir Roszak deutlich gemacht hat, ein Totalitarismus, der ideologisch unsichtbar bleibt, weil seine Technik fortschreitend unterschwelliger wird. Die Technokratie konnte zwingen, aber sie »lockt lieber die Konformität aus uns heraus, indem sie unsere tiefsitzende Bindung an das wissenschaftliche Weltbild ausnutzt und die Sicherheiten und die materiellen Annehmlichkeiten des Lebens im industriellen Überfluß manipuliert, die uns die Wissenschaft gegeben hat«. Infolgedessen »ist es nicht leicht, den durch und durch vernünftigen, durch und durch wohlgesinnten, doch dessenungeachtet reduktiven Humanismus in Frage zu stellen, mit dem sich die Technokratie umgibt, ohne anscheinend eine tote und nicht mehr gebräuchliche Sprache zu sprechen«. Nichts könnte meine Ansichten genauer ausdrücken als diese Worte aus Roszaks Buch.

Zu dieser überholten Sprache gehören alle Bezeichnungen für Werte. Technomorphe Denkgewohnheiten haben die Mehrheit der modernen Menschheit zu dem Glauben verführt, daß alles, was nicht in wissenschaftlicher Sprache ausgedrückt und durch quantifizierende Methoden überprüft werden kann, *nicht wirklich existiert.* Menschliche Freiheit, Würde und Moral werden als bloße Illusionen betrachtet, und diese Meinung ist der Technokratie hochwillkommen, wie, aus verständlichen Gründen, alle Gefühle von ihrem Standpunkt aus unerwünscht sind. Das reibungslose Funktionieren der technokratisch organisierten Gesellschaft hängt von der Voraussagbarkeit des Verhaltens jedes Individuums ab. Daher muß die Autonomie des Individuums abgeschafft werden. Unvorhersehbare Gefühle und individuelle Entscheidungen, welche unter deren Einfluß getroffen werden, jede individuelle Initiative usw. stellen für diese Art von Gesellschaftssystem eine Gefahr dar, wie Aldous Huxley, der große Prophet, so klar erkannt hat. Jeder, der an der derzeitigen mißlichen Lage der Menschheit interessiert ist, muß es als seine Pflicht betrachten, »Schöne neue Welt« (1932) und »Dreißig Jahre danach« (1958) sowie Theodore Roszaks »The Making of a Counter Culture« zu lesen – oder nochmals zu lesen.

Es gibt nur einen wichtigen Punkt, in dem ich mit Roszaks Ansicht keineswegs übereinstimme, und ich bin sicher, Sie werden das gleiche finden: Roszak setzt die Wissenschaft an sich mit einem rein technomorph-analytischen Vorgehen gleich. Obwohl er auf unserer Seite kämpft, scheint er nicht zu erkennen, daß es andere Wahrnehmungsmechanismen gibt, als rationales Denken und analytische Quantifizierungsverfahren. Jede »wissenschaftliche Weltanschauung«, wie er sie nennt, wäre tatsächlich Ihrer und meiner Ansicht nach sehr unwissenschaftlich! Sie würde in Wahrheit auf einer mißratenen Epistemologie basieren, genau die Art pseudowissenschaftlicher Weltanschauung, gegen die ich in »Der modische Irrtum des Verzichtes auf Beschreibung« zu argumentieren versucht habe.

4. (Seite 112–120) Die durch den Einfluß Roszaks begründete leichte Positionsänderung zwingt mich, die von Ihnen zitierten Erklärungen über die pseudodemokratischen Doktrin zu modifizieren. Die Doktrin ist nur eine Folge und vielleicht ein Werkzeug der Technokratie. Das wirkliche Übel, wie ich es sehe, ist die Tendenz der Menschheit, sich kulturell und vielleicht genetisch in Richtung des glücklichen Roboters zu entwickeln, der dem Leben in einem maximal industrialisierten sozialen System am besten angepaßt ist. Vielleicht sollte nicht alles, was ich dort gesagt habe, in dem Kapitel über Indoktrinierbarkeit stehen, da Roszak wahrscheinlich recht hat, wenn er sagt, daß der Fortschritt der Technokratie »ideologisch unsichtbar« ist; wenn es aber so ist, dann ist es eben deshalb so gefährlich. Wir sind uns nicht klar, wie schnell und leicht man aus uns vollendete Dummköpfe machen kann, indem man uns mit absolut narrensicheren Maschinen umgibt, indem man uns bei jedem Schritt durch bequem verläßliche Wegweise leiten läßt, welche die Fähigkeit der Orientierung überflüssig machen, von der Fähigkeit, Entschlüsse zu fassen, ganz zu schweigen. Das also sind die Übel, auf die ich, Ihrem Wunsch entsprechend, eingehen soll. Auch diese Aufzählung ist die Gefahr, »anscheinend eine tote und nicht mehr gebräuchliche Sprache zu sprechen«.

Sie haben mich mißverstanden, wenn Sie glauben, daß ich irgendeine frühere soziale Ordnung idealisiere. Nichts sagt mir weniger zu als Historizismus. Entwicklung und Geschichte sind Einweg-Prozesse, es gibt keinen statischen Zustand, der als ideal betrachtet werden kann. Ich sehe auch eine horizontale Mannigfaltigkeit der Kulturen nicht als Idealzustand an, obwohl sie zu ihrer Zeit ein Faktor war, der eine gesunde Selektion bewirkte. Wenn Sie mich fragen, für welche Gegenmaßnahmen ich plädiere, befinde ich mich leider in der typischen Lage, in welcher der Mediziner – der ich bin – so oft ist: ich sehe einigermaßen klar die Ursachen einer Krankheit, bin aber nicht imstande, ein Gegenmittel anzugeben. Gewiß hat Ihr Vorschlag »horizontaler Mannigfaltigkeit« einiges für sich, zumindest was die zwischenmenschlichen Beziehungen anlangt. Bei der natürlichen Zusammenarbeit zwischen zwei Freunden entwickelt sich regelmäßig eine Arbeitsteilung, bei der sich jeder auf die besonderen Fähigkeiten des anderen verläßt, und bei welcher die beiden in einander ergänzender Weise verschiedener werden. Jeder betrachtet und respektiert den anderen im Hinblick auf eine besondere Funktion, die im Dienste ihres gemeinsamen Vorhabens ausgeführt werden muß, als seinen Vorgesetzten. Ob es jemals möglich sein wird, ein lebensfähiges Gesellschaftssystem auf der Grundlage dieser Art von »horizontaler Mannigfaltigkeit« aufzubauen, weiß ich nicht. Es funktioniert in sehr kleinen Gruppen, solange keines ihrer Mitglieder ein anderes Ziel verfolgt als das gemeinsame Vorhaben. Dann ist es durchaus möglich, jedem Mitarbeiter Vollmacht für die ganze Gruppe zu geben, um alle Angelegenheiten zu entscheiden, in denen er oder sie tatsächlich am kompetentesten ist. Ich bin stolz, sagen zu können, daß auf meinem Gebiet diese horizontale Vollmachtsübertragung immer zur vollen Zufriedenheit funktioniert hat. Etwas ganz anderes jedoch ist die Frage, ob es je möglich sein wird, analog ein demokratisches System durch Verordnungen und Gesetze ohne die katalytische Funktion enger persönlicher Freundschaft einzusetzen.

Nun komme ich zu dem umstrittensten Punkt, den Sie enttäuschend nennen, weil Sie mit Recht glauben, daß in dieser Hinsicht kein Mißverständnis, sondern ein echter Meinungsunterschied zwischen uns besteht. Ihrer Ansicht nach entbehren meine Alarmrufe bezüglich der Gefahren genetischen Verfalls einer echten Grundlage. Ich habe tatsächlich für deren Stichhaltigkeit keine quantifizierbare Bestätigung zu bieten. Überlegen Sie aber folgendes: Selektion ist und war immer der hauptsächliche schöpferische Entwicklungsfaktor, vom Molekularstadium ganz am Anfang des Lebens bis zum Prozeß des Erkenntnisgewinns durch Hypothesenfälschung. Sobald die Ausschaltung durch Fälschung aufhört, ist mit dem großen Erkenntnisprozeß der Entwicklung oder kulturellen Traditionssammlung oder des wissenschaftlichen Erkenntnisgewinns nicht nur auf der Stelle aus, sondern er beginnt sofort, rückwärtig zu werden. Der Mensch hat gerade durch die Leistungen seines Geistes all jene Selektionsfaktoren ausgeschaltet, die diesen Geist geschaffen haben. Man kann nur erwarten, daß die Humanität kulturell und genetisch alsbald in Verfall geraten wird, und es ist gar nicht erstaunlich, daß die Systeme dieses Verfalles auf allen Seiten immer stärker sichtbar werden. Ich habe meine Ansicht bezüglich der relativen Bedeutung kultureller und genetischer Entmenschlichung vielleicht ziemlich weitgehend geändert; die erstere schreitet um so viel schneller vorwärts, daß man die zweite als eine eher unwichtige *cura posterior* betrachten kann. Diese Änderung des Vorgangs ist meiner Ansicht nach auf Roszak zurückzuführen, der mich mit seiner überzeugenden Darstellung der entmenschlichenden Folgen der Technokratie gründlich in Angst versetzt. Dessenungeachtet bin ich überzeugt, daß die genetische »Domestikation« des zivilisierten Menschen sehr schnell vorwärtsschreitet. Einige Hauptsymptome, die sich bei den meisten unserer Haustiere zeigen, sind zunehmende Größe und übermäßige Freßsucht sowie übermäßige Sexualität. Diese drei Symptome haben sich in der kurzen Zeitspanne meines eigenen Lebens auffallend verstärkt, und das ist, gelinde gesagt, alarmierend. Ich kenne in meiner eigenen Familie und unter meinen Freunden kaum einen Fall, in dem der Sohn kleiner ist als sein Vater. Ebenso weit verbreitet ist die Steigerung der Nahrungsaufnahme und des Sexualtriebs, in beiden Fällen begleitet von einem Verlust an Selektivität in den Auslösemechanismen. Man braucht nur an einen Strand zu gehen, an dem viele Städter baden, um die rasch steigende Verbreitung von dicken Knaben und jungen Männern zu bemerken, oder eine der großen Illustrierten anzusehen, um mit beiden Symptomen in gründlich alarmierender Form konfrontiert zu werden.

Natürlich weiß ich nicht mit Sicherheit, ob diese Symptome genetisch sind, sie können auch, zumindest teilweise, angezüchtet sein, aber das spielt keine große Rolle. Die kulturbedingte Entwicklung ist auf so vielen Gebieten der genetischen Entwicklung analog, daß die kausalen Unterscheidungen hinsichtlich des hier erörterten Phänomens unwesentlich geworden sind, allerdings sind die kulturbedingten Prozesse, wegen ihres unvergleichlich schnelleren Tempos, nicht in geringerem, sondern in höherem Maße gefährlich. Außerdem ist der Mediziner oft gezwungen zu warnen, auch wenn er der Fakten nicht ganz sicher ist. Wenn zwei Bewohner meines Heimatdorfs, die soeben von einem Portugalurlaub zurückgekehrt sind, Symptome von leichtem Durchfall zeigen, muß ich so handeln, als wüßte ich, daß sie Cholera haben.

Ich bin ebenso wie Theodore Roszak überzeugt, daß es einer der heimtückischsten Kunstgriffe der Technokratie ist, alle Zwangsmethoden zu vermeiden, und sich nur auf freundlich scheinende Bestärkungen zu stützen. Sie finden, daß ich im allgemeinen Mördern und Verbrechern gegenüber zu hart bin. Ich trete nicht für die Todesstrafe, auch nicht für grausame, durch einen Vergeltungsgedanken oder gar durch irgendwelche instinktive Rachsucht diktierte Strafmaßnahmen ein. Ein Massenmörder ist definitionsgemäß geisteskrank, weil ein geistig gesunder Mensch einfach und voraussagbar keinen Massenmord begeht. Nichtsdestoweniger glaube ich nicht, daß eine gesunde Wertphilosophie sich ohne Gefühl nicht nur für das, was gut, sondern auch für das, was böse ist, entwickeln kann. Ich habe der Ideologie der pseudodemokratischen Doktrin vor allem vorzuwerfen, daß sie dazu neigt, in unserer Kultur das Gefühl für Werte auszumerzen, von dem allein die Zukunft der Menschheit abhängt. Die öffentliche Meinung sollte den Deliquenten nicht von aller Verantwortung befreien, indem sie diese auf die Umwelt überwälzt, die für seine Konditionierung verantwortlich ist. Meiner wohlüberlegten Meinung nach müßte man vom Mord abschrecken, nicht dazu ermutigen und sogar, wie es heute geschieht, ihn verherrlichen. Niemand kann mehr als ich davon überzeugt sein, daß die Hauptursache für unsere derzeit zunehmende Kriminalität in der weitverbreiteten Unzulänglichkeit des Mutter-Kind-Kontaktes in der frühen Kindheit zu suchen ist. Eine andere, wenngleich geringere Ursache liegt in der durch die pseudodemokratische Doktrin diktierten kurzsichtigen und begrenzten Duldsamkeit.

Ich glaube nicht, daß die Todesstrafe oder Kerkerstrafen imstande sind, unser genetisches Kapital vor dem Verfall zu schützen; tatsächlich ist in der zivilisierten Gesellschaft nichts mehr übrig, das eine rückgängige Entwicklung verhindern könnte, es sei denn unser nicht vernunftmäßiges Gefühl für Werte, das, wie ich noch immer glaube und hoffe, eine entscheidene Rolle in der genetischen wie der kulturellen menschlichen Entwicklung übernehmen kann. Was die Genetik anlangt, glaube ich noch immer, daß das nicht vernunftmäßige Gefühl für Werte bei der normalen Paarbildung, mit anderen Worten beim Sich-Verlieben, eine wichtige Rolle spielt. Wenn ich die, rückblickend unglaubliche, Dummheit begangen habe, das den Nazibehörden zu sagen – natürlich völlig vergeblich –, so besteht die einzige Möglichkeit, mit der ich das wiedergutmachen kann, darin, daß ich dieselbe Wahrheit beharrlich einer anderen Welt predige, bei der sie sogar noch weniger beliebt ist. Donald, es gibt so etwas wie Gut und Böse, es gibt anständige Menschen und es gibt Schurken, und der Unterschied zwischen ihnen ist zweifellos genetisch. Kein lebendiges System kann jemals ohne Elimination existieren, wie menschlich es auch gehandhabt werden mag und wie sehr man sich bemüht, es nicht als Strafmaßnahme erscheinen zu lassen. Ich kenne Wissenschaftler, für die es schmerzhafter ist als Zähneziehen. Wir wissen, daß die Entwicklung auf ihrem Weg aufwärts stehenbleibt und rückwärts schreitet, wenn die schöpferische Selektion aufhört zu funktionieren. Der Mensch hat alle selektiven Faktoren außer seinen eigenen, nicht vernunftmäßigen Gefühl für Werte ausgeschaltet. Wir müssen lernen, uns darauf zu verlassen.

Herzlichst Ihr
Konrad

Vier Essays
von Konrad Lorenz

Die Entwicklung der Ritualisierung in der biologischen und kulturellen Sphäre*

Ethologische Betrachtung und phylogenetische Ritualisierung

Die junge Wissenschaft Ethologie kann einfach als Verhaltensbiologie definiert werden. Es ist paradox, daß das Verhalten von Tieren nicht von Anfang an, genau so wie alle anderen Lebensprozesse, von Zoologen und Biologen erforscht wurde. Das Studium des Verhaltens wurde von Psychologen begonnen, und die Psychologie ist die Tochter der Philosophie, nicht der Naturwissenschaften. Der philosophische Disput zwischen vitalistischen und mechanistischen Psychologen trug viel dazu bei, die Probleme des »instinktiven« Verhaltens zu verbergen.

Obwohl in den Schriften von Charles Darwin eine durch und durch wissenschaftliche Einstellung zu diesen Problemen zum Ausdruck kommt, erkannten die Zoologen das Verhalten nur langsam als ein Problem an, das der Erforschung würdig war. Besondere Hochachtung verdienen die Ornithologen, deren intensives Vergnügen und Interesse bei der bloßen Beobachtung von Vögeln mit zu der Wiederentdeckung der Tatsache führte, daß biologischer Forschungseinsatz und biologische Methoden beim Studium des Verhaltens erfolgreich angewandt werden können, ebenso wie es Darwin in seinem Buch »Der Ausdruck der Gemütsbewegungen bei dem Menschen und den Tieren« getan hat. Welche sind also diese guten alten Darwinschen Verfahren?

Zuerst, als wichtigstes, möchte ich das selbstverständlichste nennen. Es ist die sachliche Beobachtung des organischen Systems und die Bestandaufnahme seiner einzelnen Teile. Bei allen Naturwissenschaften muß die Beschreibung vor der Systematisierung erfolgen, und beide zusammen sind die Voraussetzungen für die Abstrahierung der für die Operation als Ganzes maßgebenden Naturgesetze.

* In Philosophical Transactions of the Royal Society of London, 1966, 251 (Series B), 273–284 erschienen.

Die vergleichende Anatomie und Systematik brachten unter Benützung einer breiten Induktionsgrundlage, die durch Beobachtung und Beschreibung gewonnen wurde, Ordnung in die chaotische Vielfalt lebender Spezies und bereiteten den Weg für die Anerkennung des gemeinsamen Ursprungs aller Lebewesen vor. Sobald diese grundlegende Entwicklungstatsache feststand, war die unvermeidliche Schlußfolgerung, daß für praktisch jede bei lebenden Geschöpfen beobachtete Struktur- und Funktionseinzelheit eine historische Erklärung erforderlich ist. Eine solche historische Erklärung ist tatsächlich auch eine kausale: Wenn wir fragen, warum der Mensch Gehörorgane an den Kopfseiten hat, mit Gehörgängen, welche sie mit dem Rachen verbinden, besteht eine der kausalen Erklärungen dieser Tatsache darin, daß all das so ist, weil der Mensch von im Wasser atmenden Wirbeltieren abstammt, die in diesem Teil ihrer Anatomie Kiemenöffnungen besaßen. Auf diese Weise wird die Erforschung der phylogenetischen Geschichte eines Organs oder einer Funktion ein unentbehrlicher Teil von dessen wissenschaftlichem Studium. Die Anwendung der vergleichenden Methode, welche die phylogenetische Geschichte des Organismus rekonstruiert, indem sie die Ähnlichkeit und Verschiedenheit ihrer Merkmale untersucht, ist tatsächlich eines der wichtigsten Verfahren der ethologischen Forschung.

Nächst der vergleichenden ist die selektionistische Einstellung die für die Ethologie unentbehrlichste; tatsächlich lassen sich die beiden logisch nicht voneinander trennen. Das Herausfinden, worin der Überlebenswert einer Struktur oder einer Funktion liegt, ist eine Voraussetzung, um die Faktoren zu verstehen, welche die Entwicklung verursachen. Wenn wir in bezug auf die gekrümmten, einziehbaren Krallen einer Katze fragen »wozu?« und antworten, »um damit Mäuse zu fangen«, ist das kein Ausdruck mystischer Teleologie, sondern eine Kurzform für eine Frage mit Kausalnexus, nämlich: »Welche Funktion ist es, deren Überlebenswert den Selektionsdruck ausübte, der Katzen mit dieser Art von Krallen hervorbrachte?« Wir nennen diese Art von Untersuchung »teleonomisch«, eine Bezeichnung, die Colin Pittendrigh prägte, in der Hoffnung, einen Begriff einzuführen, der von Teleologie ebenso scharf abstach, wie jener der Astrologie von der Astronomie. Die teleonomische Betrachtung ist nicht nur für das tiefere Verständnis des Verhaltens wesentlich, sondern es kann auch behauptet werden, daß wenige Zoologen die Wechselwirkung zwischen einander widersprechenden Selektionsdrucken jemals so gründlich untersucht haben, wie es Tinbergen und seine Schüler taten.

Nicht vergessen möchte ich, als wesentlich für die ethologische Einstellung, eine ständige Bewußtheit des Organismus als einem organischen Ganzen zu erwähnen, in dem Sinn, in welchem Otto Koehler diesen Begriff definierte – als organisiertes System, in dem jeder Teil mit jedem anderen in kausaler Beziehung steht. Diese Erkenntnis macht uns bei unseren Versuchen vor- und umsichtig, da wir uns sehr wohl bewußt sind, daß wir bei jedem Versuch, eine einzelne Funktion experimentell zu beeinflussen oder zu isolieren, die Rückwirkungen in Betracht ziehen müssen, die unser Eingreifen auf alle anderen Teile des Systems haben kann. Man kann das nicht tun, ohne etwas über den Rest des Systems zu wissen; deshalb muß jede ethologische Untersuchung mit dem Studium des unversehrten Organismus in seinem natürlichen Biotop beginnen, und man muß ihn gründlich kennenlernen, bevor man mit dem Experimentieren beginnt.

Die Folge der eben beschriebenen Vorgänge ist natürlich nicht ausschließlich charakteristisch für die Ethologie. Es gibt tatsächlich keinen Zweig der biologischen Wissenschaft, der nicht nach Beobachtung und Beschreibung vorgeht, unbeeinflußt und frei von vorgefaßten Hypothesen, und zur phylogenetischen und teleonomischen Einstellung gelangt, ehe er zum Experiment schreitet. Es ist heute jedoch in vielen Zweigen der psychologischen und Verhaltenswissenschaften durchaus üblich, eine Art von experimentellem Vorgehen aus dem Stegreif zu erfinden, es auf ein höchst kompliziertes System anzuwenden, über das so gut wie nichts bekannt ist, und dann die Ergebnisse aufzuzeichnen. Durch diese Methode kann natürlich Information gesammelt werden, und das geschah auch; es ist genauso, wie wenn man bei einer Spezies durch willkürliche Mutation und Neukombination »Information« sammelt und sich deren Umwelt anpaßt. Wir wissen aber auch, wie langsam dieser Vorgang funktioniert, und möchten lieber zu Ergebnissen kommen, ehe die derzeitige Zwischeneiszeit zu Ende geht. Deshalb hält sich die Ethologie kategorisch an wohlerprobte Darwinsche Verfahren.

Man kann den historischen Ursprung der Ethologie einer Entdeckung zweier Zoologen zuschreiben, die unbeeinflußt von den Streitigkeiten zwischen verschiedenen psychologischen Schulen und einzig bestrebt waren, die taxonomischen Beziehungen der Spezies einer verhältnismäßig kleinen Gruppe von Vögeln zu klären. Der Erfolg solcher Bemühungen hängt, wie jeder Phylogenetiker weiß, von der Zahl homologer Merkmale ab, welche man anführen kann, um ein Ausmaß der genetischen Beziehung zwischen den untersuchten

Formen anzugeben. Bei ihrer Suche nach mehr und immer mehr homologisierbaren Merkmalen machten Charles Otis Whitman in den USA und Oskar Heinroth in Deutschland, unabhängig voneinander, die überaus wichtige Entdeckung, daß es koordinierte Aktionsbewegungsmuster gibt, dir für eine Spezies, eine Gattung, eine Familie, ein System und sogar für die höheren taxonomischen Kategorien ebenso charakteristisch sind wie irgendwelche strukturellen Eigenschaften der Anatomie des Tieres. Diese Tatsache allein rechtfertigt die Schlußfolgerung, daß die Koordinierung dieser Bewegungen im Genom einer Spezies ausgeführt wird und daß der Begriff Homologie für sie ebensogut angewandt werden kann wie auf morphologische Merkmale. Whitman machte bereits 1898 eine Feststellung, welche einen wesentlichen Teil des heutigen Programms enthält: »Instinkte und Organe müssen von dem gemeinsamen Standpunkt phylogenetischer Abstammung aus studiert werden.«
Das Studium des phylogenetischen Vorgangs der Ritualisation mit seiner kulturellen Analogie bildet das Hauptthema unserer jetzigen Konferenz, gleichzeitig ausgehend von dem vergleichenden Studium homologer Bewegungsmuster, aus dem einfachen Grund, weil die meisten der von den Pionieren der Ethologie verwendeten Bewegungskoordinationen selbst ritualisiert waren: beide, Whitman und Heinroth, konzentrierten sich auf das Balzverhalten und das mit gutem Grund, wie ich bald erklären werde.

Julian Huxley und Edmund Selous erkannten als erste, daß bei Drohung, Balz und anderen Ausdrucksbewegungen, welche Vögel und andere Tiere an Mitglieder ihrer eigenen Spezies richten, ein sehr spezieller Entwicklungsprozeß am Werk war. Sie entdeckten, daß viele dieser zur Kommunikation dienenden Bewegungen ähnlich und doch verschieden von Bewegungsmustern sind, die im Alltagsleben der Spezies eine völlig andere Funktion entwickeln. Aus augenscheinlichen Gründen, auf die ich hier nicht einzugehen brauche, haben sich die kommunikativen Bewegungen aus Alltagsfunktionen entwickelt. Dieser Prozeß wurde von Julian Huxley als »Ritualisation« bezeichnet. Er ist nicht nur für den Soziologen und den mit Kommunikation befaßten Informationstheoretiker von Interesse, sondern auch für den Forscher der Evolution im allgemeinen. Es gibt verschiedene Gründe, derentwegen sich ritualisierte Bewegungen gut für vergleichende Studien eignen: sie sind auffallend, klar umrissen und leicht erkennbar; der Ritualisierungsprozeß ist einer der raschesten der bei undomestizierten Tieren bekannten Entwicklungsprozesse, wie aus deren Verschiedenheit bei verhältnismäßig nah verwandten Spezies geschlossen werden kann. Wenn man nicht ritualisierte, instinktive Bewegungen wie Fortbewegung, Fressen, Putzen, Nestbauen usw. innerhalb einer taxonomischen Gruppe von Familien- oder Unterfamilienrang vergleicht, etwa bei den Schwimmenten, zeigen sich keine bemerkenswerten Unterschiede zwischen ihren Mitgliedern. Um die Phylogenese derartiger Bewegungsmuster durch vergleichende Methode zu studieren, muß man weiter hinausgehen und ihre Lebensäußerungen in verschiedenen Arten oder zumindest Unterarten studieren. Aus diesem Grund sind ritualisierte Bewegungen eine große Hilfe bei der Ermittlung der phylogenetischen Beziehung nahe verwandter Arten.

Eine andere Eigenschaft ritualisierter Bewegungen, die sie besonders wertvoll für die vergleichende Phylogenetik macht, ist eine Folge ihres Funktionierens als Signale. Jeder Signalkode beruht auf einer Vereinbarung zwischen dem Sender und dem Empfänger der Kommunikation. Die Bedeutung eines Wortes ist zum Beispiel nur für eine Person verständlich, die diese Vereinbarung kennt; auf Grund einer anderen Vereinbarung, eines anderen Kodes, könnte das Wort eine völlig andere Bedeutung haben. Wenn der Historiker in zwei verschiedenen, nicht zusammenhängenden Kulturen eine Axt oder einen Pflug von sehr ähnlicher Konstruktion findet, kann diese Ähnlichkeit durch die Ähnlichkeit der Funktion verursacht werden, und der Forscher ist nicht zu der Annahme berechtigt, daß das Werkzeug der einen Kultur irgendwie von dem der anderen übernommen wurde. Wenn andererseits der vergleichende Sprachforscher findet, daß die Wörter mit der Bedeutung »Mutter« im Englischen, Deutschen, Lateinischen, Griechischen und Russischen eine Anzahl wichtiger struktureller Eigenschaften gemeinsam haben, schließt er ohne Zögern, daß diese Wörter historisch von einer gemeinsamen Wurzel stammen. Die Wahrscheinlichkeit, daß diese Ähnlichkeiten zufällig sind, ist geringfügig, und keine Funktionsähnlichkeit vermag sie zu erklären. Durch die gleiche Überlegung kann Ähnlichkeit, die durch eine gleichgeartete Funktion verursacht wird, in der Sprache der Biologen konvergente Entwicklung genannt, bei dem Vergleichsstudium ritualisierter Bewegungen ausgeschlossen werden. All das trägt dazu bei, die Studien vergleichender Phylogenetiker zu einer äußerst dankbaren Beschäftigung zu machen, und da eine beträchtliche Zahl von Forschern unter der Führung Whitmans und Heinroths diese Tatsache erkannt zu haben scheint, wissen wir über ihre Entwicklung mehr als über die irgendeiner Art von angeborenen Bewegungsmustern.

Der Begriff, den wir mit der Bezeichnung »Ritualisation« verbinden, kann, wie die meisten biologischen Begriffe, nur durch das definiert werden, was Bernhard Hassenstein eine »injunktive« Definition nannte, das heißt, durch die Aufzählung einer Anzahl von Eigenschaften, die nur durch Zusammenzählung das Wesen des Begriffs bilden. Die Eigenschaften des Lebens zum Beispiel, wie Stoffwechsel, Wachstum, Fortpflanzung usw., findet man alle ebenso bei unorganischen Prozessen, aber sie stellen Leben dar, wenn sie in demselben Objekt vereinigt sind. Allen injunktiv definierten Begriffen fehlt eine scharfe Abgrenzung, aber sie gehen stufenweise in Nachbarbegriffe über.

Das erste und wahrscheinlich wichtigste Merkmal der Ritualisation wurde bereits erwähnt. Ein phylogenetisch angepaßtes Bewegungsmuster, das ursprünglich der Spezies dazu diente, mit gewissen Umwelterfordernissen fertigzuwerden, erwirbt eine neue Funktion, die der Kommunikation. Die primäre Funktion mag erhalten bleiben, wie bei vielen Fischen, Vögeln und Säugetieren, bei denen die Fortbewegung ritualisiert wurde, um den anderen Mitgliedern der Spezies mitzuteilen, daß ein Tier fortgeht. Alle diese Bewegungen lösen bei Tieren, die derselben Art angehören, die Nachfolgereaktion aus. In vielen Fällen tritt jedoch die Primärfunktion in den Hintergrund oder verschwindet völlig, so daß eine vollkommene Funktionsänderung erreicht wird. Aus der Kommunikation können zwei neue, gleich wichtige Funktionen entstehen, welche beide, wie unterschiedlich die dazu dienenden Bewegungen auch werden, stets eine gewisse kommunikative Wirkung behalten. Die erste dieser neuen Funktionen ist die Kanalisierung der Aggression in einer Art, welche deren Entladung ohne Schädigung von Artgenossen gestattet, wie es bei vielen Formen ritualisierter Kämpfe bei Fischen, Vögeln und Säugetieren der Fall ist; die zweite ist die Bildung einer Bindung, die zwei oder mehr Individuen zusammenhält. Das wird durch die meisten sogenannten Grußgesten erreicht, die ein Tier nur bei einem bestimmten, individuell bekannten Partner ausführen kann, dessen Anwesenheit aus diesem Grund im Leben des Tieres zu einer unentbehrlichen Notwendigkeit wird. Es ist völlig irrig zu sagen, daß solche Gesten »der Ausdruck einer Bindung« seien; in Wirklichkeit machen sie selbst die Bindung aus.

Das zweite Merkmal ritualisierter Bewegungsmuster ist eine Änderung der Form, welche die unritualisierte Urform im Dienst ihrer neuen kommunikativen Funktion durchmachte und die ganz offensichtlich durch den vom Überlebenswert der Kommunikation ausgeübten Selektionsdruck herbeigeführt wurde. All diese Elemente, die auch in der unritualisierten Primärbewegung visuelle oder akustische Reize erzeugen, werden stark übertrieben, während die der ursprünglichen mechanischen Funktion dienenden stark reduziert werden oder völlig verschwinden. Diese »mimische Übertreibung« führt zu einer Geste, die tatsächlich nah verwandt mit einem Symbol ist und die theatralische Wirkung erzeugt, die Sir Julian Huxley zuerst auffiel, als er die bereits klassisch gewordenen Großen Haubentaucher beobachtete. Es hat sich eine Form- und Farbenorgie entwickelt, die diese Wirkung noch steigert. Die schönen Formen und Farben der Flossen eines siamesischen Kampffisches, das Gefieder eines Paradiesvogels, der Pfauenschwanz, die erstaunlichen Farben an beiden Enden eines Mandrills, sie alle entwickelten sich unter dem Selektionsdruck der durch eine besondere ritualisierte Bewegung ausgeführten kommunikativen Funktion.

Im Interesse größerer Eindeutigkeit der Kommunikation sind Tempo und Umfang der ritualisierten Bewegungen genau geregelt, ein von Desmond Morris, der als erster darauf aufmerksam machte, als *typical intensity* bezeichnetes Phänomen. Dem gleichen Zweck dient häufige, rhythmische Wiederholung, die sehr oft an sich genügt, um ein Verhaltensmuster als ritualisiert zu erkennen. Schließlich werden in vielen Fällen zahlreiche elementare Instinktbewegungen, die in der unritualisierten Urform selbständig variabel sind, zu einer einzigen Zwangsfolge zusammengeschweißt.

Diese wichtige Wirkung wird durch Entfaltung eines völlig neuen Bewegungsmusters erreicht, welches in ritueller Form eine ganze Reihe unabhängiger und selbständig variabler Bewegungen nachahmt. Das sogenannte Hetzen der Enten liefert ein gutes Beispiel. In seiner ursprünglichen Form besteht es aus Verhaltensmustern, die durch wenigstens drei voneinander unabhängige Faktoren motiviert werden. Die weibliche Ente läuft aggressiv auf einen Gegner los, bekommt dann Angst und rennt zurück unter den Schutz ihres Erpels. Kaum hat sie den Kontakt mit ihm hergestellt, wird sie von neuem mutig und beginnt dem Gegner wieder zu drohen. In der Primärform, die man bei Brandenten beobachten kann, sind die erwähnten einzelnen Teile in Stärke und Dauer verschieden, die Stellungen des Weibchens beim Drohen sind ausschließlich abhängig von den Stellungen der Ente, ihres Erpels und des »Feindes«. Alle Winkel zwischen ihrer Körperachse und der Richtung, in die sie den Hals beim Drohen streckt,

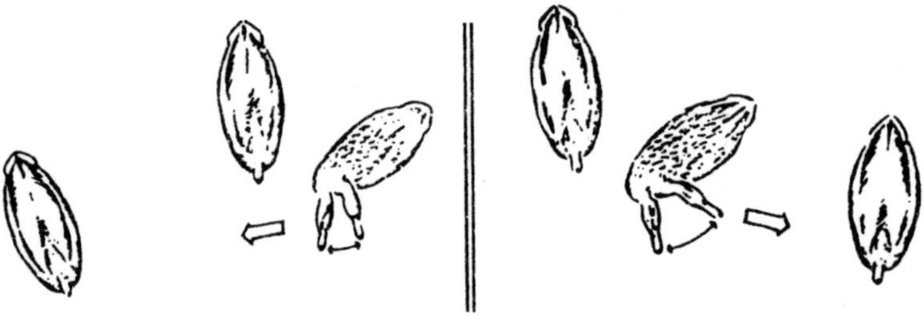

sind gleich möglich. Es gibt jedoch einen Standardfall, der häufiger vorkommt als andere: sehr oft bleibt die Ente, nachdem sie Schutz bei ihrem Erpel gesucht hat, vor ihm stehen, ohne den Körper umzudrehen, so daß sie ihn fast mit der Brust berührt, und beginnt nun wieder den Hals drohend in Richtung Feind auszustrecken. Die räumliche Beziehung zwischen der Ente, ihrem Erpel und ihrem Feind zwingt sie, die Drohbewegung über ihre Schulter weg in spitzem Winkel zu ihrer Körperlängsachse auszuführen. Bei vielen Schwimmenten wurde dieser spezielle Fall von Bewegungskoordination als ein obligatorisches Muster fixiert. Die rückwärts über die Schulter gerichtete Kopfbewegung enthält jedoch noch die ursprünglichen Orientierungsreaktionen, die im unritualisierten Urbild ein mit dem bei Schwimmenten genotypisch fixierten, phänotypisch identisches Bewegungsmuster erzeugen. Die durch die primär orientierten Reaktionen verursachten Bewegungen werden dem neuen Muster überlagert: wenn der Feindvogel der drohenden Ente unmittelbar gegenübersteht, bleiben ihre Augen in seine Richtung fixiert und die Drohbewegung nach hinten über die Schulter weg wird merklich abgeschwächt, während sie mit dem Winkel zwischen der Längsachse ihres Körpers und der

Richtung, in welcher der Feind steht, zunimmt. Wenn er sich direkt hinter ihr befindet, erreicht der Bewegungsumfang ein Maximum, wobei der Schnabel der Ente beinahe ihren Schwanz berührt (Abb. S. 126). Diese Überlagerung von primären Orientierungsreaktionen und neu entwickelten, feststehenden Bewegungsmustern bietet bei der Motivationsanalyse von ritualisiertem Verhalten oft beträchtliche Schwierigkeiten.

Ein weiteres wichtiges, bestimmendes Ritualisierungskennzeichen ergibt sich unmittelbar aus der Entwicklung des neuen Bewegungsmusters: dieses erhält alle Merkmale einer selbständigen Instinktbewegung. Es hat seine eigenen Auslösemechanismen, seine eigene Spontanität und damit sein eigenes Appetenzverhalten. So kann durch den Ritualisierungsprozeß ein völlig neuer Instinkt geboren werden, der im Prinzip ebenso unabhängig ist wie irgendein Primärtrieb – Hunger, Geschlechtstrieb, Angst und Aggression – und der das Verhalten einer Spezies ebenso stark beeinflussen kann. Täte er es nicht, wäre er nicht fähig, einer Aggression Widerstand zu leisten oder sie zu bändigen, auch könnte er nie seine andere Aufgabe, des Formens einer Freundschaftsbeziehung buchstäblich »stärker als der Tod«, erfüllen. Ich habe keine Zeit, Ihnen eine überzeugende Beschreibung der erstaunlichen Art zu geben, in welcher das Triumphgeschrei von Gänsen diese beiden Funktionen erfüllt: es möge genügen, wenn ich sage, daß dieses Ritual, das von einer umdirigierten Drohbewegung in der verhältnismäßig jungen Phylogenese der Unterfamilie *Anserini* stammt, nicht nur jegliche Aggression zwischen den Partnern beseitigt, sondern sie mit einer Art todesverachtenden Treue zusammenhält, die uns bei tierischem Verhalten nur bei unseren treuen Hunden vertraut ist.

Wie bei den meisten injunktiv definierten Begriffen verwenden wir den der Ritualisation nicht nur, wenn all seine wesentlichen Eigenschaften verwirklicht sind. Wenn einige Absichtsbewegungen – zum Beispiel die der Enten vor dem Abflug – rhythmisch wiederholt werden, ohne ansonsten verändert zu werden, und zwar zum Zweck der Mitteilung, können wir sagen, daß sie »leicht ritualisiert« sind, obwohl sie keine der anderen, eben beschriebenen Eigenschaften besitzen. Das Wesentliche des ritualisierten Verhaltens wird jedoch durch jene Fälle dargestellt, bei denen es alle Eigenschaften aufweist, die ich besprochen habe, und die volle Selbständigkeit eines unabhängigen Triebes erreicht.

Als Sir Julian Huxley bei seiner ersten Beschreibung der Ritualisation die Bezeichnung ohne Anführungszeichen verwendete, tat er das absichtlich, um zu betonen, daß sie einen rein funktionellen Begriff bezeichnete, der ebenso für einen phylogenetischen wie für einen kulturellen Prozeß verwendbar war. Professor Carstairs sagte vor kurzem, er sei »sparsam mit Analogien«. Auch ich bin der Ansicht, daß eine irrige Annahme von Homologie oder noch schlimmer, von physiologischer Identität tatsächlich gefährlich in die Irre führen kann. Wenn ich vor Wissenschaftlern, die menschliches Verhalten untersuchen, einen Vortrag über Tiere halte, beginne ich gewöhnlich mit der Warnung, daß das zentrale Nervensystem in tückischer Weise analoge Funktionen auf verschiedenen Integrationsebenen in so ähnlicher Art ausführt, daß sogar der gebildete Beobachter physiologische Identität annimmt, wo sie nicht besteht. Ich kann mir aber nicht vorstellen, daß die Feststellung offensichtlicher Analogien uns in eine Falle führen kann. Vorausgesetzt, daß eine Analogie genügend viele einfach vergleichbare Einzelheiten betrifft, um die Möglichkeit eines Zufalls auszuschließen, sind wir durchaus zu der Annahme berechtigt, daß die beiden analogen Strukturen oder Verhaltensmuster tatsächlich dieselbe Funktion haben. Nichts außer konvergenter Entwicklung kann ihre Ähnlichkeit in Einzelheiten erklären. Wenn ich der erste Wissenschaftler wäre, der einen toten Seepolypen sieht und bei dessen Sezieren ein Auge entdeckt, das wie das unsere gebaut ist, mit einer Hornhaut, einer Linse, einer Regenbogenhaut, Ciliarmuskeln und einer Netzhaut, würde ich mit Recht annehmen, daß das ein Sehorgan ist, und es ohne weitere Umstände Auge nennen, auch wenn ich keinen anderen Beweis für seine Funktion hätte. »Auge« kennzeichnet einen funktionellen Begriff; Kopffüßler und Wirbeltiere haben keine gemeinsamen Vorfahren mit Augen dieser Art: ihre Augen sind funktionell analog, nicht phylogenetisch homolog.

Ein noch besserer Beweis läßt sich für die Anwendung unseres funktionellen Begriffs der Ritualisation für die biologische wie die kulturelle Sphäre liefern, denn wir sind nicht auf detaillierte Formanalogie allein angewiesen. Wir wissen aus Beobachtung und umfassender experimenteller Überprüfung, daß Rituale, ob phylogenetisch oder zuchtmäßig entwickelt, tatsächlich die gleichen Funktionen von Kommunikation, Aggressionskanalisierung und Veranlassung von Paar- oder Gruppenzusammenhalt erfüllen. Bevor ich von den offensichtlichen Analogien zwischen den Prozessen der Phylogenese und angezüchteter Ritualisierung spreche, muß ich einige Worte über deren Unterschiede sagen. Diese Unterschiede betreffen die beiden Prozessen zugrunde liegenden Mechanismen und die für jeden erforderliche Zeitmenge.

Begriffsdenken und Wortsprache, die den Menschen mit der Möglichkeit kultureller Tradition ausstatteten, änderten die menschliche Entwicklung von Grund aus, indem sie eine Art Äquivalent für das Erben erworbener Merkmale zustande brachten.

Wir haben beinahe vergessen, daß das Wort »erben« eine juristische Bedeutung hatte, lang bevor es eine biologische erwarb. Wenn ein Mensch zum Beispiel Pfeil und Bogen erfindet, werden bald nicht nur seine Nachkommen, sondern sein ganzer Stamm ebenso bestimmt im Besitz dieser Waffen sein, als wären sie an ihren Körpern gewachsene Organe. Auch die Wahrscheinlichkeit, daß ihr Gebrauch vergessen wird, ist nicht größer als die, daß ein Organ von vergleichbarem Überlebenswert verkümmert. So kann kulturbedingte Entwicklung und Tradition in einer oder zwei Generationen einen ökologischen Anpassungsprozeß vollbringen, der in der normalen Phylogenese eine Periode von ganz anderer Größenordnung erfordert hätte.

Obgleich sich kulturbedingte Rituale unvergleichlich schneller entwickeln als phylogenetische Ritualisation, ist ihre Entwicklung dennoch weniger rasch als die von Erfindungen. Ich glaube nicht, daß das für soziale Normen und Riten charakteristische System der menschlichen Einsicht und Erfindungsgabe viel zu verdanken hat. Es wurde behauptet, Moses habe den Genuß von Schweinefleisch verboten, weil er von der Trichinose wußte. Wenn er es tat, vertraute er der Gläubigkeit seiner Anhänger mehr als ihrer Einsicht, da er statt Vorträgen über Parasitologie ein religiöses Gesetz aufstellte. Im allgemeinen machen die Systeme von sozialen Normen und Riten, die für Kulturen charakteristisch sind, eher den Eindruck, daß es die gute, alte natürliche Selektion war, die ihre besonderen Formen bildete, aber nicht auf genetischer, sondern auf psychosozialer Basis, und die als Rohmaterial anstatt Mutationen und Neukombinationen zufällig entstehende Gewohnheiten verwendete. Ich stelle diese Theorie anheim, ob sie nun zutrifft oder nicht.

Die Rolle, welche die genetische Vererbung bei der Entwicklung und Erhaltung phylogenetisch entstandener Rituale spielt, wird natürlich durch die Tradtion bei kulturbedingter Ritualisation übernommen. In dem Traditionsprozeß selbst sind jedoch instinktive, mit anderen Worten, phylogenetisch programmierte Mechanismen am Werk. Der wichtigste darunter ist die sogenannte zufällig entstehende Gewöhnung. Beim Abweichen von einer individuell erworbenen, aber tief genug verwurzelten Gewohnheit, empfinden Mensch und Tier gleichermaßen Angst. Margaret Altman folgte bei ihrem Studium des sozialen Lebens von Wapitis und amerikanischen Elchen viele Monate lang den Spuren dieser Tiere auf ihrem alten Pferd, begleitet von einem noch älteren Packmaultier. Als sie mehrmals an einem bestimmten Platz kampiert hatte, fand sie es unmöglich, daran vorbeizureiten, ohne anzuhalten; ihre Reittiere scheuten und gerieten in Panik, wenn sie sie zu zwingen versuchte, ihren Weg fortzusetzen. Da sie mit den Gewohnheiten von Tieren vertraut war, entschloß sich Margaret Altman zu einem Kompromiß – sie hielt an, packte »symbolisch« aus, kampierte einige Minuten lang, dann packte sie wieder zusammen; danach waren ihre Tiere durchaus befriedigt und bereit weiterzugehen.

Dieses Verhalten, das dem menschlichen magischen Denken wie dem menschlichen Zwangsverhalten verwandt ist, wird durch einen Mechanismus verursacht, dessen Überlebenswert offenkundig ist. Ein Tier, das eine bestimmte Gewohnheit angenommen und sich vergewissert hat, daß sie gefahrlos zu dem erwünschten Ziel führt, tut gut daran, sklavisch an allen Einzelheiten des Vorgangs festzuhalten, weil es, ohne irgendwelche Einsicht in die kausalen Zusammenhänge des Ganzen, unmöglich wissen kann, welche Einzelheiten für Erfolg und Sicherheit wesentlich sind und welche nicht. Eine Menge an menschlichem Aberglauben, wie Klopfen auf Holz usw., schließt dieses Prinzip ein: man weiß nicht genau, was geschehen könnte, wenn der Brauch verletzt würde.

Zusätzlich zu diesem Zwang, an einer Gewohnheit festzuhalten, gibt es noch einen Mechanismus, der dafür sorgt, daß Treue zu einem erworbenen Brauch von einer menschlichen Generation zu nächsten weitergegeben wird. Seltsamerweise wurde vor kurzem ein analoger Prozeß bei einem Vogel demonstriert. Mein Mitarbeiter J. Nicolai hat gefunden, daß junge Gimpel ihren Gesang nur vom Vater lernen. Junge männliche Gimpel stehen verhältnismäßig lange Zeit nach dem Flüggewerden in einer besonderen, eindeutig sexuellen Beziehung zu ihrem Vater. Sie ducken sich vor ihm, führen die Demutsgeste aus, die, wie die vieler Affen, von der weiblichen Paarungsgeste stammt, und sie hängen viel mehr an ihm als an ihrer Mutter. Während dieser Zeit lernen sie den individuellen Gesang ihres Vaters. Nicolai hatte einen männlichen Gimpel, der von Kanarienvögeln aufgezogen worden war und genau wie ein solcher sang. Sein kanarienvogelähnlicher Gesang wurde in seiner reinen Form, ohne Beimischungen, vier Generationen lang in Vogelhäusern dargebracht, in denen zahlreiche normal singende Gimpel anwesend waren. Nicolai demonstrierte auch experimentell, daß ein Gimpel seinen Gesang nur von einer »Vaterfigur« lernen kann, der gegenüber er die oben beschriebene Haltung einnimmt.

Meiner Ansicht nach schöpft der starke Gefühlswert, den Menschen der weitergegebenen Gewohnheit zuschreiben, einen großen Teil seiner Motivationsenergie aus einer sehr ähnlichen Beziehung zwischen der jungen und der älteren Generation. Wenn der Traditionsempfänger nicht für wenigstens ein Mitglied der älteren Generation das Gefühl von Respekt und Liebe empfindet, das ein Sohn unter normalen Bedingungen für seinen Vater spürt, scheint der Mechanismus des Weitergebens traditioneller Normen und Riten nicht funktionieren zu können. Mit anderen Worten, etwas sehr Ähnliches wie die psychoanalytische »Umstellungssituation« ist seine unentbehrliche Vorbedingung. Wenn anderseits diese Bedingung erfüllt ist, gewinnen traditionelle Werte von Generation zu Generation an Stärke. Je weiter die verehrte Gestalt des Vorfahren in die Vergangenheit zurücktritt, desto besser erfüllt sie die Funktion als Über-Ich, desto unverletzbarer werden die Normen des dadurch festgelegten, ritualisierten Sozialverhaltens. Da die Vaterfigur, sogar wenn sie die Form eines persönlichen unsterblichen Gottes annimmt, nicht nur Angst, sondern auch Liebe erweckt, entsteht ein neuer Faktor, um Treue zu kulturbedingt entwickelten sozialen Normen und Riten zu motivieren. Wir empfinden nicht nur eine Zwangsangst, wenn wir sie verletzen, sondern wir lieben sie um ihrer selbst willen und um dessentwillen, was sie symbolisieren.

Gewohnheitsbildung, Zwangsangst bei Verletzung anerkannter Regeln, Verehrung und Liebe für traditionelle Bräuche – diese und was es sonst an Mechanismen geben mag, um die Fortdauer kulturbedingt ritualisierter sozialer Normen und Riten von Generation zu Generation zu gewährleisten, erfüllen bei kulturbedingt ritualisierten sozialen Normen und Riten eine der genetischen Vererbung bei der Entwicklung von phylogenetisch ritualisierten Formen des Sozialverhaltens analoge Funktion. Außerdem wurden all diese Mechanismen selbst natürlich phylogenetisch entwickelt. Der Mensch ist, wie Arnold Gehlen treffend sagte, von Natur aus ein Kulturwesen. Mit anderen

Worten, all seine ererbten Verhaltensnormen wurden in der Phylogenese jeweils derart geformt, daß sie durch kulturelle Tradition ergänzt werden müssen. Der phylogenetisch entstandene Teil unseres Gehirns, der uns mit der Fähigkeit der Wortsprache ausstattet, wäre völlig außerstande zu funktionieren, wenn das menschliche Individuum nicht während seiner Ontogenese mit einer kulturell entwickelten Sprache in Verbindung gebracht würde, deren Wortschatz es lernen kann. Ein Mensch ohne Kultur wäre kein glücklicher, von der Sklaverei der Zivilisation befreiter Wilder, sondern ein unglücklicher Krüppel, vergleichbar mit einem Menschen mit beschädigtem Vorderhirn. Man darf nicht vergessen, daß sogar ein Teilverlust an Kulturtradition sehr gefährlich ist, und auch, daß er nur allzuleicht eintreten kann. Während die phylogenetisch entstandenen Grundlagen des Sozialverhaltens in guten wie in schlechten Zeiten, trotz aller noch so rasch erfolgenden Änderungen, die der menschlichen Umwelt aufgezwungen werden, bestehen bleiben, können kulturmäßig entstandene soziale Normen und Riten wie Kerzen ausgeblasen werden.

Nach Erörterung des wesentlichen Unterschiedes der Mechanismen, welche der Entwicklung der Ritualisation in der biologischen und kulturellen Sphäre zugrunde liegen, gehe ich nun zu den erstaunlichen Analogien bei ihren Ergebnissen über. Diese Analogien betreffen alle bestimmten Ritualisationseigenschaften im allgemeinen, von denen ich bereits gesprochen habe.

Ich brauche nur wenig über die Formänderung zu sagen, welche die primäre, unritualisierte Verhaltensweise im Dienst ihrer neuen Funktionen der Kommunikation, der Aggressionskanalisierung und des Gruppenzusammenhalts (*bonding*) erfährt. Es werden alle Mittel zur Gewährleistung eindeutiger Kommunikation genauso wie bei phylogenetischer Ritualisation verwendet. Mimische Übertreibung, übermäßige Wiederholung und typische Intensität sind bei den meisten Zeremonien des Menschen deutlich ausgeprägt. Insbesondere »gemessenes Tempo«, Häufigkeit und Umfang sind Symptome, die das menschliche zeremonielle Verhalten kennzeichnen. Das Schreiten des Dekans in der Aula der Universität mit gemessenem Schritt; das Psalmodieren des katholischen Priesters bei der Messe ist in Höhe und Rhythmus genau durch liturgische Regeln vorgeschrieben. Das Schwelgen in Form und Farbe, das menschliches Zeremoniell begleitet, all sein Pomp und Aufwand, werden in der Kulturgeschichte im Dienst der gleichen Funktionen und nach Grundsätzen entwickelt, die denen erstaunlich parallel sind, die man bei phylogenetischer Ritualisation beobachtet. In beiden Fällen ist es offenkundig, daß die Entwicklung des reizsendenden Teiles des Kommunikationssystems den besonderen Erfordernissen des Empfängers angepaßt ist: mit anderen Worten, der Empfangsapparat übt den für die Entwicklung des Sendemechanismus verantwortlichen Selektionsdruck aus.

Ich habe, wie ich glaube, vorsichtig erklärt, daß Rituale, die sich in der Kulturgeschichte entwickeln, ihr Vermögen, menschliches Verhalten aktiv zu motivieren, in einer Weise erreichen, die sehr verschieden von jener ist, bei der die instinktiven Bewegungsmuster, die in phylogenetischer Ritualisation entstanden, den Charakter selbständiger, aktiver Triebe erreichen. Wie unterschiedlich diese beiden Quellen der motivierenden Kräfte auch sein mögen, ihre Wirkung auf das soziale Verhalten ist sehr ähnlich. In beiden Fällen werden die Rituale genügend autonom und stabil, um als eine Art Skelett zu fungieren, das die Gesellschaftsstruktur trägt. Das trifft nicht nur für die großen, hochgradig ritualisierten Zeremonien zu, sondern sogar noch mehr für unauffällige, alltägliche Verhaltensmuster. Das Wort »polite« (höflich) stammt von dem französischen Verbum *polir*, etwas glätten, reiben, bis es glänzt, ihm Politur verleihen. Die Allgegenwart kultureller Politur erregt unsere Aufmerksamkeit nur, wenn wir ausnahmsweise ein menschliches Verhalten bemerken, dem sie völlig fehlt. Ein derartiges Verhalten hat, wie Gähnen und hemmungsloses Räkeln in »höflicher (polite) Gesellschaft« entschieden nicht öffentlich stattzufinden.

Vor allem bei den scheinbar unwichtigen, alltäglichen Kulturritualen, die wir Manieren nennen, läßt sich die dreifache Funktion aller Rituale, der phylogenetischen wie der kulturellen, am besten demonstrieren: Kommunikation, Aggressionsbeherrschung und Gruppenbildung. Jede menschliche Gruppe, die größenmäßig über das hinausgeht, was durch die Bande persönlicher Liebe und Freundschaft zusammengehalten werden kann, hängt von diesen drei Funktionen kultereller Ritualisation ab, um auch nur existieren zu können. »Gute« Manieren sind definitionsgemäß die für die eigene Gruppe charakteristischen. Wir passen uns ihnen, wie ich sagte, automatisch an und merken in der Regel nicht, daß sie tatsächlich Aggression verhindern und eine Bindung bilden. Sie stellen jedoch das her, was die Soziologen Gruppenkohäsion, Zusammenhalten einer Gruppe, nennen. Die Funktion guter Manieren für den ständigen Ausgleich zwischen den Mitgliedern einer Gruppe kann durch die Beobachtung dessen demonstriert werden, was geschieht, wenn sie nicht vorhanden sind. Ich meine nicht die durch einen aktiven, groben Verstoß gegen die Manieren verursachte Wirkung, sondern den bloßen Mangel an höflichen, kurzen Blicken und Gesten, durch die man zum Beispiel beim Eintreten in einen Raum von der gegenseitigen Anwesenheit Kenntnis nimmt. Wenn sich jemand durch Mitglieder seiner Gruppe beleidigt fühlt und einen von diesen besetzten Raum ohne diese kleinen Rituale betritt, als wären sie nicht dort, ruft sein Verhalten Ärger und Feindseligkeit hervor, so wie es bei offen aggressivem Verhalten der Fall wäre: eine solche Unterlassung der normalen Beschwichtigungsrituale ist gleichbedeutend mit offen aggressivem Verhalten.

Aggressivität, die durch irgendeine Abweichung von den charakteristischen Manieren und Manierismen einer Gruppe verursacht wird, zwingt all ihre Mitglieder zu strenger und einheitlicher Einhaltung dieser sozialen Verhaltensnormen. Der Dissident wird als »Außenseiter« diskriminiert und in primitiven Gruppen, für welche Schulklassen oder kleine Militäreinheiten als gute Beispiele dienen, grausam »mobbed« (angepöbelt) und verfolgt.

Kulturell entwickelte soziale Normen und Riten sind Merkmale von menschlichen Gruppen unterschiedlicher Größe, ebenso wie ererbte, in Phylogenese entstandene Eigenschaften Merkmale von Unterarten, Arten, Gattungen und höheren taxonomischen Einheiten sind. Ihre Geschichte läßt sich durch so ziemlich die gleichen Methoden vergleichenden Studiums rekonstruieren. Ihre Divergenz während der historischen Entwicklung errichtet ebenso Barrieren zwischen Kultureinheiten wie divergente Entwicklung es zwischen Arten tut: Erik Erikson hat diesen Prozeß deshalb treffend Pseudo-Speziation (Schein-Artenbildung) genannt – er führt zur Erzeugung von kulturellen Pseudospezies, analog zu tatsächlichen biologischen Spezies.

Die kulturelle Pseudo-Speziation braucht Zeit, wenngleich unendlich viel weniger als die phylogenetische Artbildung. Ihre leisen Anfänge, die Entwicklung von charakteristischen Verhaltensmanierismen in einer Gruppe und Diskriminierung gegen uneingeführte Außenseiter, lassen sich bei jeder Kindergruppe feststellen; um jedoch den sozialen Normen und Riten einer Gruppe Beständigkeit und die Eigenschaft der Unverletzlichkeit zu verleihen, scheint ihre Dauerexistenz für zumindest einige Generationen erforderlich zu sein. Aus diesem Grund ist die kleinste kulturelle Unterspezies, die ich mir denken kann, die Schule, und es ist erstaunlich, wie alte Schulen im Lauf der Jahre ihre pseudospezifischen Merkmale behalten. Die »alte Schulkrawatte« ist, obgleich heutzutage häufig ein Gegenstand der

Lächerlichkeit, etwas sehr Reales in doppelten Sinn – als Bindung ebenso wie als Krawatte.

Die wichtige Funktion höflicher Manieren kann sehr vorteilhaft bei den sozialen Wechselwirkungen zwischen verschiedenen Kulturen und Subkulturen studiert werden. Viele von den durch gute Manieren bestimmten Manierismen sind kulturbedingt ritualisierte Übertreibungen von Demutsgesten, von denen die meisten wahrscheinlich in phylogenetisch ritualisierten Bewegungsmustern wurzeln, welche den gleichen Sinn übermitteln. Lokale Traditionen guter Manieren in verschiedenen Subkulturen erfordern, daß auf diese Ausdrucksbewegungen eine quantitativ unterschiedliche Betonung gelegt wird. Ein gutes Beispiel wird durch die Haltung des höflichen Zuhörens geliefert, das im Vorstrecken und gleichzeitigen Seitlich-Neigen des Kopfes besteht, dem »Ein-Ohr-Leihen«. Das Bewegungsmuster übermittelt die Bereitschaft zu aufmerksamen Zuhören und sogar zu Gehorsam. In den höflichen Manieren mancher asiatischer Kulturen hat es offensichtlich eine starke mimische Übertreibung erfahren; bei Österreichern, besonders bei wohlerzogenen Damen, ist es eine der üblichsten Höflichkeitsgesten, während es in anderen mitteleuropäischen Ländern anscheinend weniger betont wird. In Teilen von Norddeutschland ist es auf ein Minimum reduziert oder gar nicht vorhanden: anstelle dessen besteht in diesen Subkulturen der korrekte Ausdruck für höfliches Zuhören darin, daß man den Kopf hoch hält und dem Sprecher direkt ins Gesicht blickt, wie es ein Soldat zu tun hat, wenn er Befehle entgegennimmt. Als ich aus Wien nach Königsberg kam – zwei Städte, in denen der Unterschied in diesem Bewegungsmuster besonders groß ist oder war – brauchte ich einige Zeit, bis ich meine falsche Deutung der höflichen Zuhörgeste ostpreußischer Damen überwand: da ich von der Dame, zu der ich sprach, ein vorgestrecktes, wie wenig auch immer seitlich geneigtes Kinn erwartete, konnte ich mich des Gefühls nicht erwehren, daß ich etwas Schockierendes gesagt hätte, wenn sie, steif aufrecht sitzend, mir ins Gesicht blickte.

Derartige kleine Mißverständnisse tragen ohne Zweifel stark zu Abneigung und Haß zwischen Gruppen bei. Wer in der beschriebenen Weise die sozialen Signale eines Mitglieds einer anderen Scheinsubspezies mißdeutet hat, glaubt, er sei absichtlich irregeführt worden. Die bloße Unfähigkeit, die Ausdrucksbewegungen und Rituale einer fremden Kultur zu verstehen, erzeugt Mißtrauen, Argwohn und Angst, in einer Weise, die leicht zu offener Aggression führen kann.

Von den kleinen Besonderheiten in Sprache und Manieren, welche die kleinstmöglichen Subkulturgruppen veranlassen, zusammenzuhalten, führt eine ununterbrochene Stufenfolge zu den sehr komplizierten, bewußt ausgeführten und bewußt symbolischen sozialen Normen und Riten, welche die größten sozialen Einheiten der Menschheit in einer Nation, einer Kultur, einer Religion oder einer politischen Ideologie vereinigen. Das Studium solcher Systeme und Prozesse durch die vergleichende Methode – mit anderen Worten, die Untersuchung der Gesetze kultureller Scheinartenbildung – wäre durchaus möglich, obwohl es wegen der häufigen Überlappung der Gruppenbegriffe, zum Beispiel nationaler und religiöser Einheiten, komplizierter wäre als das Studium biologischer Artenbildung.

Die gefühlsmäßige Einschätzung von Werten verleiht, wie ich bereits sagte, allen ritualisierten Normen des sozialen Verhaltens Motivationskraft. Vor kurzem hat Erik Erikson gezeigt, daß das Unterscheidungslernen von Gut und Böse im frühesten Kindesalter beginnt und während der gesamten menschlichen Ontogenese andauert. Im Prinzip gibt es keinen Unterschied zwischen der Strenge, mit der wir an unserer frühen Erziehung zur Sauberkeit festhalten, und unserer Treue zu den nationalen oder politischen Normen und Riten, an die wir im späteren Leben objekt-fixiert werden. Die Stabilität des überkommenen Ritus und die Hartnäckigkeit, mit der wir daran festhalten, sind für dessen richtiges Funktionieren wesentlich. Zugleich müssen sie, wie das Funktionieren von noch strengeren instinktiven Verhaltensmustern, durch unsere rationale, verantwortungsvolle Ethik überwacht werden.

Es ist richtig und logisch, daß wir die Manieren als »gut« betrachten, die uns unsere Eltern beigebracht haben, daß wir die sozialen Normen und Riten heilighalten, die uns durch unsere kulturelle Tradition übermittelt wurden. Wovor wir uns mit aller Macht rationaler Verantwortung hüten müssen, ist unsere natürliche Neigung, die sozialen Riten und Normen anderer Kulturen für minderwertig zu halten. Die dunkle Seite der Scheinartenbildung besteht darin, daß wir Mitglieder von anderen Scheinarten als nicht wirkliche oder vollwertige Menschen betrachten. Das tun viele primitive Stämme demonstrativ, in deren Sprache das Wort für ihren eigenen Stamm das Synonym für »Mensch« ist: von ihrem Standpunkt aus ist es, genaugenommen, kein Kannibalismus, wenn sie die gefallenen Krieger eines feindlichen Stammes fressen. Und manche entwickelten Nationen haben das gleiche getan, indem sie sich als das auserwählte Volk oder als von Natur aus überlegen bezeichneten und das als Rechtfertigung ansahen, andere Rassen oder Nationen nach anderen moralischen oder kulturellen Maßstäben zu behandeln.

Die Moral der Naturgeschichte der Scheinartenbildung lautet, daß wir lernen müssen, andere Kulturen zu respektieren, unsere eigene kulturelle und nationale Arroganz aufzugeben und uns klarzuwerden, daß die sozialen Normen und Riten anderer Kulturen, an denen ihre Mitglieder mit ebensolchem Glauben hängen wie wir an den unseren, das gleiche Recht haben, respektiert und für heilig gehalten zu werden. Ohne die aus dieser Erkenntnis gewonnene Toleranz ist es für einen Menschen allzu leicht, in dem Gott seines Nachbarn die Personifizierung des Bösen zu sehen, und die heilige Unverletzbarkeit von Riten und sozialen Normen, die eine ihrer wichtigsten Eigenschaften ist, kann zum schrecklichsten aller Kriege, zum religiösen oder pseudoreligiösen (ideologischen) Krieg führen – und genau das droht uns heute.

Wir müssen auch lernen, Änderungen in unseren eigenen Normen und Riten zu tolerieren und sogar zu begrüßen, solange sie in die richtige Richtung tendieren – zu größerer menschlicher Erfüllung und völliger menschlicher Integration.

Der modische Irrtum des Verzichts auf Beschreibung*

Einen Vorfall »erklären« heißt, dessen Gesetzmäßigkeit aufspüren oder auf allgemeine Naturgesetze »reduzieren«. Wenn der Vorfall sich innerhalb eines aus mehreren verschiedenen Teilen bestehenden Systems ereignet, ist eine Kenntnis ihrer Form und Funktion bei jeder Wissenschaft unentbehrlich, damit die Reduktion erfolgreich ist. Während sich Physiker für Struktur nur als Mittel zum Zweck interessieren, betrachten Biologen die Kenntnis der Struktur als Zweck an sich. Die allgemeine Ansicht, daß nur quantitative Prozeduren wissenschaftlich sind, und daß die Strukturbeschreibung überflüssig sei, ist ein bedauerlicher, von den »technomorphen« Denkgewohnheiten, die unsere Kultur bei der überwiegenden Beschäftigung mit unorganischen Dingen erwarb, diktierter Irrtum.

Ausschließliche Wertschätzung der Quantifizierbarkeit

Wir leben in einer Zeit, in der es modern wurde, die sogenannte Exaktheit und damit den Wert jedes wissenschaftlichen Resultates durch die relative Zahl mathematischer Operationen zu bestimmen, die verwendet wurden, um es zu erhalten. Um Mißverständnisse auszuschalten, darf ich sagen, daß Quantifizierbarkeit und Mathematik bei der *Feststellung der Richtigkeit* stets das letzte Wort haben. Wie aber kein Geringerer als Werner Heisenberg dargelegt hat, sind die Gesetze der Mathematik nicht Naturgesetze, sondern die in einem der kognitiven Prozesse, denen wir unsere Fähigkeit verdanken, die Natur – bis zu einem bestimmten Grad – zu verstehen, herrschenden Gesetze.

Die übliche Unterschätzung aller anderen kognitiven Mechanis-

* In Englisch gehaltener Vortrag beim XXV. Internationalen Kongreß der Physiologischen Forschung, München, 25.–31. Juli 1971. *Naturwissenschaften,* Bd. 60 (1973), S. 1–9, Springer Verlag 1973.

men als Quellen wissenschaftlicher Erkenntnis hat verderbliche Folgen. Später werde ich darauf zurückkommen, nun wende ich mich dem zu, was ich als die Ursachen betrachte, welche die heutigen Wissenschaftler dazu bewegen, manche der unentbehrlichsten kognitiven Fähigkeiten des Menschen zu vernachlässigen.

»Technomorphe« Denkgewohnheiten

Unsere Kultur hat die Herrschaft über die unorganische Welt in einem Maß errungen, das noch nie in der Geschichte der Menschheit erreicht wurde und das man sich noch vor wenigen Generationen nicht erträumt hat. Sie verdankt ihre Macht der hohen Entwicklung ihrer analytischen Wissenschaften, vor allem der Physik und Chemie, die ihrerseits ihre Leistungsfähigkeit aus einer ebenso hoch entwickelten Wissenschaft, der analytischen Mathematik, schöpfen. Auf dieser Grundlage hat unsere Kultur eine Technologie entwickelt, welche die Ökologie und die Soziologie der menschlichen Spezies in ständig wachsendem Maß verändert hat und noch verändert. Obwohl manche von uns die Gefahren dieser Entwicklung zu sehen beginnen, ist die Mehrheit der Menschheit noch immer trunken von dem Erfolg und entsprechend anmaßend, geschwellt von jenem Hochmut, der vor dem Fall kommt. Die schlimmste Konsequenz dieser Haltung wurde von Hans Freyer aufgezeigt: nicht nur Wissenschaftler der verschiedenen Fachgebiete, sondern Menschen im allgemeinen haben Gewohnheiten angenommen, die bei der erfolgreichen Erledigung unorganischer Angelegenheiten gebildet wurden. Millionen von Arbeitern und Technikern mußten sich ihr Leben lang ausschließlich mit nichtlebenden, von Menschen geschaffenen Dingen befassen; sie haben bei ihrer täglichen Arbeit selten oder nie mit einem lebenden Wesen zu tun. Kein Wunder, wenn die meisten zivilisierten Menschen ganz vergessen haben, wie Lebewesen behandelt werden müssen, sogar wenn man sie ausbeutet. Deshalb wenden sie mit der größtmöglichen Selbstsicherheit ihre gewohnten Methoden bei der Bewältigung von Problemen in der Welt der Lebewesen, auch des Menschen und der menschlichen Sozietät, an.

Das hat natürlich verheerende Wirkungen und führte manche große Humanisten zu der Ansicht, daß die Wissenschaft als solche einen entmenschlichenden Einfluß auf unsere Kultur ausübe. Das ist nur insofern richtig, als eine Wissenschaft, die in der eben beschriebenen Weise beeinflußt wurde, einen übermäßigen Einfluß auf das Denken der Öffentlichkeit gewonnen hat. Was die überwiegende Mehrzahl der Menschen als »große« Wissenschaft betrachten, ist von genau dieser Art, wie ich später zeigen werde, und Wissenschaftler anderer Fachgebiete sind, als echte Kinder unserer Zeit, gleichfalls übermäßig beeinflußt durch die Denkgewohnheiten, die heute in Mode sind.

Ethische Einschränkungen in der Handhabung organischer Systeme

Die Exploitation der unorganischen Welt ist weitgehend frei von ethischen Überlegungen – es sei denn, man würde weitblickende ökonomische Überlegungen auch als ethisch betrachten. Eine Kohlengrube kann rücksichtslos ausgebeutet werden; sie liefert dieselbe Menge, ob man es rasch oder langsam tut. Der Gedanke, daß manche Handlungsweisen zulässig sein könnten, andere aber nicht, fällt den Menschen gar nicht ein, die ausschließlich auf den Umgang mit der unorganischen Welt trainiert sind. Menschen dieser Art sind in der Überzahl, sie beherrschen die Welt, daher rührt die grenzenlose Unmoral des heutigen Zeitgeistes. Ob sie den Boden abträgt, auf dem sie lebt, oder Riesenwale ausrottet, ob sie die Umwelt mit Insektiziden oder die Gesinnung der eigenen Kinder vergiftet, indem sie Verbrechen und Gewalt in ihren Massenmedien verherrlicht, die heutige Menschheit verhält sich konsequent so, als würde sie vom Teufel getrieben, dessen einziges Ziel es ist, alles Leben auf unserem Planeten zu vernichten. Satan könnte dieses Ziel sehr gut erreichen, auch ohne sich der Kernwaffen zu bedienen.

Der heutige Zeitgeist scheint außerstande zu begreifen, was Leben ist und was Leben bedeutet. Lebewesen, auch überindividuelle Gemeinwesen, zum Beispiel Biozönosen oder Gesellschaften oder menschliche Kulturen und *Systeme*, aufgebaut durch die Wechselwirkung zahlreicher unhomogener Teile oder »Subsysteme«. Einfachere und kompliziertere lebende Systeme unterscheiden sich voneinander, nicht nur quantitativ durch die Anzahl der Teile und die Anzahl der Arten verschiedener Teile, die sie umfassen: sie unterscheiden sich auch qualitativ, und zwar grundlegend. Wann immer zwei bis dahin unabhängige Subsysteme zu einer funktionellen Einheit integriert werden, entstehen neue Systemeigenschaften, und diese bewirken, daß der Organismus sich nicht nur im Ausmaß, sondern auch im Wesen von seinen Vorfahren unterscheidet. Diese Art der Integration stellt einen der verbreitesten und zugleich wichtigsten Schritte in der Evolution einer Spezies wie auch in der historischen Entwicklung einer Kultur dar.

Unentbehrlichkeit des Wissens um die Strukturen

Im Prinzip läßt sich kausale Einsicht in das Funktionieren eines organischen Systems nicht gewinnen, ohne daß man die Strukturen all seiner Teile und die Art, wie sie einander gegenseitig beeinflussen, versteht. Ferner müssen wir auch die phylogenetische Geschichte des Organismus kennen, sonst können wir niemals hoffen zu begreifen, warum seine strukturellen und funktionellen Charakteristika derart beschaffen sind. Anderseits kann die Kenntnis der phylogenetischen Geschichte nicht gewonnen werden, ohne daß man den Anpassungsprozeß und die Rolle versteht, welche die natürliche Selektion dabei gespielt hat. Keiner dieser kognitiven Schritte zur Verdeutlichung der Natur von lebenden Systemen ist entbehrlich, und keiner von *ihnen kann durch Quantifikation und analytisches Vorgehen allein verwirklicht werden.* Je komplizierter tatsächlich ein System und je stärker integriert die Wechselwirkung seiner Teile ist, desto weniger unmittelbar zugänglich ist es für diese Methoden.

Bei Erörterung der Unterschiede zwischen der Ethologie und anderen Verhaltenswissenschaften hat Norbert Bischof vor kurzem darauf hingewiesen, wie strenge Grenzen der Erforschung von lebenden Systemen und deren Verhalten durch Vernachlässigung anderer notwendiger kognitiver Akte auferlegt werden, wie es bei einem naturwissenschaftlichen Forschungsansatz der Fall ist. Die Physik hat, wie Bischof darlegt, seit Galileis Zeit die Methode der generalisierenden Reduktion angewendet. Physiker betrachten jedes tatsächliche System, das im Augenblick untersucht wird (zum Beispiel ein Planetensystem, ein Pendel oder einen fallenden Stein), als einen Sonderfall einer allgemeineren Systemgruppe (zum Beispiel Masse in einem Gravitationsfeld). Dann finden sie die in jedem spezifischen System herrschenden Gesetze (zum Beispiel die Keplerschen Gesetze, das Pendelgesetz), die ihrerseits von den Gesetzen abgeleitet sind, denen ein allgemeineres System gehorcht (wie zum Beispiel die Newtonschen Gesetze). Struktur und Verhalten des spezifischen, in jedem einzelnen Fall untersuchten Systems wird nur als Mittel zu dem Zweck studiert, Kenntnis der allgemeinen Gesetze zu erlangen, und wird tatsächlich vergessen, sobald das Ziel erreicht ist. Für die Gültigkeit der Newtonschen Gesetze sind die besonderen Eigenschaften des Sonnensystems unwesentlich, in dem Isaac Newton sie fand. Er hätte dieselben Gesetze gefunden, wenn er ein ganz anderes Sonnensystem mit anderen Größen von Himmelskörpern, anderen Umlaufbahnen und so fort untersucht hätte. Der Physiker muß, wenn er bemüht ist, *allgemeine* Gesetze zu abstrahieren, im Prinzip alle speziellen Gesetze, deren Herrschaft er in einem bestimmten System feststellt, auf diese allgemeinen Gesetze reduzieren. Diese Reduktion wird unvermeidlich daraus bestehen, zu zeigen, wie die Struktur des Systems bewirkt, daß das allgemeine Gesetz in der Maske eines spezielleren Gesetzes erscheint, das nur für dieses System charakteristisch ist. Der Physiker wird zum Beispiel demonstrieren, wie die Struktur eines Pendels, das aus der Aufhängung eines Massenpunktes besteht, durch eine theoretisch massenlose Verbindung zu einer theoretisch reibungslosen Achse bewirkt, daß die allgemeinen Gesetze der Schwerkraft, Trägheit usw. in der Form der spezielleren Pendelgesetze erscheinen.

Es liegt natürlich im Bereich der theoretischen Physik, diese Gesetze deduktiv vorauszusagen, der Experimentalphysiker muß jedoch zu wirklichen Pendeln greifen, bei denen die Aufhängung Masse besitzt und die Achse nie reibungsfrei ist. Der Physiker muß diese Faktoren studieren und messen und sie in Betracht ziehen, wenn er weiter, immer weiter abwärts schreitet, bis die allgemeinsten Gesetze erreichbar sind. Für ihn sind der Einfluß und eigentlich all diese Eigenschaften des speziellen Realsystems nur Hindernisse für den Generalisierungsvorgang der Induktion. Er interessiert sich weder für das System noch für dessen Struktur an sich.

Das ist genau die Haltung, die der Biologe nicht einnehmen darf. Sogar wenn es nicht um seine Pflicht ginge, der Physiologie und Pathologie bei ihrem Ziel zu dienen, die Gesundheit der Systeme wiederherzustellen, die krank sind, müßte er doch an lebenden Systemen als solchen und auf allen Integrationsstufen sowie an allen spezielleren und allgemeineren auf diesen Stufen herrschenden Gesetzen interessiert sein. Die Analyse des Biologen erfolgt natürlich, wie die des Physikers, in Richtung »abwärts«. In unserer gesamten täglichen Arbeit handeln wir unter der Annahme, daß es eine Gruppe gegenseitig eingeschlossener und einander nicht widersprechender Naturgesetze gibt und daß wir, sollten wir jemals zu dem utopischen Ziel gelangen, die Natur völlig zu verstehen, inbegriffen die Seite unserer eigenen Natur, die objektiv untersucht werden kann, das Weltall und alles, was darin ist, auf Grundlage allumfassender physikalisch-chemischer Gesetze und der *höchst komplexen Strukturen, in welchen diese Gesetze am Werk sind,* erklärt hätten. Als Verhaltensforscher hoffen wir auf Grund der physikalisch-chemischen Vorgänge, die in den Synapsen, an den beladenen Zellmembranen, bei Reizübertragung und so fort vor sich gehen, zu deren Verständnis zu gelangen. Wir sind in unseren Verfahrensmethoden tatsächlich Reduktionisten.

Ontologischer Reduktionismus oder »Nichts-Als-ismus«

Wir vergessen jedoch bei unserem Abwärtsschreiten nicht die ungeheuer komplizierten Strukturen, in denen diese Prozesse ihre wunderbar organisierten, integrierten System-Wechselwirkungen vollziehen. Wir schieben sie nicht als unerwünschte Variable zur Seite, wir halten sie nicht weniger für die Gegenstände unserer Forschung als die fundamentalste Gesetzmäßigkeit, zu der wir schließlich zu gelangen hoffen. Es würde bei der Untersuchung von Lebewesen zu dem verhängnisvollen Irrtum von ontologischem Reduktionismus führen, wenn die Struktur mit der in der Physik zulässigen großen Geste zur Seite geschoben würde. Ein Beispiel möge den weltweiten Unterschied zwischen methodologischer Reduktion, die für die Naturwissenschaft unentbehrlich ist, und ontologischem Reduktionismus als Illustration dienen. Die Wissenschaft sagt: »Lebensvorgänge sind chemische und physikalische Prozesse« oder »Menschen sind Tiere, die zu der Ordnung der Primaten gehören.« Beide Behauptungen sind völlig korrekt. Der Reduktionist sagt: »Lebensvorgänge sind nichts anderes als physikalisch-chemische Prozesse« und: »Menschen sind nichts anderes als Tiere.« Beide Behauptungen sind nicht nur völlig falsch, sondern symptomatisch für eine höchst gefährliche Blindheit gegenüber Integrationsharmonie und -ebenen, was Blindheit gegenüber Werten bedeutet. Julian Huxley hat eine englische Bezeichnung für ontologischen Reduktionismus geprägt: *Nothingelsebuttery* (Nichts-Als-ismus)!

Jede wirklich biologische Gesetzmäßigkeit entspringt aus der Struktur der lebenden Materie, angefangen von der, welche die Vorgänge in der Doppelspirale bestimmt, bis zu der, welche im menschlichen Sozialverhalten herrscht. Aus diesem Grund können allgemeine Gesetze, die für alle Lebewesen gelten, nur insoweit erwartet werden, als lebende Systeme gemeinsame strukturelle Merkmale haben.

Es gibt jedoch in der Verhaltensforschung, in der Psychologie eine Tendenz, die Methode der Physiker, das Verallgemeinern der Reduktion auf lebende Systeme anzuwenden. Viele Psychologen hegen die Hoffnung, daß sie imstande sein werden, die Struktur und die physiologischen Funktionen des Organismus, besonders jene des zentralen Nervensystems, zu umgehen und doch die Gesetze des Verhaltens finden zu können. Zweifellos ist B. F. Skinner derzeit der radikalste Vertreter dieser Tendenz, allgemeine Gesetze zu formulieren, die das Verhalten regeln, ohne sich um das Verständnis der physiologischen Maschinerie, welche das Verhalten *bestimmt,* zu kümmern. Seine »empty-organism«-Doktrin hatte einen wesentlichen Einfluß nicht nur auf die amerikanische, sondern auch auf die deutsche Psychologie genommen. Das Studium der Folgeerscheinungen der Bestärkung mittels reinem Forschungsansatz und die Einschätzung der so erzielten Änderungen (ohne einen Gedanken an das zu verschwenden, was geändert wird) durch statistische Methoden wird noch immer von vielen nicht nur als richtig, sondern als der einzig richtige Weg für das Studium des Verhaltens angesehen.

Die Wahrscheinlichkeit, durch diese Methode derartige Verhaltensgesetze zu finden, gilt für Meerschweinchen, Tauben und Menschen gleichermaßen und hängt natürlich bei all diesen Wesen von der Existenz neuraler und sensorischer Mechanismen ab, die auf die für das Experiment gewählten Operationen auf gleiche Weise reagieren. Zum Glück für die Behavioristen haben die Phyla von Tieren, die weit genug entwickelt sind, um ein zentrales Nervensystem zu besitzen, tatsächlich unabhängig voneinander eine senso-neurale Organisation »erfunden«, die sie zum Lernen durch Belohnung befähigt. Das erklärt die Tatsache, daß es Gesetzmäßigkeiten gibt, welche für das Lernen aller oben erwähnten Organismen gelten. Wie wichtig auch die experimentelle Analyse dieses einen Lernmechanismus sein mag, noch wichtiger ist die, welche durch das Vorgehen der Behavioristen völlig ignoriert wird: sie umfaßt den gesamten Rest des Organismus; tatsächlich umfaßt sie alles, was aus einem Meerschweinchen ein Meerschweinchen, aus einer Taube eine Taube und aus einem Menschen einen Menschen macht.

Motivation für die Restriktionen der Behavioristen

Es fällt mir schwer, mich in die Lage eines Wissenschaftlers zu versetzen, der bereit ist, auf die Verwendung des Großteils der kognitiven Mechanismen zu verzichten, die der normale Mensch als Erkenntnisquellen verwendet; noch schwieriger finde ich es, mir die Motive vorzustellen, die ihn veranlassen, dieses Opfer zu bringen. Um seinen eigenen Glauben aufrechtzuerhalten, daß der Organismus leer und Lernen durch Belohnung der einzige Prozeß sei, dessen Studium sich lohnt, scheint es mir unbedingt nötig, entweder, wie es Pawlow tat, den untersuchten Organismus zu fesseln, so daß er nichts anderes tun kann, als die erwartete Reaktion zu zeigen, oder aber sich selbst daran zu hindern, den Organismus zu beobachten, wie er irgend etwas anderes tut, indem man ihn in eine Kiste steckt, in die man nicht hineinsehen kann. Wenn das untersuchte Objekt zufällig ein Mensch ist, wird er buchstäblich entmenschlicht, indem man ihn daran hindert, irgendeine Reaktion zu zeigen, die ein Meerschweinchen oder eine Taube nicht auch zeigen könnten (tatsächlich wird für tierische und menschliche Objekte oft die gleiche Versuchsanordnung verwendet). Was bei dieser Art von Experimenten noch schlimmer ist: der Experimentator darf selbst nicht ganz Mensch sein, da er streng daran gehindert wird, den Großteil der kognitiven Mechanismen zu verwenden, mit denen die Natur unsere Spezies ausgestattet hat. Ich kann mir nur zwei Gründe denken, die einen Menschen veranlassen können, diese wahrhaft asketischen und ziemlich entsetzlichen Opfer zu bringen.

Nachäffen der Physik

Der eine ist eine übertriebene Bewunderung für die Physik. Das mag angesichts des ungewöhnlich mangelnden Verständnisses der Behavioristen für die Verfahrensweise der Physiker oder, was das anlangt, aller Wissenschaftler paradox scheinen. Es wäre aber möglich, daß gerade diese falsche Auslegung für die Nachahmung von Methoden verantwortlich ist, die der Physiker nur in bestimmten Sonderfällen anwendet. Wann immer der Atomphysiker auf die ausschließliche Verwendung einer operationalistischen Einstellung und statistischer Datenschätzung zurückgreift, tut er das, weil *ihn alle anderen kognitiven Prozesse im Stich lassen.* Er arbeitet in einem Reich, in dem menschliche Denkkategorien, wie Kausalität und Substantialität, ja sogar die menschlichen Formen der Veranschaulichung, wie Raum und Zeit, *nicht mehr anwendbar sind.* Der Physiker bleibt bei seiner Methode, weil sein Untersuchungsobjekt keine andere gestattet, nicht weil er glaubt, es sei die einzig »wissenschaftliche«. Lassen Sie einen Physiker mit einem Objekt konfrontiert werden, auf das die üblichen, alltäglichen kognitiven Funktionen anwendbar sind. Konfrontieren Sie ihn mit einem System, dessen Systemeigenschaften von seiner Struktur abhängen, und Sie werden sehen, wie schnell er die gleichen Methoden verwenden wird wie der Biologe. Verlangen Sie von ihm zum Beispiel, er soll eine elektronische Vorrichtung reparieren, die von jemand anders hergestellt wurde und nicht funktioniert. Er wird sicher keine operationelle Methode und statistische Schätzung von Ergebnissen anwenden, sondern das Ding auseinandernehmen und sich die Schaltung ansehen, mit anderen Worten, er wird auf die Beschreibung zurückgreifen. Das würde jedoch der Behaviorist mit unerschütterlicher Überzeugung für unwissenschaftlich ansehen.

Der Wunsch nach Macht

Der zweite Grund, den ich mir vorstellen kann, ist ideologischer Natur: es gibt Ideologien, die nicht *wollen,* daß der Mensch Strukturen hat. Schon allein die Existenz von phylogenetisch entwickelten, ererbten Motivationssystemen, sogenannten Instinkten im Menschen, macht ihn weniger lenksam, widerstandsfähiger gegen Manipulation. Es ist somit Wunschdenken von seiten der großen Manipulatoren, daß die *empty organism*-Doktrin wahr und der Mensch tatsächlich nichts als das Geschöpf seiner Konditionierung sein sollte. Das unheimliche Bild, das Aldous Huxley in seinem Roman »Schöne neue Welt« von dem ideal lenksamen Bürger gezeichnet hat, könnte dann verwirklicht werden. Der gegenseitige Wunsch, das zu tun, erklärt die ansonsten erstaunliche Tatsache, daß die Führer des westlichen Kapitalismus und die des östlichen Kommunismus einmütig das akzeptieren, was ich pseudodemokratische Doktrin nenne.

Weitreichende Einflüsse des Behaviorismus

Die Psychologie ist, allgemein gesprochen, eine Tochter der Philosophie und nicht der Naturwissenschaften, und sogar Psychologen, die sonst die meisten von Behavioristen begangenen Irrtümer erkennen, sind noch versucht, in die Sackgasse des Bemühens zu geraten, die Systemorganisation von Lebewesen zu umgehen und zu Verhaltensgesetzen zu gelangen, die von der Systemstruktur unabhängig und für alle Organismen gültig sind. Die Erkenntnis, daß es solche Gesetze einfach nicht gibt, scheint sich sehr schwer durchzusetzen! Viele Psychologen und Soziologen versuchen noch immer, die Vielfalt von verschieden strukturierten lebenden Systemen zu einem zusammenhängenden Ganzen zu vereinen, in der Hoffnung, Gesetze formulieren zu können, die für die Gesamtheit dieser vorgeblichen Einheit gültig sind. Die gleiche Tendenz findet sich beim Studium der Motivation: manche Theoretiker haben versucht, eine unechte Ordnung in die Masse unabhängiger Motivationen zu bringen, indem sie einen »Allgemeintrieb« annehmen, von dem die anderen abgeleitet sein sollen. Von Bischof werden viele andere Beispiele erwähnt, so etwa Guthries Versuch, alle Lebensvorgänge auf ein einziges Reiz- und Bewegungsprinzip zu reduzieren, ohne jemals auf die Reizqualität oder auf die Bewegungsform und schon gar nicht auf den adaptiven Wert ihrer Wechselwirkung zu achten. Ein anderes Beispiel ist C. L. Hulls eindrucksvolles System von Postulaten, das merkwürdig an Newtons »Principia Mathematica« erinnert, oder, für einen anderen Fall, T.C. Schneirlas Versuch, alles Verhalten aus dem Prinzip von Annähern und Vermeiden zu erklären, das von der unbegründeten Annahme abhängt, daß es zwischen den Reizen keinen Qualitätsunterschied gibt: von starken Reizen wird angenommen, daß sie immer abweisend, von schwächeren, daß sie anziehend sind, die Intensität allein wird als entscheidender Parameter betrachtet, welcher die Reaktion des Organismus bestimmt. Eines der seltsamsten Geständnisse des Glaubens an die völlige Unwichtigkeit des lebenden Systems und der Systemeigenschaften, die sich aus dessen besonderen Eigenschaften ergeben, wurde von E. C. Tolman abgegeben, der 1938 schrieb (zitiert von N. Bischof): »Ich glaube, daß alles Wichtige in der Psychologie ... im wesentlichen durch die fortgesetzte Analyse ... der Determinanten des Rattenverhaltens an einem sorgfältig gewählten Punkt des Labyrinths untersucht werden kann.«

Ich habe den behavioristischen Irrtum des Suchens allgemeiner verhaltensbestimmender Gesetze unter völliger Übergehung der gesamten Maschinerie, die das Verhalten verursacht, absichtlich möglichst provokant formuliert; ich habe auch von den analogen Fehlern, welche andere Verhaltensforscher begingen, ein möglichst düsteres Bild gemalt. Physiologen sind sich natürlich der systemischen Wechselwirkungen und der für ihre Erforschung unentbehrlichen Strategie bewußt. Wer könnte besser in der Lage sein, diese Dinge zu kennen? Ich glaube also nicht, daß es einen Physiologen gibt, der durch die behavioristische Denkweise beeinflußt wäre. Der Behaviorismus ist aber nur ein Symptom des modischen Irrtums des Verzichts auf Beschreibung. Die Faktoren, welche die meisten modernen Menschen veranlaßt haben, die Quantifikation als den wichtigsten kognitiven Prozeß zu betrachten, hatten auf uns alle einen gewissen Einfluß. Wir alle haben die gleichen Fehler, manche weniger, aber ich muß selbst ein leichtes Minderwertigkeitsgefühl eingestehen, wenn ich bedenke, daß ich nie im Leben einen Aufsatz mit einem Diagramm veröffentlicht habe. Es beeindruckt mich gegen mein besseres Wissen, wenn einer meiner Mitarbeiter ein Problem, zum Beispiel eine Motivationsanalyse, elegant in einer Weise formuliert, die er in einen Computer speichern kann.

Ein anderer Umstand, um dessentwillen operationalistische Betrachtung und statistische Schätzung der Ergebnisse den beschreibenden Strukturstudien eher vorzuziehen zu sein scheinen, liegt in der einfachen Tatsache, daß die letzteren so viel mehr Zeit beanspruchen. Soll man ein System gut genug kennen, um imstande zu sein, einen experimentellen Angriffspunkt zu wählen, so setzt das ziemlich viel Vorarbeit voraus. Deshalb ist es um so viel praktischer, sich eine nette, einfache Operation im Bereich eines automatischen Geräts auszudenken, das selbst registriert und möglichst viel Elektronik enthält. So kann eine eindrucksvolle Menge von Daten gewonnen werden, mit denen sogar noch eindrucksvollere mathematische Operationen ausgeführt werden können.

Was ich da eben sagte, ist natürlich eine eher bittere Karikatur, aber der von mir skizzierte Trend ist zweifellos in der gesamten biologischen Wissenschaft unserer Zeit vorhanden. Sogar jene Wissenschaftler, die sich der Natur von Systemen und der uns dadurch aufgezwungenen Einstellung bewußt sind, neigen dazu, jedem Experimentalprozeß mehr Wissenschaftlichkeit zuzugestehen als der Beschreibung. Auf meinem eigenen Gebiet, der Ethologie, hat das zu einer ziemlich grotesken Situation geführt: während die experimentelle und analytische Forschung in den letzten Jahrzehnten wirklich zufriedenstellende Fortschritte machte, hat sich die Zahl der Tierarten, die untersucht wurden, kaum vergrößert. Mit anderen Worten, die Experimentalarbeit befaßt sich größtenteils mit denselben wenigen Tierarten, die verhältnismäßig gut bekannt sind, während riesige Sektoren des Tierreichs für die Ethologen *terra incognita* bleiben. Über Gliederfüßler ist ethologisch sehr wenig bekannt, über Kopffüßler praktisch gar nichts. Die Bevorzugung des Experimentierens hat das unbedingt nötige Wachstum der Beschreibung einfach abgewürgt. Es gibt eine ungeheure Menge von rein beschreibender Arbeit, die noch zu tun bleibt.

Die Gefahren des technomorphen Denkens

Die Notwendigkeit, mehr Spezies, insbesondere der eben erwähnten Phyla, zu kennen, ist vor allem für jene dringend, welche Analogien studieren wollen, eine in der Tiersoziologie äußerst wichtige Aufgabe. Strukturelle Form- oder Verhaltensanalogie oder beides, das bei zwei nicht verwandten Arten gefunden wird, deutet immer auf gleiche Überlebensfunktion hin. Je unterschiedlicher die zwei Arten in jeder anderen Hinsicht sind, desto verläßlicher ist diese Schlußfolgerung. Das Finden von Analogien ist somit der Schlüssel dafür, erstens die Existenz einer bestimmten Überlebensfunktion, zweitens die Lösung des Problems zu ermitteln, woraus dieser Überlebenswert besteht. Eine Norm des Sozialverhaltens, die durch das Studium funktioneller Analogien besonders vorteilhaft studiert werden kann, ist die monogame Paarbindung bei vielen Tieren. Wolfgang Wickler hat in meiner Abteilung ein Mitarbeiterteam organisiert, das dieses Phänomen bei möglichst vielen verschiedenen Geschöpfen in gemeinsamen Bemühen untersucht. Bevor ich die Frage über die physiologischen und Verhaltensmechanismen stelle, welche ein Paar zusammenhalten, muß man natürlich wissen, bei welcher Spezies die Paarbindung beobachtet werden soll. Wir entdeckten in letzter Zeit eine echte, individuell monogame Paarbindung bei einer Garnelenart, *Hymenocera,* und wandten uns an die Deutsche Forschungsgemeinschaft, um es einem jungen Forscher zu ermöglichen, die Paarbindung bei diesen und anderen Krustentieren gründlich zu untersuchen. Die Studienbeihilfe wurde bewilligt, aber nicht ohne daß der Beirat eine gütige kleine Ermahnung hinzugefügt hätte: man solle darauf achten, »daß die Untersuchung nicht ins Deskriptive a b g l e i t e t«.

Ähnlich lebende Systeme: Darwins Frage

Das Schlimmste an dieser weitverbreiteten Verachtung für Beschreibung besteht darin, daß sie die Leute davon abhält, auch nur zu versuchen, wirklich komplizierte Systeme zu analysieren. Jeder intelligente Mensch, der sich des Systemcharakters von Organismen bewußt ist, wird notwendigerweise verhältnismäßig kleine Subsysteme wählen. Bitte gehen Sie nicht von hier fort im Glauben, daß ich das an sich für bedauerlich halte: praktisch alle wichtigen Erklärungsprinzipien wurden auf diese Weise entdeckt. Das einzige, was mir im Moment einfällt, das tatsächlich durch nicht experimentelle Beobachtung und Beschreibung entdeckt wurde, ist die ererbte Bewegungskoordination, deren Entdeckung durch C. O. Whitman und O. Heinroth die Ethologie zu einem Zweig der Wissenschaft erhob. Der Nachteil der Bevorzugung der experimentellen Methode besteht aber darin, daß sie größere und höher integrierte lebende Systeme als potentielle Forschungsobjekte weniger interessant macht, da offensichtlich die unmittelbare Betrachtung durch experimentelle und quantitative Methoden um so schwieriger wird, je komplexer und integrierter eine organische Einheit nun einmal ist. Dadurch wird das Hauptinteresse der biologischen und physiologischen Wissenschaft von hochgradig integrierten lebenden Systemen, das heißt vom Menschen als Forschungsobjekt, abgewandt, und das ist einer der Faktoren, die manche Humanisten veranlassen, der gesamten heutigen Wissenschaft vorzuwerfen, sie habe eine dehumanisierende Wirkung auf unsere Kultur.

Tatsächlich könnte der Trend der hier erörterten Wissenschaft sehr wohl das Verderben der ganzen Menschheit bedeuten. Die medizinische Wissenschaft, das heißt, das Streben, die Gesundheit organischer Systeme, die nicht in Ordnung sind, wiederherzustellen, stützt sich notwendigerweise auf kausale physiologische Einsicht in die inneren Vorgänge dieser Systeme. Kein vernünftiger Mensch kann einen Augenblick daran zweifeln, daß die Menschheit als Ganzes ein gründlich in Unordnung geratenes System und physiologische Einsicht daher von äußerster Notwendigkeit ist, wenn unsere Spezies überleben soll.

Inventar der Teile

Ist es überhaupt möglich, einem hochintegrierten lebenden System wie dem der menschlichen Gesellschaft durch naturwissenschaftliche Methoden näherzukommen, und wenn ja, welche Strategie soll die Annäherung verfolgen? Gestatten Sie mir einige grundlegende Bemerkungen zu diesen Problemen. Angenommen, es kommen zwei Wissenschaftler, die nicht durch die gefährlichen Denkgewohnheiten, welche in diesem Vortrag erörtert wurden, beeinflußt sind, vom Mars – ich glaube, man müßte sie von so weit herholen, um solche Menschen zu finden –, und sie versuchen, ein irdisches System zu erforschen. Nehmen wir der Einfachheit halber an, daß es ein künstliches System ist, zum Beispiel ein Auto. Die Forscher würden sicher ihre Arbeit beginnen, indem sie rund um den Wagen gingen und ihn von allen Seiten betrachten – was, wie ich erklären werde, schon zu dem einzigen berechtigten ersten Schritt bei der Betrachtung von Systemen gehört. Als nächstes würden sie wahrscheinlich fragen, wofür das Auto dient, und sie würden nur sehr wenig die Möglichkeit haben, herauszufinden, wie es funktioniert, wenn sie nicht die Tatsache erfassen, daß es ein lokomotorisches Organ des Homo sapiens ist. Wenn ein Biologe die Frage »Wozu?« stellt, bringt er nicht den Glauben an irgendeine über- oder außernatürliche Teleologie zum Ausdruck, sondern sein Vertrauen zu Charles Darwins Lehre von der natürlichen Auswahl. Die Frage »Wozu hat eine Katze gebogene, einziehbare Krallen?« und die Antwort »Zum Mäusefangen« ist nur Kurzschrift für die Erklärung, daß Mäusefangen die Funktion ist, deren Überlebenswert Katzen mit solchen Krallen *gezüchtet* hat. Colin Pittendrigh hat diese Beobachtung *teleonomisch* genannt, um sie von der Teleologie so weit zu trennen wie die Astronomie von der Astrologie.

Relativ unabhängige Teile

Wenn unsere außer-irdischen Wissenschaftler erfaßt haben, wozu das Auto dient, werden sie noch nicht daran denken, irgend etwas zu *messen*. Sie werden das Auto auseinandernehmen und sich die einzelnen Teile *ansehen*. Die Aufgabe, die Wechselwirkung der Teile innerhalb eines Systems zu verstehen, ähnelt der, sie beim Unterricht zu erklären. Wenn man jemandem, der einen Führerschein erlangen will, das Funktionieren eines Viertaktmotors zu erklären versucht, muß man *irgendwo*, bei einem beliebig gewählten Teil des Systems, beginnen. Gewöhnlich beginnt man mit der rotierenden Kurbelwelle und der Pleuelstange, die den Kolben nach unten zieht, der das Gemisch aus dem Vergaser saugt, einzig aus dem Grund, weil man die Funktionen dieser Strukturen durch Gebärden illustrieren kann und so die Notwendigkeit umgeht, die vielen Wechselwirkungen in der linearen Folge gesprochener Worte darzustellen, die sich für diesen Zweck so schlecht eignet. Das wußte Goethe, als er sagte, »Das Wort bemüht sich nur umsonst, Gestalten schöpf'risch aufzubau'n.« In Wirklichkeit kann Ihr Zuhörer unmöglich bereits wissen, was eine Kurbelwelle, ein Vergaser oder ein Gemisch ist; Sie können nur hoffen, daß er für all diese Ausdrücke ein vorläufiges Begriffsvakuum offenhält, um es später durch Erklärung zu füllen. Und das ist genau das Äquivalent zu der Methode, als erste Annäherung für das Verständnis eines Systems ein sogenanntes Fließdiagramm mit *black boxes* zu zeichnen, die hoffentlich nicht für immer ganz schwarz bleiben werden. Während man den Viertaktmotor erklärt, darf man nicht vergessen, daß der Zuhörer nicht wirklich verstehen wird, wie der Kolben ein Treibstoffgemisch aus dem Vergaser saugt, bevor er auch verstanden hat, daß sich die Nockenwelle mit der halben Geschwindigkeit der Kurbelwelle dreht, wie die Nocken die Ventile öffnen und schließen, wie die Zündung einen Funken erzeugt, wenn das Gemisch komprimiert wird und so fort. Mit anderen Worten, die Funktion eines einzelnen Teiles des Systems kann nur zugleich mit der aller anderen Teile völlig verstanden werden oder gar nicht. Diese Tatsache wurde von meinem Lehrer Otto Koehler in Freiburg vor beinahe einem halben Jahrhundert überaus deutlich formuliert. In Erkenntnis dieser Tatsache müssen wir eine bindende Forschungstaktik ersinnen, die ich in einer früheren Arbeit »Analyse auf breiter Front« genannt habe. Das heißt, daß man, nachdem man einen vorläufigen Begriff davon bekommen hat, welche und wieviele Teile einer Einheit an der gegenseitigen Wechselwirkung beteiligt sind, seine eigene Kenntnis von jedem einzelnen Teil in ungefähr dem gleichen Tempo voranzutreiben versuchen sollte wie von jedem anderen.

Die durch die Systeme auferlegte Forschungstaktik

Es gibt jedoch Ausnahmen von dieser Regel, und in deren Erkennen liegt der Scharfsinn der Methode. In jedem lebenden System sind bestimmte elementare Teile oder Untersysteme enthalten, welche die Struktur und die Funktion als Ganzes zwar stark beeinflussen, selbst aber nicht nennenswert beeinflußt werden. Skeletteile, zumindest im Organismus des Erwachsenen, liefern ein gutes Beispiel für diese Art von Teilen, die von dem ganzen System verhältnismäßig unabhängig sind. Die Entdeckung eines solchen »verhältnismäßig unabhängigen Teiles« bietet stets einen willkommenen archimedischen Punkt für weitere Forschung. Der verhältnismäßig geringe Einfluß, welchen die Systemeinheit auf einen solchen Teil ausübt, macht es zulässig, ihn entweder gedanklich oder experimentell zu isolieren, ohne den Vorwurf zu riskieren, man vernachlässige eine Fehlerquelle. Die Entdeckung eines solchen Elements ermöglicht ein Graben in die Tiefe, »Ölbohren«, oder um einen anderen Vergleich anzuwenden, es ist, als fände man in einem Kreuzworträtsel ein sehr langes Wort, das unzweifelhaft richtig ist und mit vielen anderen in Verbindung steht, so daß ein kühnes Vordringen in unbekanntes Gebiet möglich wird.

Die Entdeckung eines solchen verhältnismäßig unabhängigen Teiles ist gewöhnlich gleichbedeutend mit einem sogenannten »neuen Erklärungsprinzip«. Wenn der Entdecker selbst in der Kunst des Denkens in Systemen nicht geübt, mit anderen Worten, in der Technik der »Analyse auf breiter Front« nicht erstklassig ausgebildet ist, erliegt er fast immer der Versuchung zu glauben, das neue Prinzip allein genüge, um »alles« zu erklären. Der Irrtum des *Erklärungsmonismus* ist sozusagen das Vorrecht eines Entdeckergenies. Wenn er auch von diesem Standpunkt gesehen verzeihlich ist, so stellt er dessenungeachtet eines der ernstesten Hindernisse für die weitere Analyse des zu erforschenden Systems dar. Würden unsere außerirdischen Erforscher des Automobils, nachdem sie eine Schraube samt Mutter von ihrem Untersuchungsobjekt gelöst hätten, diesem den Rücken zukehren und versuchen, auf Grund dieser zwei Elemente den Wagen wieder durch Synthese zusammenzustellen, wäre dieses Bemühen im Prinzip nicht weniger absurd als wenn man das Gesamtverhalten aller Organismen, so wie Jacques Loeb, als ein Bündel von »Tropismen«, oder wie es viele amerikanische Psychologen und Anthropologen noch immer tun, als eine Ansammlung bedingter Reaktionen erklärte. Der Irrtum des Erklärungsmonismus geht oft Hand in Hand mit dem des Atomismus, obwohl er mit diesem keineswegs identisch ist.

Atomismus kann als der Versuch erklärt werden, eine Funktion auf Grundlage allgemeinerer Naturgesetze zu erklären, während man im Augenblick von der Rolle absieht, welche die Struktur im besonderen Ausdruck spielt, den diese allgemeinen Gesetze in dem untersuchten Fall finden. In zahlreichen Fällen ist Atomismus schlechte Forschungstaktik, aber er ist keineswegs ein so schädlicher Irrtum wie Erklärungsmonismus. Atomismus schließt die Annahme vieler Teile nicht aus, die untereinander höchst verschieden sind und innerhalb der Systemeinheit an der Wechselwirkung teilnehmen, auch beschränkt er die Erklärung nicht auf einen einzigen Elementarvorgang. DerAtomist ist stets bereit, sich der Realität zu öffnen und seine Konstruktion auf allen Stufen organischer Integration durch Beobachtung zu überprüfen. Er hat, anders als der Reduktionist und der Erklärungsmonopolist, kein ontologisches Vorurteil. Wenn die atomistische Betrachtung sogar im Extremfall in der Kühnheit gipfelt, alle jene Strukturen erfinden zu wollen, die sie nicht zu untersuchen und zu beschreiben wagt, ist dieses anmaßende Vorhaben nicht zum Mißerfolg verurteilt: Es gibt viele Fälle in der Geschichte der Biokybernetik, bei denen es rein atomistischen Gedankengängen gelang, Systemwechselwirkungen aufzuklären, so zum Beispiel den Selbstregelkreis des negativen Feedbacks, lang bevor die Biologie die überragende Rolle erkannte, welche die Homöostase bei allen lebenden Systemen spielt.

Pathologie als Quelle der Erkenntnis

Bei der Bewältigung der Analyse eines komplizierten lebenden Systems besteht die erste Aufgabe unbestreitbar darin, eine vorläufige Übersicht über die Zahl und Art der darin wechselseitig funktionierenden Subsysteme zu erhalten. Die ersten Schritte für die Aufstellung einer Hypothese, die dann einer experimentellen Verifikation unterworfen wird, sind immer intuitive Gestaltwahrnehmung und die dadurch inspirierten kühnen Vermutungen. Das stimmt sogar für die erfolgreichen Schöpfer von Theorien, die Gestaltswahrnehmung ablehnen und leugnen, daß sie Teil ihrer eigenen Arbeit ist. Gestaltswahrnehmung ist nichts Übernatürliches, sie ist sogar die Funktion eines großartigen, in unserem Zentralnervensystem eingebauten Computers. Er braucht, wie andere ähnliche Computer, viele überflüssige Eingaben als Kompensation über das »Geräusch« seiner Kanäle, um zwischen der wesentlichen und der zufälligen Information unterscheiden zu können. Folglich ist nur dem geduldigen Beobachter, dem Fachmann, das Vorrecht dessen sicher, was fälschlich als inspirierte Vermutung oder Intuition bezeichnet, von hochmütigen Forschern als unwissenschaftlich verschmäht wird und in Wirklichkeit die Funktion eines unserer unentbehrlichsten kognitiven Mechanismen ist. Die älteren Mediziner unter ihnen kennen ihn als »das klinische Auge«.

Wie hoch unsere Meinung über die Kräfte der Gestaltwahrnehmung auch sein mag, und wie wichtig die Funktion auch ist, die wir dem Gewinn einer Übersicht über das zu analysierende System zuschreiben, so ist klar, daß dies nur die einleitenden Schritte bei dem Vorhaben sind, irgendein System wirklich zu verstehen. Sie erinnern sich, daß die außerirdischen Wissenschaftler meiner Parabel als erstes kurze Zeit vor dem Wagen standen und sich von dessen Teleonomie vergewisserten, indem sie die Frage »Wozu?« stellten und dann darangingen, ihn auseinanderzunehmen.

Beide Verfahren – a) die Ermittlung der Teleonomie und b) das Auseinandernehmen – geraten in Schwierigkeiten, wenn wir uns an das eine lebende System heranmachen, das letztlich das Ziel aller Wissenschaft ist: das System der menschlichen Gesellschaft. Wann immer der Biologe oder der Ethologe die Frage »Wozu?« hinsichtlich einer Körperstruktur oder eines Bewegungsmusters stellt, tut er es, weil er überzeugt ist, eine annehmbare Antwort zu erhalten. Tatsächlich ist er desto sicherer, eine solche Antort zu bekommen, je seltsamer die Struktur oder das Bewegungsmuster ist. Wenn wir jedoch bezüglich eines typischen und immer wiederkehrenden Verhaltensmusters die gleiche Frage stellen, ziehen wir eine Niete: welchen Überlebenswert hat der kommerzielle Wettbewerb oder der Vietnamkrieg, die Änderung der Mode oder ein Sitzstreik von Universitätsstudenten oder eine Parade auf dem Roten Platz in Moskau für das Überleben der menschlichen Spezies? Welchen nun wirklich? Widerwillig sind wir zu der Schlußfolgerung gezwungen, daß die Menschheit sehr oft Dinge tut, die ihrem Überleben zweifellos mehr schaden als sie es fördern.

Eine ganze Anzahl menschlicher Verhaltensmuster und insbesondere menschlichen Sozialverhaltens ist deutlich *»pathologisch«*. Mein verstorbener Freund Bernhard Hellmann pflegte, wenn er mit einem seltsamen oder wunderlichen Verhalten eines gefangenen Tieres konfrontiert wurde, dessen Überlebenswert nicht sofort wahrnehmbar war, spöttisch zu fragen: »Hat es der Konstrukteur so gemeint?« Der »Konstrukteur« waren natürlich die Entwicklungsfaktoren, welche die Strukturen und Funktionen veranlassen, den Überlebenswert zu erlangen. So kann ein Verhaltensmuster, das nachweisbar von den Entwicklungsfaktoren »ausgewählt« wurde, unter den derzeitigen menschlichen Lebensbedingungen für das Überleben absolut schädlich sein. Zugleich kann es eine ebenso große Zahl von Verhaltensmustern geben, die ihre Anpassungsunfähigkeit anderen und mehr typisch »pathologischen« Faktoren, wie Neurosen und anderen geistigen Störungen, verdanken.

Bei oberflächlicher Beobachtung könnte man daran verzweifeln, jemals Einsicht in die menschliche Gesellschaft als lebendes System zu erlangen. Es ist nicht nur das komplizierteste aller existierenden Systeme und deshalb überaus schwierig zu analysieren, sondern die teleonomische Frage, die, wie ich sagte, der erste Schritt zur Beobachtung irgendeines Systems ist, begegnet unklaren Antworten. Die ansonsten verläßliche teleonomische Gesetzmäßigkeit des Systems wird auf irreguläre und unvoraussagbare Weise durch pathologische Phänomene gestört. Man möchte tatsächlich verzweifeln, gäbe es nicht die Tatsache, daß *die pathologische Störung eines Systems nicht nur kein Hindernis für dessen Analyse, sondern tatsächlich sehr oft der Schlüssel dazu ist.*

Ich brauche Ihnen als Physiologen nicht zu sagen, wie oft es in der Geschichte unserer Wissenschaft vorkam, daß ein Subsystem, von dessen Existenz man damals noch nicht einmal etwas ahnte, durch eine Krankheit, die auf das Nichtfunktionieren zurückzuführen war, die Aufmerksamkeit des Forschers auf sich lenkte; ebensowenig brauche ich Ihnen zu erzählen, wie die Physiologie durch absichtliche Eliminierung einer bestimmten Funktionseinheit Erkenntnis gewinnt. Ich bin in der Geschichte der Wissenschaft nicht sehr bewandert, glaube jedoch, daß die Untersuchung der endoktrinen Drüsen tatsächlich eines der ersten Musterbeispiele dafür war, wie die Mediziner in Form von Systemen zu denken begannen. Sie alle kennen die Geschichte des Schweizer Chirurgen E.T. Kocher, der als erster ahnte, daß die Schilddrüse etwas mit der Basedowschen Krankheit zu tun habe, und diese durch Schilddrüsenentfernung zu heilen versuchte. Sein erster Patient starb an Tetanie, weil Kocher auch die Nebenschilddrüsen entfernt hatte, und später starben Patienten langsamer an dem von Kocher als »cachexia thyropriva« bezeichneten Leiden. Aber das kam ihm vertraut vor. Kocher erkannte die Ähnlichkeit der Symptome zwischen dieser medizinisch verursachten Krankheit und dem Myxödem! Die Basedowsche Krankheit war keine Folge einer qualitativ veränderten Funktion der Schilddrüse, sondern einfach eines Übermaßes davon!

Mein verstorbener Freund Ronald Hargreaves, den ich für einen der inspiriertesten Psychiater halte, die es gab, schrieb mir einmal, daß er sich daran gewöhnt habe, wann immer er mit einem unerklärten seelischen Leiden konfrontiert wurde, sich zugleich zwei Fragen zu stellen: a) welchen grundlegenden Überlebenswert besitzt die hier versagende Funktion? und b) ist die Disfunktion auf einen Überschuß oder Mangel zurückzuführen? Die große Zahl von Fällen, bei denen eine überzeugende Antwort auf Hargreaves Doppelfrage tatsächlich möglich ist, scheint darauf hinzuweisen, daß das dem menschlichen Verhalten zugrunde liegende senso-neurale System und die unzähligen selbständigen Motivationen, die es hervorruft, ganz ähnlich wie endokrine Drüsen wirken. Kein Wunder, da die endogenen Impulse, welche die angeborenen Bewegungsmuster und ähnliche elementare Verhaltensteile aktivieren, den Neurohormonen nah verwandt zu sein scheinen und der selbstregelnde Ausgleich zwischen antagonistischen Faktoren offenkundig eines der wichtigsten von diesen Prinzipien ist.

Die Sprache als Quelle der Erkenntnis

Beim Versuch der Analyse eines Systems besteht, wie ich sagte, die erste Aufgabe darin, die Zahl und Art seiner Bestandteile zu bestimmen. Das ist für das System der menschlichen Gesellschaft eine wirklich schwierige Aufgabe. Wir können aber bei unserer Ausgangsfeststellung von einer unerwarteten Seite, von der *Sprache,* Hilfe annehmen. Die natürlich gewachsene Umgangssprache spiegelt in feinster Weise unbewußte psychologische Fakten wider. Wir können somit bei unserer vorbereitenden Suche nach den Subsystemen menschlicher Motivation, die in ihren ausgewogenen Antagonismen Männer und Frauen zu dem Verhalten veranlassen, das sie zeigen, auf eine Definition des Subsystems Bezug nehmen, die Paul Weiss einmal gegeben hat. Obwohl er sie, einer momentanen Eingebung folgend, als Aphorismus formulierte, ist sie hier überaus passend: »Ein Subsystem ist alles, was genügend einheitlich ist, um einen Namen zu verdienen.« Wir können in der Tat vorläufig nur annehmen, daß die gewachsene Sprache bloß für Dinge Namen entwickelt hat, die tatsächlich real und einheitlich genug sind, um einen Namen zu verdienen!

Sie können es daher als grob über den Daumen gepeilte Regel, aber doch als unschätzbare Hilfe bei unserer ersten Betrachtung des ehrgeizigsten Vorhabens in der Wissenschaft nehmen, daß jedes W o r t, das eine Sprache für eine qualitativ bestimmte menschliche Motivation entwickelt hat, tatsächlich einer wirklich existierenden entspricht. Es gibt viele solcher Wörter – Liebe, Freundschaft, Haß, Eifersucht, Neid, Wollust, Angst, Zorn –, aber ihre Zahl ist doch *endlich.* Tatsächlich fallen mir im Moment keine weiteren ein. Wir können auch annehmen, daß die Frage, ob eine dieser Motivationen »gut« oder »böse« sei, ebenso unerheblich ist wie die Frage, ob die Schilddrüse gut oder böse ist. Anderseits ist es sinnvoll, hinsichtlich einer Störung des Sozialverhaltens zu fragen, ob ein Überfluß oder Mangel an solchen Motivationen besteht. Wenn eine davon als bedingungslos »gut« angesehen wird, wie Treue, Freundschaft oder Ehrlichkeit, darf man annehmen, daß in unserer Gesellschaft und in der Tradition, welche ihr ihren Namen gegeben hat, ein allgemeiner Mangel daran besteht.

Kein vernünftiger Mensch kann bezweifeln, daß die Menschheit ein System ist, das derzeit gründlich aus dem Gleichgewicht und von der Vernichtung bedroht ist. Kein Wissenschaftler kann bezweifeln, daß die Wiederherstellung des verlorenen Gleichgewichts nur auf der Grundlage kausaler Einsicht in den Mechanismus der normalen Regulierfunktionen sowie in die Natur ihrer Störung möglich ist. Es ist meine persönliche, jedoch wohlüberlegte Ansicht, daß diese erforderliche Einsicht nur durch die soeben skizzierte Art der Betrachtung erreicht werden kann. Sie wird niemals erreicht werden, ohne daß man Bernhard Hellmanns Frage »Hat es der Konstrukteur so gemeint?« oder Ronald Hargreaves Doppelfrage über die spezielle Überlebensfunktion der gestörten Funktion stellt. Man wird keine Einsicht in das System menschlichen Sozialverhaltens erlangen, ohne den medizinischen Aspekt in Betracht zu ziehen, das heißt, ohne die pathologischen Störungen des sozialen Verhaltens als Erkenntnisquelle zu benutzen.

Es wird ein immenses Ausmaß an *rein beschreibender Arbeit* – zum Beispiel einfaches Schreiben der Krankheitsgeschichten – zu bewältigen sein, *bevor* die Quantifizierung und quantitative Überprüfung zum Tragen gebracht werden kann. Gehen Sie bitte nicht in dem Glauben fort, daß ich die Quantifizierung bei der Überprüfung wissenschaftlicher Wahrheit verachte, weil die Quantifizierer die Beschreibung verachten. Das stimmt nicht. Ich anerkenne durchaus die Tatsache, daß die Quantifizierung das letzte Wort hat. Ich bin aber überzeugt, daß es ganz einfach dumm ist, an die dringenden Probleme der Menschheit mit Quantifikationsmethoden allein heranzugehen.

Ethische Aspekte

Gestatten Sie mir nun, zu dem ethischen Aspekt des modischen Irrtums des Verzichtes auf Beschreibung zurückzukehren. Es war, wie ich gesagt habe, gerade der Erfolg, mit dem die Physik und Chemie auf Grundlage der analytischen Mathematik die unorganische Umwelt des Menschen meisterte, der den Menschen mit dem anmaßenden Glauben erfüllte, er kenne alle Antworten. Noch schlimmer, der Mensch kam zu der Ansicht, er kenne *auch alle richtigen Fragen*, die zu stellen sind. Der Erfolg dieser Einstellung bei der Behandlung der nicht organisierten, einfach strukturierten Materie hat die Menschheit gegenüber der Natur integrierter, hochgradig strukturierter lebender Systeme blind gemacht. Stolz wie Luzifer befaßte sich die Menschheit mit organischen Systemen, indem sie Methoden anwandte, die nur bei unorganischen Dingen berechtigt und moralisch sind, und zerstörte sie. Stolz wie Luzifer ist keine Redensart, sondern wörtlich gemeint. Wie die Menschheit sich der Vernichtung ihres Biotops nähert, ist tatsächlich satanisch. Die Menschheit beginnt gerade, ihre Lektion unter Verlusten zu lernen, und seltsamerweise scheinen die Wissenschaftler – zumindest der größte Teil von ihnen – die Erkenntnis der Tatsache nicht mitzubekommen, daß die jetzige Verachtung für Beschreibung am Zersetzungsvorgang beteiligt ist.

Die unmittelbare Konsequenz der Konzentration auf Quantifizierung allein ist Blindheit für die Existenz von Systemen, und mit der Blindheit für Systeme kommt die Blindheit für Harmonien und, ipso facto, für Werte als solche. Das Organ, mit dem wir ausgestattet sind, um ästhetische Werte wahrzunehmen, ist identisch mit dem, das uns befähigt, ethische Werte wahrzunehmen. Diese Wahrnehmungsfähigkeit ist eng verbunden mit der Gestaltswahrnehmung – und die Gestaltswahrnehmung erfordert ein gewisses Maß an Training. Für den Europäer ist arabische Musik eine Art von chaotischem Stöhnen, weil das europäische Ohr nicht darauf trainiert ist, die Gesetzmäßigkeit der orientalischen Ganztonskala wahrzunehmen. Der Mensch, dessen Auge für die Wahrnehmung der Harmonie der Natur, für die Schönheit der richtig ausbalancierten Biosphäre nicht trainiert ist, steht ihr absolut blind gegenüber und fühlt nicht die mindesten Gewissensbisse, die letzten noch auf Erden vorhandenen schönen Orte zu »entwickeln«, Bäume mit Bulldozern wegzuräumen, alles mit Beton zu bedecken und Luxushotels zu bauen. Der für Harmonie blinde Mensch hat auch keinerlei Bedenken, die unglaublichsten Grausamkeiten gegen seine Haustiere zu begehen. »Intensiv«-methoden der Tierhaltung – Mastmethoden bei Kälbern oder Hühnerzucht in Legebatterien – sind alarmierende Symptome der Inhumanität. Ein robustes Gemüt mag den Gedanken des Quälens von ein paar Millionen Hennen oder Kälbern dulden und eine Entschuldigung in der Grausamkeit der Natur selbst finden, wie jedermann bezeugen kann, der eine Wasserspitzmaus einen Frosch fressen oder sonst ein ebenso schreckliches

»normales« Vorkommnis gesehen hat. Wirklich beängstigend ist es jedoch, wie Paul Leyhausen treffend formulierte, daß der Batteriekonsument das unvermeidliche Gegenstück zur Batteriehenne ist. Sehen Sie sich doch, wenn Sie das bezweifeln, eine der modernen Massenbehausungen moderner Städte an. Der kommerzielle Wettbewerb zwingt den Bauern, ob er will oder nicht, immer schrecklichere Grausamkeiten gegen seine Tiere zu verüben. Wenn sein Nachbar vier Hennen in einen Batteriekäfig steckt, er aber nur drei, so muß er das gleiche tun, sonst macht er Bankrott.

Kommerzieller Wettbewerb! Eine der katastrophalsten Konsequenzen der Einstellung, das gesamte nicht lebende und lebende Universum nur als homogene, quantifizierbare Materie zu betrachten, liegt in der Tatsache, daß diese Art von Philosophie zu dem äußersten Exzess des Versuchs führt, die unquantifizierbaren menschlichen Gefühle zu quantifizieren. Als sehr witzige Reduktion auf das Absurde pflegte meine Frau auf die sehr alberne Frage, wie sehr sie mich liebe, zu antworten: »Acht.« Die Erfüllung menschlicher Wünsche kann jedoch leicht *Geld kosten*, und dadurch wird ihre Stärke in gewisser Weise durch Vergleich der Ausgaben quantifizierbar. Dadurch wird Geld ein Maß für alle menschlichen Instinktwünsche nach Macht, Status, Besitz, Liebe und Gott weiß was noch. Es wird vergessen, daß Geld ursprünglich ein Mittel zum Zweck, kein Zweck oder Ziel an sich ist, und das erhöht noch weiter die allgemeine Qualitätsuntauglichkeit.

Die infernalischste Konsequenz (auch das ist nicht als Fluch sondern im buchstäblichen Sinn gemeint) der hochmütigen Blindheit des modernen Menschen für Harmonien liegt darin, daß sie ihn unfähig macht, neue Systemeinheiten zu entdecken. Wenn unser Reduktionist das Funktionieren eines Systems nicht zu begreifen vermag, wird er es sich viel wahrscheinlicher näher ansehen, als ein Stück zurücktreten und es in einem breiteren Kontext betrachten. Er ahnt ja gar nicht, daß es Gebilde höherer, vielleicht sogar sehr hoher Ordnung geben kann.

Mein Freund William H. Thorpe hat in seinem Buch »Science, Man and Morals« eine wirklich inspirierte Definition für Religiosität gegeben: sie besteht im Bewußtsein des Menschen, ein unendlich kleiner Teil, aber als vernünftiges Wesen auch ein *verantwortliches Mitglied* eines unermeßlich größeren Systemgebildes von unermeßlich höherem Wert als er selbst zu sein.

Wir wissen aber, und die besten unter uns sind sich dieser Tatsache zutiefst bewußt, daß jeder von uns als Individuum einen Teil darstellt und ein verantwortliches Mitglied einer beträchtlichen Zahl überindividueller Systeme ist, von denen manche in höhere und umfassendere integriert sind – es gibt da unsere Familie, unser Vaterland, unser Mitarbeiterteam, es gibt die Wissenschaft und es gibt die Menschheit –, wir wissen aber nicht, welches das *äußerste* und alles einschließende System ist, dem wir alle verantwortlich sind. Es ist der Weg zum Untergang, unsere Augen vor der Existenz von Systemen zu schließen und zu glauben, daß wir alle Fragen kennen, die wir stellen sollten. Verzeihen Sie mir, daß ich mit noch einem gebräuchlichen Zitat schließe: »Es gibt mehr Dinge zwischen Himmel und Erde, Horatio, als sich eure quantifizierende, käsereibende Schulweisheit träumen läßt.«

Kants Lehre vom Apriorischen im Lichte gegenwärtiger Biologie*

Die aller unserer Anschauung von vornherein anhaftenden Formen des Raumes und der Zeit und ganz ebenso die Kausalität und die anderen Kategorien unseres Denkens sind für Kant Gegebenheiten, die »a priori« festliegend, die Form aller unserer Erfahrung bestimmen, ja Erfahrung als solche überhaupt erst möglich machen. Die Gültigkeit der obersten Vernunftprinzipien ist für Kant eine absolute, sie ist von den Gesetzlichkeiten der realen, hinter den Erscheinungen stehenden, an sich existenten Natur grundsätzlich unabhängig und nicht aus ihnen entstanden zu denken. Weder durch Abstraktion noch auf irgendeinem anderen Wege können die apriorischen Anschauungsformen und Kategorien mit Gesetzlichkeiten, die den Dingen an sich anhaften, in Beziehung gebracht werden. Das einzige, was wir nach Kant über das Ding an sich aussagen können, ist die Realität seiner Existenz. Die Beziehung aber, die zwischen ihm und jener Form besteht, in der es unsere Sinnlichkeit affiziert und in unserer Erfahrungswelt in Erscheinung tritt, ist für Kant, um es etwas überspitzt auszudrücken, eine a-logische. Das Ding an sich ist für Kant deshalb grundsätzlich unerkennbar, weil die Form seiner Erscheinung ab extra durch die rein idealen Anschauungsformen und Kategorien bestimmt wird, so daß diese Form mit seinem inneren Wesen gar nichts zu tun hat. Dies ist in gedrängter Wiedergabe die Anschauungsweise des kantischen »transzendentalen« oder »kritischen« Idealismus.

Sie ist nun von verschiedenen Naturphilosophen in sehr freizügiger Weise umgeformt worden. Besonders die immer dringlicher werdenden Fragestellungen des Entwicklungsgedankens haben zu Auffassungen vom Apriorischen geführt, die Kant selbst vielleicht nicht so ferne lagen wie dem an den Wortlaut seiner Begriffsbestimmungen gefesselten Kantphilologen.

* In Blätter für Deutsche Philosophie, Bd. 15 (1941), S. 94–125 erschienen.

Die Fragen nun, die der von der Tatsächlichkeit des großen schöpferischen Entwicklungsgeschehens in der Natur überzeugte Biologe an Kant zu stellen hat, sind kurz folgende: Ist die menschliche Vernunft, mit allen ihren Anschauungsformen und Kategorien, nicht ganz ebenso wie das menschliche Gehirn etwas organisch, in dauernder Wechselwirkung mit den Gesetzen der umgebenden Natur Entstandenes? Wären unsere a priori denknotwendigen Verstandesgesetze bei einer ganz anderen historischen Entstehungsweise und einem somit ganz andersartigen zentralnervösen Apparat nicht vielleicht ganz andere? Ist es überhaupt auch nur einigermaßen wahrscheinlich, daß die ganz allgemeinen Gesetzmäßigkeiten unseres Denkapparates nicht mit solchen der realen Außenwelt zusammenhängen sollten? Kann ein Organ, das in dauernder Auseinandersetzung mit den Gesetzen der Natur zu dieser Auseinandersetzung herausdifferenziert wurde, in seinen eigenen Gesetzlichkeiten von jenen so unbeeinflußt geblieben sein, daß die Lehre vom An sich Seienden getrieben werden darf, als ob beide gar nichts miteinander zu tun hätten? In der Beantwortung dieser Fragen nimmt die Biologie eine sehr scharf umschriebenen Standpunkt ein. Die Darlegung dieses Standpunktes ist Gegenstand vorliegender Abhandlung, nicht etwa nur Einleitung zu einer besonderen Besprechung von Raum, Zeit und Kausalität. Diese sind für unsere Betrachung nur Beispiele kantischer Aprioritätslehre, die bei unserer grundsätzlichen Gegenüberstellung von transzendentalem Idealismus und jenem Standpunkt, den der Biologe in der Aprioritätslehre einnimmt, ganz von selbst mit behandelt werden.

Für den Naturforscher ist es Plicht, den Versuch der natürlichen Erklärung zu machen, ehe er sich mit der Heranziehung außernatürlicher Faktoren zufriedengibt, und diese Pflicht besteht in vollem Maße für den Psychologen, der sich mit der von Kant entdeckten Tatsache auseinandersetzen muß, daß es so etwas wie apriorische Denkformen gibt. Wenn man die angeborenen Reaktionsweisen von untermenschlichen Organismen kennt, so liegt die Hypothese ungemein nahe, daß das »Apriorische« auf stammesgeschichtlich gewordenen, erblichen Differenzierungen des Zentralnervensystems beruht, die eben gattungsmäßig erworben sind und die erblichen Dispositionen, in gewissen Formen zu denken, bestimmen. Man muß sich klar darüber sein, daß diese Auffassung des »Apriorischen« als Organ die Zerstörung seines Begriffes bedeutet: Etwas in stammesgeschichtlicher Anpassung an die Gesetze der natürlichen Außenwelt Entstandenes ist in gewissem Sinne a posteriori entstanden, wenn auch auf einem durchaus anderen Wege als dem der Abstraktion oder der Deduktion aus vorangegangener Erfahrung. Die funktionellen Ähnlichkeiten, die viele Forscher zu lamarckistischen Anschauungen über das Entstehen erblicher Reaktionsweisen aus vorangegangener »Arterfahrung« führten, sind heute als völlig irrig erkannt.

Für die Wesensart heutiger Naturforschung ist das Verlassen des transzendentalen Idealismus so bezeichnend, daß sich eine Kluft zwischen Naturforschern und Kantphilosophen aufgetan hat. Diese Kluft hat ihre Ursache in der grundsätzlichen Veränderung des Begriffs vom An sich Seienden und vom Transzendenten, die aus der Umprägung des Begriffs vom Apriorischen folgt. Wenn der »apriorische« Apparat möglicher Erfahrung mit all seinen Anschauungsformen und Kategorien nichts Unveränderliches, von außernatürlichen Faktoren Bestimmtes ist, sondern vielmehr etwas, das *innerhalb* der Natur, die er widerspiegelt, in engster Wechselwirkung mit ihren Gesetzlichkeiten entstanden ist, so verliert die Grenze des Transzendenten ihren festen Ort. Viele Seiten des An sich Bestehenden, die sich dem Erfahrenwerden durch unseren heutigen Sinnes- und Denkapparat völlig entziehen, mögen in einer erdgeschichtlich nahen Zukunft innerhalb der Grenzen möglicher Erfahrung liegen, viele, die heute durchaus im Bereiche des Immanenten liegen, können noch in jüngster Vergangenheit der Menschheit jenseits seiner Grenze gelegen haben. Die Frage, *wie weit* das absolut Existente durch *ein* bestimmtes Wesen aus der unendlichen Fülle lebender Organismen *erfahrbar* sei, kann auf sein grundsätzliches Wesen selbstverständlich nicht den geringsten Einfluß haben. Wohl aber ändert ihre Berücksichtigung einiges an der *Definition*, die wir von jenem »Ding an sich« zu geben haben, das hinter den Erscheinungen steckt. Für Kant, der bei allen seinen Erwägungen nur den erwachsenen Kulturmenschen als ein unveränderliches, gottgeschaffenes System in Betracht zog, bestand kein Hindernis, das an sich Seiende als *grundsätzlich* unerkennbar zu definieren. Er *durfte* bei seiner in dieser einen Hinsicht rein statischen Betrachtungsweise die *Grenze* möglicher Erfahrung in die *Definition des Dings an sich* einbeziehen und ihren Ort sozusagen für Mensch und Amöbe gleich – nämlich unendlich – weit vom An sich der Dinge ansetzen. Wir dürfen dies angesichts der zweifellosen Tatsächlichkeit des Entwicklungsgeschehens nicht mehr! Wenn wir uns auch völlig klar darüber sind, daß das absolut Existente grundsätzlich niemals *restlos*, sondern immer nur bis an jene Grenze erkennbar sein wird, die durch die

Notwendigkeit kategorialer Denk-Geformtheiten auch für die höchsten theoretisch denkbaren Lebewesen gesetzt sein wird, so ist doch ohne allen Zweifel jene Grenze, die das Erfahrbare vom Transzendenten abschließt, für jede einzelne Art von Lebewesen eine andere. Ihr artbezeichnender Ort muß von Fall zu Fall Gegenstand einer besonderen Forschung sein. Den rein zufälligen, heutigen Ort dieser Grenze bei der Spezies Mensch in der Definition des »An sich« Seienden einzubeziehen, würde für uns einen nicht zu rechtfertigenden Anthropomorphismus bedeuten. Wollte man nämlich angesichts der zweifellosen evolutiven Veränderlichkeit unseres Erfahrungsapparates dennoch das An sich Existente weiterhin als das für eben diesen Apparat Unerkennbare definieren, so würde hierdurch die Definition des Absoluten relativ gefaßt, was offensichtlich ein Unding wäre. Vielmehr bedard jede Naturforschung schlechtweg aufs notwendigste eines Begriffs vom absolut Wirklichen, der möglichst wenig anthropomorph und vom zufälligen heutigen Ort menschlicher Erfahrbarkeitsgrenzen möglichst unabhängig ist. Das absolut Wirkliche kann in keiner Weise von der Frage betroffen werden, ob und bis zu welchem Grade es sich just im Hirne einer menschlichen oder sonstigen Eintagsfliege widerspiegelt. Andererseits aber ist es Gegenstand eines höchst wichtigen Zweiges vergleichender Naturforschung, die Art dieser Widerspiegelung zu untersuchen und zu erforschen, ob sie in Form kraß vereinfachender und nur oberflächlich analoger Symbole erfolgt oder wie weit sie Einzelheiten wiedergibt, wie weit ihre Genauigkeit geht. Wir hoffen durch diese Untersuchung vormenschlicher Erkenntnisformen Anhaltspunkte über Funktionsweise und historisches Entstehen unserer eigenen Erkenntnis zu gewinnen und ihre Kritik auf diese Weise weiter vortreiben zu können, als es ohne derartige Vergleiche möglich war.

Ich behaupte, daß so ziemlich alle heutigen Naturforscher, zumindest alle Biologen, bewußt oder auch unbewußt in ihrer Tagesarbeit ein reales, durchaus nicht im Sinne Kants »rein« ideales Verhältnis zwischen dem Ding an sich und den Formungen unserer Sinnlichkeit voraussetzen, ja, ich möchte behaupten, daß Kant selbst dies in allen Belangen seiner eigenen empirischen Forschungen getan hat. Das reale Verhältnis zwischen dem An sich der Dinge und der speziellen »apriorischen« Form ihrer Erscheinung ist unserer Meinung nach dadurch gegeben, daß diese Form in der Jahrzehntausende währenden Entwicklungsgeschichte der Menschheit in der Auseinandersetzung mit den täglich begegnenden Gesetzlichkeiten des An sich Seienden als eine Anpassung an diese entstanden ist, die unserem Denken angeborenermaßen eine der Realität der Außenwelt weitgehend entsprechende Strukturierung verliehen hat. »Anpassung« ist ein vorbelastetes und mißverständliches Wort und soll im gegenwärtigen Zusammenhang nicht mehr besagen als daß unseren Anschauungsformen und Kategorien so auf das real Existierende »passen«, wie unser Fuß auf den Boden paßt oder die Flosse eines Fisches ins Wasser. Das »Apriori«, das die Erscheinungsformen der realen Dinge unserer Welt bestimmt, ist, kurz gesagt, ein Organ, genauer: die Funktion eines Organes, und wir kommen seinem Verständnis nur näher, wenn wir ihm gegenüber die typischen Fragen der Erforschung alles Organischen stellen, die Fragen Wozu, Woher und Warum, mit anderen Worten: erstens die Frage nach dem arterhaltenden Sinn, zweitens die Frage nach der stammesgeschichtlichen Entstehung und drittens die Frage nach den natürlichen Ursachen der Erscheinung. Wir sind überzeugt, daß das »Apriorische« auf zentralnervösen Apparaten beruht, die völlig ebenso real sind wie die Dinge der an sich existenten Außenwelt, deren Erscheinungsform sie für uns bestimmen. Diese zentralnervöse Apparatur schreibt keineswegs der Natur ihr Gesetz vor, sie tut das genau so wenig, wie der Huf des Pferdes dem Erdboden seine Form vorschreibt. Wie dieser stolpert sie über nicht vorgesehene Veränderungen der dem Organ gestellten Aufgabe. Aber so wie der Huf des Pferdes auf den Steppenboden paßt, mit dem er sich auseinandersetzt, so paßt unsere zentralnervöse Weltbild-Apparatur auf die reichhaltige reale Welt, mit der sich der Mensch auseinandersetzen muß, und wie jedes Organ, so hat auch sie ihre arterhaltend zweckmäßige Form in äonenlangem stammesgeschichtlichem Werden durch diese Auseinandersetzung von Realem mit Realem gewonnen. Diese unsere Anschauung von der in gewissem Sinne »aposteriorischen« Entstehung des »Apriorischen« gibt uns eine sehr treffsichere Antwort auf eine bestimmte Frage Kants, die Frage nämlich, ob nicht die Anschauungsformen von Raum und Zeit, die wir – wie Kant im Gegensatz zu Hume völlig richtig betont – von keiner Erfahrung entlehnen, sondern die unserer Vorstellung a priori liegen, »nicht bloße selbstgemachte Hirngespinste wären, denen gar kein Gegenstand, wenigstens nicht adäquat korrespondierte« (Prolegomena 1. Anm. 3). Wenn wir unseren Verstand als Organfunktion auffassen, wogegen sich nicht der geringste stichhaltige Grund vorbringen läßt, so ist unsere naheliegende

Antwort auf die Frage, wieso seine Funktionsform auf die reale Welt passe, ganz einfach diese: Unsere vor jeder individuellen Erfahrung festliegenden Anschauungsformen und Kategorien passen aus ganz denselben Gründen auf die Außenwelt, aus denen der Huf des Pferdes schon vor seiner Geburt auf den Steppenboden, die Flosse des Fisches, schon ehe er dem Ei entschlüpft, ins Wasser paßt. Bei keinem derartigen Organ glaubt irgendein vernünftiger Mensch, daß seine Form dem Objekte seine Eigenschaften »vorschreibe«, sondern jedermann nimmt als selbstverständlich an, daß das Wasser seine Eigenschaften völlig unabhängig von der Frage besitzt, ob Fischflossen sich mit ihnen biologisch auseinandersetzen oder nicht. Ganz selbstverständlich sind es irgendwelche Eigenschaften, die dem Ding, das hinter der Erscheinung »Wasser« steckt, *an sich* zukommen, die zu der speziellen Anpassungsform der Flossen geführt haben, die von Fischen, Reptilien, Vögeln, Säugern, Cephalopoden, Schnecken, Krebsen, Pfeilwürmern usw. usw. unabhängig voneinander herausdifferenziert wurden. Offensichtlich sind es Eigenschaften *des Wassers*, die diesen so verschiedenen Lebewesen die übereinstimmende Form und Funktion ihres Lokomotionsorganes vorgeschrieben haben. Aber ausgerechnet bezüglich der Struktur und Funktionsweise seines eigenen Gehirnes nimmt der Transzendentalphilosoph grundsätzlich anderes an. Kant sagt in 11 der Prolegomena: »Wollte man im mindesten daran zweifeln, daß beide (die Anschauungsformen von Raum und Zeit) keine den Dingen an sich selbst, sondern bloß ihrem Verhältnis zur Sinnlichkeit anhängende Bestimmungen sind, so möchte ich gern wissen, wie man es möglich finden kann, a priori und also vor aller Bekanntschaft mit den Dingen, ehe sie nämlich uns gegeben sind, zu wissen, wie ihre Anschauung beschaffen sein müsse, welches doch hier mit Raum und Zeit der Fall ist.« Diese Frage erhellt *zwei* sehr wichtige Tatsachen. Sie zeigt erstens, daß Kant, ganz ebensowenig wie Hume, daran gedacht hat, daß es *auch andere Entstehungsweisen einer formalen Passung zwischen Denkform und Wirklichkeit geben kann* als die durch Abstraktion aus vorangegangener Erfahrung. Zweitens aber zeigt sie, daß er sogar die *Unmöglichkeit* einer solchen anderen Entstehungsweise als *sicher voraussetzte*. Drittens aber zeigt sie besonders klar die großartige und grundsätzliche neue Entdeckung Kants, die Entdeckung, daß das Anschauen und das Denken des Menschen *vor jeder individuellen Erfahrung* bestimmte funktionelle Strukturen besitzt. Denn ganz selbstverständlich hatte Hume unrecht, wenn er alles

Apriorische aus dem ableiten wollte, was die Sinne der Erfahrung liefern, ebenso unrecht wie Wundt, der es kurzweg für eine Abstraktion aus vorangegangener Erfahrung erklärt, und Helmholtz, der die gleiche Ansicht verfocht. Das Passen des Apriorischen auf die reale Welt ist ebensowenig aus »Erfahrung« entstanden wie das Passen der Fischflosse auf die Eigenschaften des Wassers. So wie die Form der Flosse »a priori« gegeben ist; vor jeder individuellen Auseinandersetzung des Jungfisches mit dem Wasser, und so, wie sie diese Auseinandersetzung erst möglich macht, so ist dies auch bei unseren Anschauungsformen und Kategorien in ihrem Verhältnis zu unserer Auseinandersetzung mit der realen Außenwelt durch unsere Erfahrung der Fall. Bei Tieren können wir viel speziellere und viel eingeengtere Verformungen der ihnen möglichen Erfahrungen finden, und wir glauben engste funktionelle und wahrscheinlich auch ursächliche Verwandtschaft zwischen diesen tierischen und unseren menschlichen Aprioris aufzeigen zu können. Wir sind mit Kant und gegen Hume durchaus der Ansicht, daß »reine«, d. h. von jeder Erfahrung unabhängige Wissenschaft von den angeborenen Denkformen des Menschen möglich sei. Diese »reine« Wissenschaft wird aber nur ein sehr einseitiges Verständnis für das eigentliche Wesen apriorischer Denkformen vermitteln können, weil sie den Organcharakter dieser Strukturen vernachlässigt und die konstituierende biologische Frage nach ihrem arterhaltenden Sinn gar nicht stellt. Das ist, um es grob auszudrücken, ganz so, als wolle einer eine »reine« Lehre über die Eigenschaften einer modernen Lichtkamera, etwa einer Leica, schreiben, ohne in Betracht zu ziehen, daß diese ein Apparat, ein Organ zum Photographieren der Außenwelt sei, und ohne die von ihr gelieferten Bilder zum Verständnis ihrer Funktion und des eigentlichen Sinnes ihres Daseins heranzuziehen. Die Leica ist, was die von ihr gelieferten Bilder (gleich Erfahrungen) anlangt, durchaus apriorisch. Sie ist vor und unabhängig von jedem Bild da, bestimmt von vornherein die Form der Bilder, ja macht diese überhaupt erst möglich. Nun behaupte ich: Die Trennung einer »reinen Leicologie« von der Lehre von den von ihr gelieferten Bildern ist um nichts sinnloser als die Trennung der Aprioritätslehre von der Lehre der Außenwelt, von Phänomenologie und der Lehre vom Ding an sich. Alle die Gesetzlichkeiten unseres Verstandes, die wir apriorisch vorfinden, sind ja kein Lusus naturae. Wir leben ja davon! Und ihren eigentlichen Sinn können wir nur bei Inbetrachtziehung ihrer Funktion einsehen. Und so wenig die

Leica ohne die schon lange vor ihrer Konstruktion ausgeübte Tätigkeit des Photographierens entstehen konnte, sowenig die fertige Leica mit allen ihren ganz unglaublich durchdachten und »passenden« Konstruktions-Einzelheiten vom Himmel gefallen ist, sowenig ist es unsere noch unendlich viel wunderbarere »reine Vernunft«. Auch diese ist aus ihrer Tätigkeit heraus, aus ihrer Auseinandersetzung mit dem An-Sich der Dinge zu ihrer relativen Vollkommenheit gelangt.

Das für den transzendentalen Idealisten alogische und vor allem außernatürliche Verhältnis zwischen dem Ding an sich und seiner Erscheinung ist für uns durchaus real. Ganz sicher »affiziert« nicht nur das Ding an sich unsere Rezeptoren, sondern ganz ebenso auch umgekehrt unsere Effektoren ihrerseits die absolute Realität. »Wirklichkeit« kommt von wirken! Was in unserer Welt in Erscheinung tritt, ist keineswegs nur die einseitige Beeinflussung unseres Erlebens dadurch, daß durch eine Brille idealer Erfahrungsmöglichkeiten reale Außendinge auf uns einwirken. Was wir als Erfahrung erleben, ist stets eine Auseinandersetzung von Realem in uns mit Realem außer uns. Deshalb ist das Verhältnis zwischen den Vorgängen in und außer uns kein alogisches, das Rückschlüsse von den Gesetzlichkeiten der Innenvorgänge auf die Außenwelt grundsätzlich verbietet, sondern dieses Verhältnis ist dadurch dasjenige, das auch sonst zwischen Bild und Gegenstand, zwischen vereinfachendem Modellgedanken und wirklichem Sachverhalt besteht: das Verhältnis einer weiter oder weniger weitgehenden Analogie. Der Grad dieser Analogie ist, wenigstens vergleichsmäßig, grundsätzlich erforschbar, das heißt, es sind Aussagen darüber möglich, ob die Entsprechung zwischen Erscheinung und Wirklichkeit von Mensch zu Mensch, von Lebewesen zu Lebewesen genauer oder ungenauer sei. Auf diesen, soeben recht umständlich abgeleiteten Gründen beruht ja auch die jedem halbwegs unverschrobenen Menschen selbstverständliche Tatsache, daß es so etwas wie richtigere und weniger richtige Urteile über die Außenwelt überhaupt gibt! Die Beziehung zwischen der Erscheinungswelt und dem An-Sich der Dinge ist also nicht durch ideale, d. h. außernatürliche Formgesetze in grundsätzlich unerforschbarer Weise ein für allemal festgelegt, noch weniger kommt den auf Grund dieser »Denknotwendigkeiten« gefällten Urteilen eine selbständige und absolute Gültigkeit zu. Vielmehr sind alle unsere Anschauungsformen und Kategorien durchaus natürliche und, wie jedes andere Organ, stammesgeschichtlich »gewordene« Gefäße zur Aufnahme und rückwirkenden Verarbeitung jener gesetzmäßigen Auswirkungen des An sich Seienden, mit denen wir uns nun einmal auseinandersetzen müssen, wenn wir leben bleiben und unsere Art erhalten wollen. Die besondere Form dieser organischen Gefäße steht in einer restlos aus realen, natürlichen Zusammenhängen erwachsenen Beziehung zu Eigenschaften, die den Dingen an sich zukommen. Auf diese Eigenschaften passen sie, in einer praktisch-biologisch ausreichenden Weise, keineswegs aber absolut oder auch nur so genau, daß man sagen könnte, ihre Form käme der des Dings an sich gleich. Wenn wir auch als Naturwissenschaftler stets in gewissem Sinne naive Realisten sind und bleiben, halten wir also keineswegs die Erscheinung für das Ding an sich, die empirische Realität für das Absolut Existente! So wundern wir uns denn auch keineswegs, wenn sich die Gesetze der »reinen Vernunft« nicht nur untereinander, sondern auch mit den empirischen Tatsachen in die schwersten Widersprüche verwickeln, sowie die Forschung größere Genauigkeit fordert. Dies tritt insbesondere dort ein, wo Physik und Chemie ins Atomare gehen. Da versagt nicht nur die Anschauungsform des Raumes, sondern auch die Kategorien der Kausalität, der Substantialität, ja in gewissem Sinne sogar die Quantität, die doch sonst neben der Anschauungsform der Zeit die unbedingteste Gültigkeit zu haben scheint. »Denknotwendig« bedeutet angesichts dieser in Atomphysik, Quantenmechanik und Wellenlehre höchst wesentlichen Erfahrungstatsachen keineswegs etwa »absolut gültig«.

Durch die zur Bescheidenheit mahnende Erkenntnis, daß alle Gesetze der »reinen Vernunft« auf höchst körperlichen, wenn man so will, geradezu auf maschinellen Strukturen des menschlichen Zentralnervensystems beruhen, die in äonenlangem Werden wie irgendein anderes Organ entstanden sind, wird unser Vertrauen zu ihnen einerseits erschüttert, anderseits aber wesentlich erhöht. Die Aussage, daß ihnen absolute Gültigkeit zukomme, ja daß jedes überhaupt denkbare vernünftige Wesen, und sei es ein Engel, den gleichen Denkgesetzen gehorchen müsse, erscheint uns als anthropozentrische Vermessenheit. Sicherlich ist die »Tastatur« der Anschauungsformen und Kategorien – Kant selbst nennt sie ja so – etwas, das ausgesprochen auf der körperlich-strukturellen Seite der psychophysischen Einheit des Organismus Mensch gelegen ist. Ganz sicher verhalten sie sich zur »Freiheit« des Geistes, wofern es eine solche wirklich gibt, ganz so, wie sich auch sonst körperliche Strukturen zu möglichen Freiheitsgraden des Seelischen verhalten, nämlich stützend und hemmend zu gleicher Zeit. Aber ganz sicherlich können diese plumpen kategorischen Schachteln, in die wir unsere Außenwelt packen müssen, »um sie als Erfahrungen buchstabieren zu können« (Kant), keinerlei autonome und absolute Gültigkeit beanspruchen. Dies steht für uns in dem Augenblick fest, in dem wir sie als stammesgeschichtlich gewordene Anpassungserscheinung auffassen – und ich möchte wirklich wissen, welches wissenschaftliche Argument gegen diese Auffassung geltend gemacht werden könnte. Gleichzeitig aber ergibt sich aus ihrem Anpassungscharakter, daß die kategorialen Anschauungsformen und Kategorien trotz ihrer nur ungefähren und relativen Gültigkeit sich als Arbeitshypothesen in der Auseinandersetzung unserer Art mit der absoluten Realität ihres Lebensraumes bewährt haben. So erhellt sich auch die für jede andere Auslegung höchst paradoxe Tatsache, daß die Gesetzlichkeiten der »reinen Vernunft« zwar in der modernen theoretischen Wissenschaft auf Schritt und Tritt versagen, sich aber in den biologisch-praktischen Belangen des Arterhaltungskampfes durchaus bewährt haben und noch bewähren.

Ganz so, wie der grobe Pünktchenraster, mittels dessen die Abbildungen in unseren Tageszeitungen hergestellt sind, zwar bei oberflächlicher Betrachtung eine befriedigende und Sachverhalte wiedergebende Darstellung zuläßt, aber keine genauere Betrachtung, etwa mit einer Lupe, verträgt, so versagen auch die Welt-Wiedergaben unserer Anschauungsformen und Kategorien, sobald von ihnen, wie dies in Wellenmechanik und Atomphysik der Fall ist, eine etwas genauere Darstellung ihres Gegenstandes verlangt wird. Ganz ebenso, wie alles vom Einzelmenschen individuell aus der empirischen Realität des »physikalischen Weltbildes« errungene Wissen seinem innersten Wesen nach Arbeitshypothese ist, so sind es, was ihre arterhaltende Funktion anlangt, auch alle jene angeborenen Strukturen des Geistes, die wir als »apriorisch« zu bezeichnen gewohnt sind. Nichts ist absolut, außer dem in und hinter den Erscheinungen Steckenden selbst, nichts, was unser Hirn denken kann, hat absolute, im eigentlichen Wortsinne apriorische Geltung. Auch nicht die Mathematik mit allen ihren Gesetzen. Auch diese sind nicht mehr und nicht weniger als ein Organ zur Quantifizierung von Außendingen, und zwar ein für den Menschen höchst lebenswichtiges Organ, ohne das er seine erdbeherrschende Rolle nie und nimmer spielen könnte, die sich also biologisch so wie alle anderen »notwendigen« Denkstrukturen außerordentlich bewährt hat. »Reine« Mathematik ist selbstverständlich nicht nur möglich, sondern sie ist als Lehre von den Innengesetzlichkeiten dieses wundervollen Quantifizierorganes von kaum zu überschätzender Wichtigkeit. Aber dies berechtigt keineswegs zu ihrer Absolut-Setzung und hat mit einer solchen nichts zu tun. Auf die Wirklichkeit angewandt, wirkt das Zählen und die mathematische Zahl etwa so wie eine Baggermaschine und ihre Schaufeln. Statistisch in einer großen Zahl von Einzelfällen gesehen, wird jede Schaufel gleich viel Material greifen, obwohl genau im Einzelfall betrachtet niemals auch nur zwei wirklich genau gleichen Inhalt haben. Die reine mathematische Gleichung ist eine Tautologie: ich sage aus, wenn bei meiner Zähl-Baggermaschine soundso viele Schaufeln hereinkommen, so kommen soundso viele Schaufeln herein. Zwei Schaufeln meiner Maschine sind einander deshalb absolut gleich, weil es genau genommen beide Male dieselbe Schaufel, nämlich die Eins ist. Diese Gültigkeit besitzt also immer nur der leere Satz. Zwei Schaufeln voll irgend etwas sind einander nie gleich, die Eins auf einen realen Gegenstand angewandt findet im ganzen Universum nicht mehr ihresgleichen. Wohl sind zwei und zwei vier, niemals aber sind zwei Äpfel, Hammel oder Atome plus zwei weiteren gleich vier anderen, weil es keine gleichen Äpfel, Hammel oder Atome gibt! In diesem Sinne ergibt sich die paradoxe Tatsache, daß die Gleichung zwei plus zwei ist vier in ihrer Anwendung auf reale Einheiten, wie Äpfel oder Atome, einen weit geringeren Grad der Annäherung an die Wirklichkeit besitzt als die Gleichung zwei Milliarden plus zwei Milliarden sind vier Milliarden, weil die individuellen Ungleichheiten der gezählten Einheiten sich bei einer großen Zahl statistisch ausgleichen. Als Arbeitshypothese oder als Organ rein funktionell betrachtet, ist und bleibt die Denkform des zahlenmäßigen Quantifizierens einer der wundervollsten Apparate, die die Natur je geschaffen hat, und erweckt auch, wenn man ihren Geltungsbereich nicht absolut setzt, doch gerade durch die unglaubliche Breite ihres Anwendungsbereiches die Bewunderung des Biologen. Doch wäre es durchaus denkbar, ein vernünftiges Wesen anzunehmen, das nicht mittels der mathematischen Zahl quantifiziert, das nicht 1,2,3,4,5, die Zahl vorhandener, unter sich ungefähr gleicher Individualitäten, wie Hammel, Atome, oder Abstände von Meilensteinen, zur Markierung der vorhandenen Quantität benutzt, sondern diese in irgendeiner anderen Weise unmittelbar erfaßt. Statt etwa Wasser nach der Zahl der eingefüllten Literschälchen zu quantifizieren, könnte man z. B. aus der Spannung eines Gummiballons bestimmter Größe entnehmen, wieviel darinnen ist. Daß unser Hirn gerade extensive Größen besser quantifizieren kann als derartige intensive, kann sehr gut reiner »Zufall«, m.a.W. rein historisch bedingt sein. Denknotwendig ist es keineswegs, es wäre durchaus denkbar, daß die Fähigkeit nach Art der Gummiballon-Spannungsmessung intensiv zu quantifizieren, bis zum vollwertigen Ersatz der Zahlen-Mathematik weiterdifferenziert würde. Tatsächlich beruht die dem Menschen und sehr vielen Tieren zukommende Fähigkeit, Mengen unmittelbar zu schätzen, wahrscheinlich auf einem solchen intensiven Quantifizierungsvorgang. Ein rein intensiv quantifizierter Geist würde manche Operationen viel einfacher und unmittelbarer vollziehen als unsere »Baggerkästchen«-Mathematik. Er könnte z. B. Kurven unmittelbar stufenlos berechnen, wozu unsere extensive Mathematik nur mittels jenes Umweges der Integral- und Differentialrechnung fähig ist, der ihr über die Beschränkungen der Zahlenstufen hinweghilft und doch begrifflich an diesen klebt. Ein solcher rein intensiv quantifizierender Geist würde unter anderem nicht einsehen können, daß zwei mal zwei vier sei. Da er für die Eins, für unser leeres Zahlenkästchen kein Verständnis hätte, würde er auch für unser Postulat der Gleichheit zweier solcher Kästchen keines haben und auf unsere Aufstellung einer Gleichung antworten, sie sei falsch, da es keine gleichen Kästchen, Hammel oder Atome gäbe. Und er hätte dabei von seinem System aus so recht mit seiner Aussage wie wir mit der unseren. Sicherlich könnte ein intensiv quantifizierendes Denksystem sehr viele Operationen viel schlechter, d. h. nur auf einem weit verwickelteren Weg vollziehen als die Zahlenmathematik. Schon die Tatsache, daß sich diese so hoch über die Fähigkeit der intensiven Mengenschätzung hinausentwickelt hat, spricht dafür, daß sie die »praktischere« ist. Dennoch aber ist und bleibt sie nur ein Organ, eine stammesgeschichtlich erworbene »angeborene Arbeitshypothese«, die grundsätzlich nur annäherungsweise auf die Gegebenheiten des An sich Seienden paßt.

Versucht man als Biologe, alle die ererbten und angeborenen Strukturen, seien es nun geistige oder körperliche, in ihrem allgemeinen funktionellen Verhältnis zur regulativen Plastizität alles Organischen zu erfassen, so ergibt sich eine durchgehende, für körperliche und geistige Strukturen durchaus analoge Gesetzmäßigkeit, die zwischen dem plastischen Protoplasma und den festen Skelettelementen eines Protisten genau so gilt wie zwischen kategorialen Denkformen und der schöpferischen Plastzität des Menschengeistes.

Von ihren einfachsten Anfängen im Reiche der Einzelligen an ist die feste Struktur ganz ebenso Bedingung jeder Höherentwicklung wie die Plastizität der organischen Regulation. Sie ist in diesem Sinne ganz ebenso Wertträger wie die plastische Freiheit, die vielleicht das Wesen des Lebendigen ausmacht. Jede Struktur aber bringt neben ihrer erwünschten und unerläßlichen Leistung als Stütze des organischen Systems die unerwünschte Nebenwirkung hervor, daß sie in gewissen Richtungen steif macht, dem System gewisse Freiheitsgrade nimmt. Jedes Heranziehen einer maschinellen Struktur bedeutet in irgendeinem Sinne ein Sich-Festlegen. Von Üxküll hat einmal so schön gesagt: »Die Amoebe ist weniger Maschine als das Pferd«, und er hat dabei hauptsächlich an körperliche Eigenschaften gedacht. Nietzsche hat dasselbe Verhältnis zwischen Struktur und Plastizität im menschlichen Denken in folgender Weise dichterisch geformt: »Ein Gedanke – jetzt noch heißflüssig, Lava: Aber jede Lava baut um sich selbst eine Burg, jeder Gedanke erdrückt sich zuletzt mit ›Gesetzen‹.« Dieses Gleichnis von der aus flüssigem Aggregatzustand sich herauskristallisierenden Struktur geht vielleicht noch viel tiefer, als Nietzsche selbst es ahnte: Es ist gar nicht völlig unmöglich, daß schlechterdings alles Sich-Verfestigende, im Geistig-Seelischen ganz wie im Körperlichen, ein Übergehen des flüssigen Aggregatzustandes gewisser Plasmateile in den festen ist. Nietzsches Gleichnis übersieht aber eine Tatsache, die auch in Üxkülls Ausspruch über Amoebe und Pferd unberücksichtigt bleibt: daß nämlich das Pferd eben doch ein höheres Tier als eine Amoebe ist, und zwar durchaus nicht nur trotz, sondern zu sehr großem Teil gerade wegen seines größeren Reichtums an festgewordenen, höher differenzierten Strukturen. Organismen mit möglichst wenig Strukturen müssen wohl oder übel Amoeben bleiben, denn ohne jede feste Struktur ist eben jede höhere Organisation undenkbar. Organismen mit einem Maximum an hochdifferenzierten festgelegten Strukturen könnte man als eine Art Hummer symbolisieren, steifgepanzerte Wesen, die sich nur in bestimmten Gelenken mit genau vorgesehenen Freiheitsgraden bewegen können, oder als Schienenfahrzeuge, die sich nur auf vorgeschriebener Bahn mit ganz wenigen Weichen bewegen können. Die geistige und körperliche Höhendifferenzierung jedes Lebewesens ist stets ein Kompromiß zwischen diesen beiden Extremen, von denen offensichtlich keines die höchste Verwirklichung der Möglichkeiten der organischen Schöpfung darstellt. Immer und überall hat die Höherdifferenzierung der maschinellen Struktur die gefährliche Tendenz, den Geist, dessen Dienerin sie eben noch war, in ihre eigenen Fesseln zu schlagen und seine freie Weiterentwicklung zu verhindern. Ein solches Entwicklungshemmnis ist das harte Außenskelett der Gliederfüßler genau so wie die festgelegte Instinktbewegung vieler geistig höher stehender Wesen oder die mechanische Industrie des Menschen. Ganz ebenso aber wirkt auch jedes *Denksystem*, das sich irgendwie und irgendwo auf ein unplastisches »Absolutes« festsetzt. Im Augenblick, in dem ein solches System *fertig* ist, d. h. an seine Vollkommenheit glaubende Jünger hat, ist es auch schon »falsch«. Nur im Werden ist der Philisoph ein Mensch in des Wortes eigentlichster Bedeutung. Ich erinnere an die schöne Menschheitsdefinition, die wir den Pragmatisten verdanken und die wohl in klarster Formulierung in Gehlens Buch »Der Mensch« gegeben ist, die Definition des Menschen als des dauernd unfertigen, dauernd unangepaßten und strukturarmen, aber dauernd weltoffenen, dauernd *werdenden* Wesens. Wenn der menschliche Denker, und sei es der größte, sein System *fertig* hat, so hat er damit grundsätzlich etwas von den Eigenschaften des Hummers, des Schienenfahrzeugs angenommen. Mögen seine Jünger noch so scharfsinnig mit den vorgeschriebenen und zugelassenen Freiheitsgraden seiner Hummer-Rüstung manipulieren: für den *Fortschritt* des menschlichen Denkens und Wissens wird sein System erst *dann* Segen bringen, wenn er Nachfolger findet, die es zerbrechen und seine Stücke unter Benutzung *neuer*, nicht »vorgesehener« Freiheitsgrade zu einem neuen Bau verwenden. Ist aber ein Denksystem so gut gefügt, so daß lange Zeit keiner kommt, der die Kraft und den Mut hat, es zu zersprengen, so kann es als Klotz dem Fortschritt durch Jahrhunderte im Wege liegen: »Da liegt der Stein, man muß ihn liegenlassen, und jeder hinkt an seiner Glaubenskrücke zum Teufelsstein, zur Teufelsbrücke!«

Und ganz so, wie sich ein von einem individuellen Menschen geschaffenes Denksystem zum Sklavenhalter seines Erzeugers aufwirft, so tun dies auch die stammesgeschichtlich entstandenen, überindividuellen Denkformen des Apriorischen: auch sie werden absolut gesetzt! Die Maschine, deren arterhaltender Sinn ursprünglich im Quantifizieren realer Außendinge lag, die zum »Zählen von Hammeln« geschaffen wurde, maßt sich auf einmal Absolutismus an und surrt in bewundernswürdig stimmigem, aber doch leerem Ablauf, ihre eigenen Schaufeln abzählend. Wenn man eine Baggermaschine, einen Motor, eine Bandsäge, eine Theorie oder eine apriorische Denkfunktion in dieser Weise *leer* laufen läßt, dann wickelt sich ihre Funktion ipso facto ohne merkbare Reibung, Hitze und Geräusche ab, denn in sich widersprechen sich die Teile eines solchen Systems selbstverständlich nicht und passen wundervoll abgestimmt und intelligibel ineinander. Leer sind sie tatsächlich »absolut«, aber absolut leer. Erst wenn dem System Arbeit zugemutet wird, d. h. jene Leistung an der Außenwelt, in welcher der eigentliche und arterhaltende Sinn seiner ganzen Existenz gelegen ist, dann fängt die Sache an zu ächzen und zu krachen, wenn die Schaufeln der Baggermaschine ins Erdreich greifen, die Zähne der Bandsäge ins Holz – oder die Annahmen der Theorie ins einzuordnende Material empirischer Tatsachen. Dann entstehen grundsätzlich immer jene unerwünschten Nebengeräusche, die aus der unvermeidlichen Unvollkommenheit jedes natürlich gewordenen Systems – und andere gibt es für den Naturforscher nicht – herstammen. Gerade sie aber stellen die Auseinandersetzung des Systems mit der realen Außenwelt dar und sind in diesem Sinne die Tür, durch die das An-sich der Dinge in unsere Erscheinungswelt hereinlugt, die Tür, durch die der Weg der Erkenntnis weiterführt: Sie, und nicht das widerstandslose Leersurren des Apparates sind die »Wirklichkeit«! Sie sind es daher auch, die wir unter die Lupe nehmen müssen, wenn wir die Unvollkommenheiten unseres Erfahrungs- und Denkapparates kennenlernen und über sie hinaus Erkenntnisse gewinnen wollen. Auf die Nebengeräusche muß methodisch geachtet werden, wenn die Maschine verbessert werden soll. Unvollkommen und irdisch sind die Grundlagen der reinen Vernunft genau so gut wie die Bandsäge, aber auch genau so real. Unsere Arbeitshypothese lautet also: Alles ist Arbeitshypothese. Nicht nur die Naturgesetze, die wir durch individuellmenschliche Abstraktion a posteriori aus den Tatsachen unserer Erfahrung gewinnen, sondern auch die Gesetzlichkeiten der reinen Vernunft. Der Verstand ist nicht zur Erklärung der Erscheinungen zu gebrauchen, aber daß er sie uns in einer praktisch verwendbaren Form an die Projektionsleinwand unseres Erlebens wirft, das beruht auf der stammesgeschichtlich gewordenen, durch Jahrmilliarden erprobten Formulierung seiner Arbeitshypothesen! Santayana sagt: »Der Glaube an den Verstand ist der einzige Glaube, der sich bis jetzt durch seine Früchte gerechtfertigt hat. Wer aber ewig an der alten Form des Glaubens hängt, ist ein Don Quichote, der mit veraltetem Rüstzeug klappert. In der Naturphilosophie bin ich entschiedener Materialist, aber ich behaupte nicht, zu wissen, was Materie ist. Ich warte darauf, daß mir das die Männer der Wissenschaft sagen.«

Unsere Anschauung, daß alles menschliche Denken nur Arbeitshypothese sei, darf nicht als eine Herabsetzung des Wertes gesicherten Menschheitswissens ausgelegt werden. Wohl ist uns dieses Wissen nur Arbeitshypothese, wohl sind wir jeden Augenblick bereit, unsere liebsten Theorien über Bord zu werfen, wenn neue Tatsachen dies fordern. Aber wenn auch nichts »absolut wahr« ist, so ist doch jede Erkenntnis, jede neue Wahrheit ein Schritt in einer ganz bestimmten, definierbaren Richtung nach vorwärts: das Absolut Existente wird durch sie von einer neuen, bisher unbekannten Seite her gefaßt, in bezug auf eine neue Eigenschaft bekannt. Wahr ist für uns diejenige Arbeitshypothese, die uns den Weg zum nächsten derartigen Erkenntnisschritt ebnet, oder zumindest nicht verstopft. Rein methodisch muß sich die menschliche Wissenschaft wie ein Baugerüst verhalten, dessen Aufgabe in der Erreichung einer möglichst großen Höhe gelegen ist, deren absolutes Ausmaß aber bei Beginn des Baues nicht abzusehen ist. In dem Augenblick, in dem sich ein solcher Bau auf einen ein für allemal gesetzten Grundpfeiler festlegt, paßt dieser nur für ein Bauwerk von ganz bestimmter Form und Größe. Ist diese einmal erreicht und soll der Bau weitergehen, so muß der Grundpfeiler ab- und umgebaut werden, was für das gesamte Gebilde um so gefährlicher werden kann, je tiefer das Umzubauende in seiner Grundlage steckt. Da es zu den konstituierenden Eigenschaften aller wahren Wissenschaft gehört, daß ihr Bau grundsätzlich ins Unbegrenzte weiterwachsen soll, darf alles Maschinell-Systematische, alles, was festen Strukturen und Baugerüsten entspricht, immer nur den Charakter des Vorläufigen, jederzeit Veränderlichen und Vertauschbaren tragen. Die Tendenz, das eigene Bauwerk durch Absolut-Erklärung für alle Zukunft zu festigen, führt regelmäßig zum Gegenteil des beabsichtigten Erfolges: gerade jene »Wahrheit«, die dogmatisch geglaubt wird, führt früher oder später zur Revolution, bei der dann nur allzu leicht mit den inzwischen überholten Fortschritts-Hemmnissen der alten Lehre ihr tatsächlicher Wahrheitsgehalt und Wert mit abgebaut und vergessen wird. Die schweren Kulturverluste, die so leicht die Folge von Revolutionen sind, sind ausschließlich Spezialfälle dieses Phänomens. Gerade, um zu verhindern, daß vor jedem Weiterbau das ganze bisherige Gebäude bis auf seine Grundlagen abgerissen werden muß, gerade, um den erreichten »gesicherten« Ergebnissen oder vielmehr deren Wahrheitsgehalt jenen Ewigkeitswert zu sichern, der ihm potentiell zukommt, muß der arbeitshypothetische Charakter aller Wahrheiten dauernd im Auge behalten werden.

Unsere Auffassung, daß die apriorischen Anschauungs- und Denkformen in ihrer besonderen Form wie jede andere organische Anpassung verstanden werden müssen, bringt es mit sich, daß sie für uns sozusagen »ererbte Arbeitshypothesen« sind, deren Wahrheitsgehalt sich zum Absolut Seienden grundsätzlich ebenso verhält wie derjenige individuell geschaffener Arbeitshypothesen auch, wofern sich diese in der Auseinandersetzung mit der Außenwelt praktisch ebenso glänzend bewährt haben. Diese Auffassung vernichtet zwar unseren Glauben an die absolute Wahrheit irgendeines apriori denknotwendigen Satzes, verleiht uns aber andererseits die Überzeugung, daß jeder Erscheinung unserer Welt etwas Wirkliches »adäquat korrespondiert«. Selbst die kleinste Einzelheit der Erscheinungswelt, die uns von den angeborenen Arbeitshypothesen unserer Anschauungs- und Denkformen »vorgespiegelt« wird, ist deshalb tatsächlich ein Spiegelbild einer realen Gegebenheit, weil die apriorischen Verformungen der Erscheinung zu dem, was sie wiedergeben, in jenem Verhältnis der Entsprechung stehen, die zwischen Organ und Außenwelt auch sonst besteht, ich erinnere an das Gleichnis von Fischflosse und Pferdehuf. Wohl ist das Apriorische nur eine Schachtel, deren Form schlecht und recht auf die der abzubildenden Wirklichkeit paßt. Diese Schachtel aber ist unserer Forschung zugänglich, wenn wir auch das An sich der Dinge nicht anders als durch diese Schachtel erfassen können. Aber die Erfaßbarkeit der Gesetzlichkeiten der Schachtel, des Instruments, macht durch sie hindurch das An sich Seiende relativ erfahrbar. Was wir nun in geduldiger empirischer Forschungsarbeit zu tun vorhaben, ist eine Erforschung des »apriorischen« – in unserem Sinne –, also der »angeborenen« Arbeitshypothesen bei untermenschlichen Organismen, bei solchen also, deren Entsprechung zu den Einzelheiten der den Dingen an sich zukommenden Eigenschaften geringer ist als die des Menschen. Bei aller unglaublichen Treffsicherheit sind die angeborenen Schematismen der Tiere doch um so viel einfacher, in ihrem Raster – um bei diesem Gleichnis zu bleiben – gröber als die des Menschen, so daß die Grenzen ihrer Leistung noch innerhalb des Meßbereiches unserer eigenen Aufnahme-Apparatur fallen. Nehmen wir als Gleichnis den Auflösungsbereich eines mikroskopischen Objektivs: die Feinheit der kleinsten, mit ihm noch sichtbaren Struktur des Objektes ist von dem Verhältnis von Öffnungswinkel und Brennweite, der sog. »numerischen Appertur«, abhängig. Es muß nämlich das erste Beugungsspektrum, das vom Strukturgitter entworfen wird, noch in die Frontlinse fallen, damit das Gitter als solches gesehen wird. Ist das nicht mehr der Fall, dann sieht man keine Struktur, sondern das Objekt erscheint glattflächig und merkwürdigerweise braun. Nehmen wir nun an, ich hätte nur ein Mikroskop. Dann würde ich sagen, Strukturen seien nur bis zu dieser oder jener Feinheit »denkmöglich«, feinere gäbe es nicht. Daneben gäbe es allerdings braune Objekte, aber diese Farbe habe doch nicht die geringsten Beziehungen zu den gesehenen Strukturen! Kennt man nun aber die Leistungen schwächer auflösender Objekte, die schon bei solchen Strukturen »braun« vermelden, die für das eigene Instrument noch als Strukturen sichtbar sind, so wird man auch den Braun-Meldungen dieses letzteren sehr skeptisch gegenüberstehen, es sei denn, man wäre größenwahnsinnig geworden und erkläre die eigene Aufnahme-Apparatur nur aus dem einen Grunde für absolut, daß sie eben einem selbst gehört. Ist man aber bescheidenerer Sinnesart, so wird man aus dem Vergleich der Leistungsgrenzen und Braun-Meldungen verschiedener Instrumente den richtigen Schluß ziehen, daß auch das stärkste gegenwärtig existierende Objekt Strukturen, deren Feinheitsgrad gewisse Grenzen überschreitet, ebensowenig auflöst, wie einfachere Apparaturen dazu imstande sind. In methodisch ähnlicher Weise kann man zweifellos aus den Gemeinsamkeiten der funktionellen Beschränkung verschiedener Weltbild-Apparaturen sehr viel lernen, was für die Beurteilung der Leistungsgrenzen der höchsten auf diesem Planeten heute existierenden wichtige kritische Gesichtspunkte abgibt, die nicht mehr von der Warte einer noch höheren aus untersucht werden können.

Physiologisch betrachtet, ist es eine Selbstverständlichkeit, daß unser neutraler Weltbildapparat grundsätzlich den funktionellen Charakter des Rasters trägt, dessen plumpe Wiedergabe des Dings an Sich keine feineren Punkte kennt, als seinen in endlicher Zahl vorhandenen Elementen entspricht. Genau wie das durch den Raster des photographischen Korns entstandene Bild läßt daher auch das von unserem Sinnes- und Verstandesapparat entworfene Weltbild, so selbstverständlich und real es bei oberflächlicher Betrachtung erscheint, keine unbegrenzte »Vergrößerung«, d. h. keine unbeschränkte Betrachtung von Einzelheiten zu. Wo immer das physikalische Weltbild des Menschen bis ins Atomare vorgedrungen ist, ergeben sich Ungenauigkeiten in der Übereinstimmung zwischen dem Apriorisch-»Denknotwendigen« und dem Empirisch-Wirklichen, gleich als ob das »Maß aller Dinge« für diese feineren Meßbereiche ganz einfach zu grob und ungefähr sei und nur im allgemeinen und wahrscheinlichkeitsmäßig-statistisch mit dem übereinstimme, was an den Dingen an sich erfaßt werden soll. Dies gilt heute in zunehmendem Maße für die Belange der Atomphysik, deren durchaus unanschauliche Vorstellungen nicht mehr unmittelbar erlebt werden können, denn nur, was in der grob vereinfachenden »Tastatur« unseres Zentralnervensystems geschrieben werden kann, vermögen wir unmittelbar erlebnismäßig »als Erfahrung zu buchstabieren«, um Kants eigenen Ausdruck auf diesen physiologischen Tatbestand anzuwenden. Diese Tastatur aber kann bei verschiedenen Organismen einfacher und komplexer, primitiver und höher differenziert sein. Im Gleichnis des Rasters dargestellt, entspricht das bestmögliche Bild, das sich in einer Apparatur von gegebenem Feinheitsgrade wiedergeben läßt, etwa jenen Darstellungen, wie sie in den bekannten Kreuzstich-Stickereien entstehen, die auf Gardinen, Tischtüchern u. ä. Hirsche, Blumen und ähnliche durchaus rundkonturige Dinge aus den Elementen kleiner Rechtecke aufbauen. Die Eigenschaft des »Zusammengesetztseins auf Quadraten« kommt den dargestellten Dingen an sich also keineswegs zu, sondern beruht auf einer dem Bildapparat anhängenden Eigenheit, die man als technisch unumgängliche Leistungsbeschränkung kennzeichnen kann. Ähnliche Leistungsbeschränkungen dürften wohl jedem Weltbildapparat schon wegen seiner Zusammensetzung aus zelligen Elementen ebenfalls anhängen, was z. B. für den Gesichtssinn durchaus erwiesen ist. Untersucht man nun methodisch, was die Darstellung im Kreuzstich über die Form auszusagen erlaubt, die dem dargestellten Dinge an sich zukommt, so ergibt sich, daß die Genauigkeit der Aussage von dem Größenverhältnis zwischen Bild und Raster abhängig ist. Springt aus einer geradlinigen Kontur der Stickerei ein Quadrat vor, so weiß man, daß hinter ihm eine tatsächliche Ausladung des dargestellten Dinges steckt, nicht aber, ob diese genau das ganze Rasterquadrat oder nur dessen kleinsten Teil ausfüllt. Diese Frage kann nur mit Hilfe des nächstfeineren Rasters entschieden werden. Aber hinter jeder Einzelheit, die auch der gröbste Raster wiedergibt, steckt ganz sicher etwas Wirkliches, ganz einfach deshalb, weil sonst die betreffende Rastereinheit nicht angesprochen hätte. Was nun hinter der Meldung der feinsten existenten Raster-Einheit steckt, ob viel oder wenig vom Kontur des Abzubildenden in ihren Bereich hineinragt, das zu beurteilen, steht uns kein Mittel zur Verfügung, insofern bleibt die grundsätzliche Unerkennbarkeit der letzten Einzelheit des an sich Existenten für uns voll bestehen. Nur davon sind wir überzeugt, daß alle Einzelheiten, die unsere Apparatur wiedergibt, tatsächlichen Gegebenheiten am An sich der Dinge adäquat korrespondieren. Von dieser durchaus realen und gesetzmäßigen Korrelation zwischen dem Realen und der Erscheinung wird man immer fester überzeugt, je mehr man sich mit dem Vergleich möglichst verschiedener Weltbildapparaturen von Tieren und Menschen abgibt. Die Kontinuität des An sich Bestehenden, die sich aus solchen Vergleichen in überzeugendster Weise ergibt, ist völlig unvereinbar mit der Annahme eines alogischen, von außen her bestimmten Verhältnisses zwischen An-Sich und Erscheinung der Dinge.

Wir glauben durch solche vergleichende Forschung der hinter den Erscheinungen steckenden, allen Organismen gleichsinnig zugeordneten einzigen und wirklichen Welt um einen grundsätzlichen Schritt näherkommen zu können, wofern es uns gelingt, zu zeigen, daß verschiedene apriorische Geformtheiten möglichen Reagierens und somit möglicher Erfahrung dieselbe Gesetzlichkeit des real Existenten erfahrbar machen und praktisch-arterhaltend beherrschen. Verschiedene derartige Anpassungen an ein und dieselbe Gesetzmäßigkeit werden unseren Glauben an deren Realität mit der gleichen Berechtigung verstärken, wie der Glaube des Richters an die Tatsächlichkeit eines Vorganges dadurch bestärkt wird, daß verschiedene, voneinander unbeeinflußte Zeugen zwar nicht gleiche, aber einander weitgehend entsprechende Schilderungen von ihm geben. Nun schlagen sich tatsächlich Organismen, die geistig um sehr vieles niedriger stehen als der Mensch, ganz offensichtlich mit denselben Gegebenheiten herum, die in unserer Welt durch die Anschauungsformen von Raum und Zeit und durch die Kategorie der Kausalität erfahrbar gemacht werden, nur tun sie das mittels ganz anderer, viel einfacherer, z. T. auch schon der kausalen Analyse zugänglicher Leistungen. Wenn auch die genannten apriorischen Denk- und Anschauungsformen des Menschen der Kausalanalyse vorläufig noch durchaus unzugänglich bleiben, so verzichten wir noch als Naturforscher grundsätzlich darauf, die Existenz des Apriori, überhaupt die der reinen Vernunft, von einem außernatürlichen Prinzip her zu erklären. Wir betrachten vielmehr jeden derartigen Erklärungsversuch als eine willkürliche, dogmatische Grenzziehung zwischen dem Noch-Rationalisierbaren und dem Nichtmehr-Rationalisierbaren, die ähnlichen Schaden stiftet wie die Forschungshemmnisse vitalistischer Denker.

Die Methode, deren wir uns bei dieser Forschung bedienen, ist aus den am Gleichnis vom Mikroskop erläuterten Gründen die einer

Apparatenkunde. Wir können grundsätzlich nur die Funktion niedrigerer Vorstufen unserer eigenen Anschauungs- und Denkformen einsehen und beurteilen. Nur wo wir an diesen Gesetzmäßigkeiten aufzeigen können, die unserer eigenen Apparatur ebenfalls noch anhaften, können wir vom Einfacheren her Eigenschaften des menschlichen Apriori aufhellen und vor allen auch Rückschlüsse auf die Kontinuität der hinter den Erscheinungen steckenden Welt ziehen. Verhältnismäßig gut gelingt ein derartiges Unterfangen gegenüber der apriorischen Anschauungsform des Raumes und der Kategorie der Kausalität. Sehr viele Tiere erfassen die ihnen gegenüberstehende »räumliche« Strukturierung ihrer Welt nicht so, wie wir es tun. Wir können uns aber deshalb eine ungefähre Vorstellung davon machen, wie »Räumliches« im Weltbild eines solchen Wesens aussieht, weil wir neben unserer Raumerfassung noch die gleiche Fähigkeit zum Meistern räumlicher Aufgaben besitzen. Die meisten Reptilien, Vögel und niederen Säuger beherrschen die Probleme des Raumes durchaus nicht, so wie wir es tun, durch eine gleichzeitige, anschauliche Übersicht über seine Gegebenheiten, sondern durch Auswendiglernen. Eine Wasserspitzmaus z. B. lernt, wenn man sie in eine neue Umgebung bringt, zunächst durch langsames, dauernd durch Schnüffeln und Tasten mit den Schnurrhaaren gesteuertes Herumkriechen allmählich alle dort möglichen Wege in der Weise auswendig, wie etwa ein Kind Klavierstücke auswendig lernt. In dem mühsamen, stückhaften Hintereinander der Bewegungsglieder entstehen zunächst kurze Stellen, an denen ein glatterer Zusammenschluß der Teile erfolgt, die »gekonnte Bewegung«. Und diese, sich durch kinästhetisches Einschleifen festigenden und glättenden Bewegungsformen breiten sich immer mehr aus und fließen zu einem untrennbaren Ganzen zusammen, das, glatt und schnell ablaufend, keine Ähnlichkeit mehr mit den ursprünglichen Suchbewegungen hat. Diese so mühsam erworbenen und so ungemein glatt und schnell ablaufenden Bewegungsfolgen gehen nun durchaus nicht den »kürzesten Weg«. Es ist vielmehr weitgehend vom Zufall abhängig, welche Form eine solche Wegdressur im Raume hat. Es kommen selbst Überschneidungen des geschlängelten Weges mit sich selbst vor, ohne daß das Tier unbedingt bemerken muß, wie nahe das Ziel des Weges durch Abschneiden des überflüssigen Wegstückes gebracht werden kann.*

* Ratten und andere Säuger, die geistig höher stehen als die Wasserspitzmaus, merken solche Abkürzungsmöglichkeiten sofort. An einer Graugans erlebte ich einen hochinteressanten Fall, in dem die Möglichkeit der Abkürzung einer Wegdressur zweifellos ge-

Für ein Tier, das, wie die Wasserspitzmaus, seinen Lebensraum so gut wie ausschließlich durch Wegdressuren beherrscht, gilt der Satz, daß die Gerade die kürzeste Verbindung zweier Punkte sei, schlechterdings nicht. Wollte sie die Gerade steuern, was grundsätzlich im Bereiche ihrer Fähigkeiten liegt, so müßte sie dauernd schnüffelnd und schnurrhaartastend unter Verwendung des leistungsschwachen Auges auf das Ziel losgehen und würde dabei viel mehr Zeit und Energie verbrauchen als auf dem auswendig gekonnten Wege. Daß vielleicht zwei auf diesem Wege ziemlich weit auseinanderliegende Punkte räumlich nahe aneinanderliegen, weiß das Tier nicht, auch ein Mensch kann sich, z. B. in einer fremden Stadt, ebenso verhalten. Allerdings gelingt uns Menschen unter solchen Umständen früher oder später der räumliche Überblick, der uns die Möglichkeit geradliniger Abkürzung erschließt. Die Wanderratte, die geistig um sehr

sehen, aber dennoch nicht benutzt wurde. Dieser Vogel hatte als kleines Küken eine Wegdressur erworben, die zur Tür unseres Hauses herein und über eine Freitreppe zwei Stockwerke hoch in mein Zimmer führte, in dem die Gans nächtigte. Am Morgen verließ sie es fliegend durch das Fenster. Bei Einschleifen der Dressur war nun die junge Wildgans in dem noch fremden Treppenhaus zunächst an der unteren Stufe vorbei auf ein großes Fenster zugelaufen. Sehr viele Vögel streben bei Beunruhigung dem Hellen zu, und so entschloß sich auch diese Gans erst, nachdem sie sich etwas beruhigt hatte, vom Fenster weg und auf den Treppenabsatz zu kommen, auf den ich sie führen wollte. Dieser Umweg zum Fenster blieb nun ein für allemal ein unentbehrlicher Teil der Wegdressur, die die Wildgans zu ihrem Schlafplatz durchlaufen mußte. Der sehr steile Umweg zum Fenster und zurück wirkte, da sein ursprüngliches Motiv, die der Beunruhigung entspringende Dunkelscheu, nunmehr durchaus fehlte, ungemein mechanisch, fast wie eine gewohnheitsmäßig abzuhandelnde Zeremonie. Im Laufe der nahezu vollen zwei Jahre, während derer die Wegdressur an dieser Gans bestand, schliff sich der Umweg ganz allmählich ab, d. h. die ursprünglich fast bis zum Fenster und wieder zurück gehende Linie hatte sich bis zu einem spitzen Winkel »abgeflacht«, mit dem die Gans aus der Richtung zum Fenster abwich und die unterste Stufe an ihrem fensterseitigen Ende erstieg ... Dieses Abschleifen des Unnötigen hätte etwa in weiteren zwei Jahren zum Erreichen des tatsächlich kürzesten Weges geführt und hatte mit Einsicht sicherlich gar nichts zu tun. Wohl aber ist eine Gans an und für sich zum einsichtigen Finden einer so einfachen Lösung grundsätzlich befähigt, nur siegt die Gewohnheit oben über die Einsicht oder verhindert sie. Eines Abends nun ereignete sich folgendes: Ich hatte vergessen, die Wildgans ins Haus zu lassen, und als ich mich schließlich ihrer erinnerte, stand sie sehr ungeduldig auf der Türschwelle und lief sofort eilig an mir vorüber und – zu meinem großen Erstaunen – zum erstenmal auf dem kürzesten Weg die Treppe hinauf. Aber schon auf der dritten Stufe blieb sie stehen, machte einen langen Hals, stieß den Warnlaut aus, kehrte um, stieg die drei Stufen wieder herunter, vollzog eilig und »formal« den Umweg zum Fenster und ging sodann völlig beruhigt auf dem gewöhnlichen Weg treppauf. Hier war also ganz offensichtlich die Möglichkeit der einsichtigen Lösung nur durch das Vorhandensein der dressurmäßigen blockiert!

viel höher steht als die Spitzmaus, findet ebenfalls sehr bald Abkürzungen. Die Wildgans könnte, wie wir gesehen haben, ein Gleiches leisten, tut es aber aus gleichsam religiösen Gründen nicht; sie wird daran durch jene eigenartige innere Hemmung verhindert, die auch primitive Menschen so sehr ans Gewohnte bindet. Der biologische Sinn dieses starren Festhaltens an der »Tradition« ist leicht verständlich: für einen Organismus, der über einen räumlich-zeitlich-kausalen Überblick über eine bestimmte Situation nicht verfügt, wird es allemal rätlich sein, an dem als ungefährlich und erfolgreich erprobten Verhalten starr festzuhalten. Das sogenannte magische Denken durchaus nicht nur der primitiven Menschen ist mit diesen Phänomenen nah verwandt. Bei gewissen Aberglauben, man denke etwa an das bekannte »Einszweidrei auf Holz«, ist das Motiv: »Man kann doch nicht wissen, was geschieht, wenn man's unterläßt« sehr deutlich.

Für den richtigen Kinästhetiker, wie die Wasserspitzmaus, ist es aber buchstäblich nicht denkmöglich, eine Abkürzung zu finden. Vielleicht lernt sie eine solche, wenn sie durch äußere Umstände dazu gezwungen wird, aber dann nur, indem sie eben wieder auswendig lernt, nur diesmal eben einen neuen Weg. Sonst aber ist für sie zwischen je zwei Schlingen ihres Weges eine undurchdringliche Wand, selbst dann, wenn sich die Schlingen fast oder wirklich berühren. Wie viele prinzipiell ebenso einfache neue Lösungsmöglichkeiten mögen wohl wir Menschen im Kampf mit unseren täglichen Problemen in grundsätzlich gleicher Blindheit übersehen? Dieser Gedanke drängt sich mit zwingender Wucht demjenigen auf, der im unmittelbaren Zusammenleben mit Tieren einerseits ihre vielen menschenähnlichen Züge und zugleich ihre starren Leistungsgrenzen kennengelernt hat. Nichts ist so sehr dazu angetan, den Forscher vor seiner eigenen Gottähnlichkeit bange zu machen und ihm eine sehr heilsame Bescheidenheit beizubringen.

Physiologisch gesehen ist die Raumbeherrschung der Wasserspitzmaus eine Reihe von bedingten Reflexen und von kinästhetisch eingeschliffenen Bewegungen. Sie reagiert auf die bekannten Steuerungsmarken ihres Weges mit bedingten Reflexen, die weniger eine Steuerung als eine Kontrolle dafür sind, daß sie sich noch auf dem richtigen Wege befindet, denn die auswendig gekonnte kinästhetische Bewegung ist ja so präzise und genau, daß die Sache fast ohne optische oder taktile Steuerung abgeht, wie bei einem guten Klavierspieler, der die Noten oder Tasten kaum anzublicken braucht. Diese Reihenbildung von bedingten Reflexen und gekonnten Bewegungen ist nun aber durchaus nicht nur ein räumliches, sondern ein raum-zeitliches Gebilde. Es ist nur in einer Richtung produzierbar. Rückläufig führen ganz andere Dressuren, ein Verkehrt-Abspielen der angelernten Wege ist genau so unmöglich wie etwa ein Verkehrt-Aufsagen des Alphabetes. Unterbricht man nun das auf seiner Wegdressur entlanglaufende Tier, etwa in der beschriebenen Weise durch Wegnehmen eines zu überspringenden Hindernisses, so ist es desorientiert und versucht die Kette der eingeschliffenen Glieder an einer früheren Stelle wieder anzuknüpfen, es läuft also zurück, sucht, bis es wieder in seinen Wegmarken orientiert ist, und probiert es noch einmal. Ganz wie ein kleines Mädchen, das beim Gedichtaufsagen unterbrochen wird.

Eine ganz ähnliche Beziehung, wie wir sie eben zwischen der Disposition zum Auswendiglernen von Wegen und der menschlichen Anschauungsform des Raumes fanden, besteht zwischen der Disposition zur Ausbildung bedingter Reflexe, kurz, zur Assoziation und der menschlichen Kategorie der Kausalität. Der Organismus lernt, daß ein bestimmter Reiz, etwa das Erscheinen des Pflegers, einem biologisch relevanten Erlebnis, etwa der Fütterung, immer vorangeht, es »assoziiert« diese beiden Ereignisse und behandelt das erste als Signal für das sichere Eintreten des zweiten, indem es vorbereitendermaßen mit seinen Reaktionen, wie etwa dem von Pawlow untersuchten Speichelreflex, schon auf den ersten Reiz hin einsetzt. Diese Verbindung einer Erfahrung mit dem regelmäßig auf sie folgenden post hoc hat mit kausalem Denken gar nichts zu schaffen. Man bedenke, daß man z. B. die Nierensekretion, also einen völlig unbewußten Vorgang, auf bedingte Reize dressieren kann! Der Grund, daß von den verschiedensten Denkern dennoch post hoc mit propter hoc gleichgesetzt und verwechselt wurde, liegt darin, daß die Disposition zum Assoziieren und das kausale Denken biologisch tatsächlich Gleiches leisten, sozusagen Organe zur Auseinandersetzung mit derselben realen Gegebenheit sind.

Diese Gegebenheit ist ohne allen Zweifel die im zweiten Hauptsatz der Wärmelehre enthaltene Naturgesetzlichkeit. Der »bedingte Reflex« entsteht, wenn ein bestimmter Außenreiz, der an sich für den Organismus bedeutungslos ist, mehrmals von einem anderen, biologisch bedeutungsvollen, d. h. unbedingt reaktionsauslösenden gefolgt wird. Das Tier verhält sich von nun ab, »als ob« der erste Reiz ein sicheres Vorzeichen für das zu erwartende, biologisch bedeutsame Ereignis sei. Dieses Verhalten hat offensichtlich nur dann einen arterhaltenden Sinn, wenn auch im Gefüge des Realen ein Zusammenhang zwischen dem ersten, »bedingten«, und dem zweiten, »unbedingten«, Reiz besteht. Ein gesetzmäßiges zeitliches Nacheinander von verschiedenen Geschehnissen kommt in der Natur aber immer nur dort vor, wo ein bestimmtes Energiequantum durch Kraftanwandlung hintereinander in verschiedenen Erscheinungsformen auftritt. Zusammenhang bedeutet also an sich schon »kausaler Zusammenhang«. Der bedingte Reflex »vertritt die Hypothese«, daß zwei mehrmals in bestimmter Reihenfolge auftretende Reize Erscheinungsformen des gleichen Energiequantums seien. War diese Voraussetzung falsch und das die Assoziation bedingende mehrmalige Nacheinander »post hoc«, so war die Ausbildung der bedingten Reaktion eine dysteleologische Fehlleistung einer im allgemeinen und wahrscheinlichkeitsmäßig arterhaltend sinnvollen Disposition.

Die Kategorie der Kausalität, die wir heute nur erkenntniskritisch untersuchen können, da wir von ihren physiologischen Grundlagen keine Ahnung haben, ist in ihrer biologischen Funktion ein Organ zum Erfassen derselben Naturgesetzlichkeit, auf welche die Disposition zum Erwerben bedingter Reflexe zielt: Wir können den Begriff von Ursache und Wirkung nicht anders definieren als durch die Feststellung, daß die Wirkung von der Ursache her in irgendeiner Form Energie bezieht. Das eigentliche Wesen des »Propter hoc«, das allein es von einem »regelmäßigen post hoc« qualitativ unterscheidet, liegt sicherlich darin, daß Ursache und Wirkung aufeinanderfolgende Glieder in der unendlichen Kette von Erscheinungsformen sind, welche die Energie im Laufe ihrer unvergänglichen Existenz annimmt.

Gerade bei der Kategorie der Kausalität ist der Versuch lehrreich, sie im Sinne Wundts als sekundäre Abstraktion aus vorangegangener Erfahrung zu erklären: versucht man dies, so gelangt man immer nur zu der Definition eines »regelmäßigen Post-Hoc«, nie zu jener hoch spezifischen Qualität, die in jedem, schon vom Kleinkind sinngemäß gebrauchten »Warum?« und »Weil« wesenhaft a priori drinsteckt. Es sei denn, man mute schon diesem Kleinkind die Fähigkeit zu, einen Tatbestand abstrakt zu fassen, den erst 1842 J. R. Mayer in eine objektive, d. h. rein physikalische Form bringen konnte, während Joule in einem 1847 gehaltenen Vortrag *(On matter, living force and heat,* London 1884 p. 265) überraschenderweise einfach erklärt, es sei »absurd«, anzunehmen, lebendige Kraft könne zerstört werden, ohne in irgeneiner Weise ein Äquivalent zu erstatten. Der große Physiker nimmt also hier völlig naiv einen genau genommen rein erkenntniskritischen Standpunkt ein, und es wäre eine geistesgeschichtlich hochinteressante Frage, ob er, wie es nach obiger Äußerung fast scheinen will, bei seiner Entdeckung des Wärme-Äquivalents von der apriorischen »Denkunmöglichkeit« der Zerstörung und Erschaffung der Energie ausgegangen ist. Daß Kausalität tatsächlich a priori etwas anders ist als die noch so unausbleibliche Aufeinanderfolge zweier Geschehnisse, zeigt sich gut an folgendem: Zwei regelmäßige Nebenerscheinungen einer einzigen Energieverwandlungskette, von denen die zeitlich spätere nicht ihre Energie aus der vorhergehenden bezieht, sondern die beide voneinander unabhängige Seitenketten einer verzweigten Kausalkette sind, passen nicht in unser apriorisches Schema von Ursache und Wirkung. Es kann der Fall eintreten, daß ein Ereignis regelmäßig zwei Wirkungen hat, von denen die eine schneller eintritt als die andere, somit als Erfahrung dieser stets vorangeht. So folgt für uns der Blitz rascher auf die elektrische Entladung als der Donner. Dennoch ist für den Einsichtigen die optische Erscheinung durchaus nicht die Ursache der akustischen! Man wird mir hier vielleicht einwenden, diese Erwägungen seien eine Haarspalterei, und für sehr viele naive Menschen sei eben doch der Blitz die Ursache des Donners. Dem ist zu erwidern, daß unser kausales Denken eben gerade dazu da ist, uns von solchen primitiven Auffassungen freizumachen und dem realen Zusammenhang der Dinge um einen Schritt näherzukommen. Die heutige Menschheit lebt von dieser Funktion der angeborenen Kategorie der Kausalität!

Wir wollen nun methodisch von der höheren Warte der menschlichen Anschauungsformen des Raumes und der Kategorie der Kausalität aus die funktionell analogen Leistungen der Tiere kritisieren, zuerst die Disposition zum kinästhetischen Auswendiglernen von Wegen, dann die Disposition zum blinden Assoziieren aufeinanderfolgender Ereignisse. Ist es »wahr«, was die Wasserspitzmaus vom Räumlichen »weiß«? Das Lernen bringt bei ihr eine »ordo et connectio idearum« zustande, die in unserem Weltbild auch zu sehen ist: nämlich das perlschnurartige Aufgefädeltsein der Orte und Bewegungsteile. Ihr räumliches Ordnungsschema hat durchaus recht – soweit es reicht! Auch in unserer Anschauung ist die Perlschnur sichtbar, das Hintereinander der Glieder ist wahr. Nur sind für uns noch eine Unzahl weiterer Gegebenheiten da, sind wahr, die der Maus fehlen, z. B. die Möglichkeit, Wegschlingen abzukürzen. Auch pragmatisch betrachtet, ist unsere Anschauung also in höherem Grade wahr als das, was im Weltbild des Tieres zum Ausdruck kommt.

Ganz ähnliches kommt heraus, wenn wir die Disposition zum Assoziieren mit unserem kausalen Denken konfrontieren: auch hier gibt die niedrigere, primitivere Wiedergabe des Tieres einen Zusammenhang zwischen den Ereignissen, der auch für unsere Denkform vorhanden ist: die zeitliche Relation zwischen Ursache und Wirkung. Die tiefere, für unser kausales Denken wesentliche Tatsache des Energie-Bezuges seitens Wirkung von der Ursache ist dem rein assoziativen Denken gar nicht gegeben. Auch hier entspricht also die niedrigere Denkform apriorisch adäquat der Realität höherer Ordnung, aber wieder nur, soweit sie eben reicht. Auch hier ist die menschliche Denkform vom Standpunkt des Pragmatischen wahrer, denn was leistet sie nicht alles, was der reinen Assoziation nicht möglich ist! Wir leben ja, wie gesagt, alle von der Arbeit dieses wichtigen Organs so gut wie von unserer Hände Arbeit.

Bei Betonung dieser Unterschiede im Grade der Entsprechung zwischen Weltbild und Wirklichkeit dürfen wir nicht einen Augenblick vergessen, daß sich eben auch schon in den primitivsten »Rastern« organismischer Weltbild-Apparaturen Wirkliches spiegelt. Dies ist deshalb zu betonen wichtig, weil wir Menschen sehr verschieden funktionierende derartige Apparate nebeneinander benutzen. Die Fortschritte unserer Naturforschung haben grundsätzlich immer eine gewisse Tendenz zur Ent-Anthropomorphisierung unseres Weltbildes, wie von Bertalanffy sehr richtig gezeigt hat. Aus dem sinnlich-anschaulichen Phänomen des Lichtes werden völlig unanschauliche Vorstellungen von Wellenvorgängen, aus der ebenso anschaulichen Materie desgleichen. Die selbstverständlich erfaßbare Kausalität wird durch die Wahrscheinlichkeitsbetrachtung und arithmetische Berechnungen ersetzt usw. Man kann tatsächlich sagen, daß unter unseren Anschauungsformen und Kategorien »anthropomorphe« und »weniger anthropomorphe«, mit anderen Worten speziellere und allgemeinere sind. Zweifellos könnte ein vernünftiges Wesen, dem der Gesichtssinn fehlt, die Wellentheorie des Lichtes begreifen, während ihm die Anschaulichkeit des spezifisch-menschlichen Sinneseindruckes nicht vermittelt werden könnte. Das Absehen von speziell menschlichen Strukturen, wie es im höchsten Maße in allen mathematischen Betrachtungen der theoretischen Naturwissenschaften getrieben wird, darf keineswegs zu der Anschauung verleiten, als ob den weniger anthropomorphen Vorstellungen ein höherer Grad der Wirklichkeit, d. i. der Annäherung ans An-Sich der Dinge zukomme als den naiv anschaulichen. Die primitivere Wiedergabe steht nämlich zum absolut Existenten in einer durchaus ebenso realen Beziehung wie die höhere.

So bildet der Weltbildapparat des rein assoziativ denkenden Tieres aus dem Tatbestand der Energieverwandlung nur das eine Detail ab, daß ein bestimmtes Ereignis einem anderen zeitlich vorangeht. Man kann nun keineswegs behaupten, die Aussage, daß eine Ursache einer Wirkung vorausgehe, sei weniger wahr als diejenige, daß die Wirkung durch Energieverwandlung aus der vorangehenden Erscheinung hervorgehe. Der Fortschritt vom Einfacheren zum Differenzierteren liegt hier wie überall darin, daß weitere, neue Bestimmungen zu den bereits vorhandenen hinzukommen. Wenn bei einem solchen Fortschreiten von einer primitiveren Weltwiedergabe zu einer höher differenzierten gewisse, in der ersten dargestellte Gegebenheiten in der zweiten vernachlässigt werden, liegt nur ein Standpunktwechsel, nicht aber eine Annäherung an das Absolut Existente vor, denn die primitivste Reaktion eines Einzellers spiegelt genau so eine Seite der allen Organismen gleichsinnig zugeordneten Welt wider wie die Berechnungen eines Homo sapiens, der theoretische Physik treibt. Aber wieviel es außer den in unserem Weltbild wiedergegebenen Tatsachen und Beziehungen in der absoluten Wirklichkeit noch gibt, können wir grundsätzlich ebensowenig ahnen, wie die Spitzmaus ahnt, daß sie auf ihren krummen Wegdressuren so manchen Umweg abkürzen könnte.

Bezüglich der absoluten Gültigkeit unserer »Denknotwendigkeiten« sind wir demnach sehr bescheiden: wir glauben nur, daß sie in einigen Einzelheiten mehr dem wirklich Seienden entsprechen als die der Wasserspitzmaus. Wir sind uns vor allem voll bewußt, daß wir ganz sicher für ebenso viele weitere Dinge ebenso blind sind wie jenes Tier, daß uns für unendlich vieles Wirkliche das wahrnehmende Organ ebenso fehlt. Die Anschauungsformen und Kategorien sind für uns nicht der Geist, sondern Maschinen, die von ihm benutzt werden, angeborene Strukturen, die wie alles Feste einerseits stützen, andererseits steif machen. Insofern krankt Kants großartige Konzeption des Freiheitsgedankens als der Verantwortlichkeit des denkenden Wesens vor dem Weltganzen daran, daß er sie an die starr-maschinellen Gesetzlichkeiten der reinen Vernunft gefesselt hat. Gerade das Apriorische und die vorgeformten Denkweisen sind als solche durchaus nicht spezifisch menschlich: spezifisch menschlich ist dagegen der bewußte Drang, sich nicht festzufahren, nicht zum Schienenfahrzeug zu werden, sondern die jugendliche Weltoffenheit als Dauerzustand zu bewahren und in dauernder Wechselwirkung mit dem wirklich Existenten diesem Wirklichen näherzukommen. Als Biologen sind wir bescheidener bezüglich der Stellung des heutigen Menschen im Naturganzen, aber anspruchsvoller in bezug auf das, was die Zukunft uns an Erkenntnissen noch bringen mag. Die Absolutsetzung des Menschen, die Aussage, daß alle überhaupt denkbaren vernünftigen Wesen – und seien es Engel! – an die Denkgesetze von Homo sapiens gebunden sein müßten, erscheint uns als eine geradezu unbegreifliche Überheblichkeit. Was wir für die verlorene Illusion von der Sondergesetzlichkeit des Menschen eintauschen, ist die Überzeugung, daß er in seiner Weltoffenheit grundsätzlich fähig ist, in seinem Forschen wie in seiner überindividuellen Artentwicklung über sich selbst, ja sogar über die apriorischen Geformtheiten seines Denkens hinauszuwachsen und grundsätzlich Neues, nie Dagewesenes zu schaffen und zu erkennen. Sofern er von dem Willen beseelt bleibt, nicht jeden neuen Gedanken nach Art von Nietzsches Lavatropfen von der Hülle der sich um ihn kristallisierenden Gesetze erdrücken lassen, wird dieser Entwicklung so bald kein wesentliches Hemmnis in den Weg treten. Darin liegt unser Begriff der Freiheit, darin liegt auch das Großartige und, zumindest auf diesem Planeten, vorläufig Einzigartige des Menschengehirnes, daß es trotz aller gigantischen Differenzierung und Strukturierung ein Organ ist, dessen Funktion die proteushafte Veränderlichkeit, das lavahafte Sich-Aufbäumen gegen die eigenen strukturbedingten Funktionsbeschränkungen in einem Ausmaße besitzt, das sonst nicht einmal dem feste Strukturen entbehrenden Protoplasma zukommt.

Was würde Kant zu alledem sagen? Würde er unsere völlig natürliche Deutung der für ihn außernatürlichen Gegebenheiten der menschlichen Vernunft als jene Profanierung des Heiligsten empfinden, die sie in den Augen der meisten Neukantianer ist? Oder würde er sich angesichts des Entwicklungsgedankens, der ihm manchmal so nahezuliegen scheint, mit unserer Auffassung befreundet haben, daß die organische Natur kein amoralisches, von Gott verlassenes Etwas, sondern in allem ihrem schöpferischen Entwicklungsgeschehen grundsätzlich ebenso »heilig« ist wie in den höchsten Leistungen dieses Geschehens, in Vernunft und Moral des Menschen? Wir sind geneigt, dies zu glauben, denn wir glauben, daß die Naturforschung nie eine Gottheit zerschlagen kann, sondern immer nur die tönernen Füße eines von Menschen gemachten Götzen. Demjenigen gegenüber, der uns vorwirft, es an der nötigen Ehrfurcht vor der Größe unseres Philosophen fehlen zu lassen, berufen wir uns auf Kant selbst: »Wenn man einen gegründeten, obzwar nicht ausgeführten Gedanken anfängt, den uns ein anderer hinterlassen, so kann man wohl hoffen, es bei fortgesetztem Nachdenken weiter zu bringen, als der scharfsinnige Mann kam, dem man den Funken dieses Lichtes zu verdanken hatte.« Die Entdeckung des Apriorischen ist jener Funke, den wir Kant verdanken, und sicherlich ist es unsererseits keine Überheblichkeit, an Hand neuer Tatsachen eine Kritik an der Auslegung des Entdeckten zu üben, wie wir es bezüglich der Herkunft der Anschauungsformen und Kategorien an Kant taten. Diese Kritik setzt den Wert der Entdekkung ebensowenig herab wie den des Entdeckers. Wer dennoch nach dem verkehrten Grundsatz »Omnia naturalia sunt turpia« in unserem Versuch, die Vernunft des Menschen von natürlicher Seite her zu sehen, eine Entweihung von Heiligen sieht, dem gegenüber berufen wir uns wiederum auf Kant selbst: Die göttliche Anordnung »muß zwar, wenn von der Natur im Ganzen die Rede ist, unvermeidlich unsere Nachfrage beschließen: aber bei jeder Epoche der Natur, da keine derselben in einer Sinnenwelt als die schlechthin erste angegeben werden kann, sind wir darum von der Verbindlichkeit nicht befreit, unter den Weltursachen zu suchen, soweit es uns nur möglich ist, und ihre Kette nach uns bekannten Gesetzen, solange sie aneinanderhängt, zu verfolgen«.

Die Feindschaft zwischen den Generationen und ihre wahrscheinlichen ethologischen Ursachen*

Die Darwinsche Betrachtung und die Frage der Anpassung

»Ethologie« ist einfach die Anwendung der Verhaltensforschung auf alle Anpassungsmethoden, die seit Charles Darwins Zeit in allen anderen Zweigen der biologischen Forschung als verbindlich betrachtet wurden. Mit anderen Worten, die Ethologie betrachtet das Verhalten als ein *System*, das seine Existenz einer Reihe historischer Vorgänge verdankt, die im Lauf der Phylogenese stattgefunden haben. Die rein kausale Frage, warum ein lebendes System zufällig so und nicht anders gebaut ist, kann nur durch die Erforschung der Geschichte seiner Entwicklung, mit anderen Worten seiner *Phylogenese* beantwortet werden.

Die Erforschung des Verhaltens, einschließlich des menschlichen Verhaltens, vom phylogenetischen Standpunkt aus hat die Ethologie in den Mittelpunkt des ideologischen Meinungsstreits gebracht, der noch immer im Gang ist. Die Lehre, daß menschliches Verhalten völlig durch Lernvorgänge bestimmt ist, die durch Umwelteinfluß herbeigeführt werden, stammte von einer übertriebenen Verallgemeinerung und Vereinfachung der Entdeckungen L. P. Pawlows. Sie wurde die grundlegende Theorie des amerikanischen Behaviorismus, es wäre jedoch ungerecht und sogar verleumderisch, sie als »behavioristische« Doktrin zu bezeichnen, da viele intelligente Wissenschaftler, die sich als »Behavioristen« betrachten, nie daran geglaubt haben. Ich schlage daher dafür die Benennung »pseudodemokratische« Doktrin vor. Das wird durch die Tatsache gerechtfertigt, daß die Doktrin ihre weltweite Verbreitung sowie ihr moralisches Gewicht von der eher hinterhältigen Entstellung einer demokratischen Wahrheit herleitet: es ist eine Wahr-

* Teile dieser Arbeit wurden bei Zusammenkünften der *Frensham Group* (gegründet und gefördert durch Oscar von Leer; vgl. Vorwort von Paul A. Weiss, S. 905) in Englisch vorgetragen. *Studium Generale*, Bd. 23 (1970) S. 963–997.

heit und zweifellos ein moralisches Postulat, daß alle Menschen die gleichen Entwicklungsmöglichkeiten haben sollten. Aber von dieser Wahrheit läßt sich leicht ein unwahres Dogma ableiten (und sei es nur durch jene, die, wie Philip Wylie bemerkte, die Logik ablehnen): daß alle Menschen potentiell gleich sind. Die Doktrin führt die Voraussetzung einen Schritt weiter, indem sie behauptet, der Mensch sei als *tabula rasa* geboren und sein gesamtes Verhalten sei durch Lernen bestimmt.

Die Ethologie hat diese Doktrin ad absurdum geführt, indem sie unwiderlegbar zeigte, daß jedes Verhalten, genau wie jede Körperstruktur, sich in der Ontogenese des Individuums nur gemäß und innerhalb der Möglichkeiten der artspezifischen Programme entwickeln kann, die während der Phylogenese geplant und im Kode des Genoms niedergelegt wurden. »Die Biologie hat bewiesen«, sagt Philip Wylie, »daß die Menschen nicht gleich, identisch, ähnlich oder vom Augenblick der Empfängnis an etwas dergleichen sind. Das hätte der gesunde Menschenverstand dem Javamenschen klarmachen müssen. Das war nicht der Fall und ist es noch jetzt nicht, denn der gesunde Menschenverstand ist etwas, dem sich die meisten Menschen auf das leidenschaftlichste entziehen wollen.« Diese Leidenschaft hat den Charakter echten religiösen Eifers. Die pseudodemokratische Doktrin ist tatsächlich zu einer Weltreligion geworden. Sie ist, wie viele Religionen, die Vereinfachung einer an sich leicht verständlichen Wahrheit und jenen willkommen, die daran interessiert sind, große Menschenmassen zu manipulieren. Es wäre wirklich für die kapitalistischen Produzenten und die super-stalinistischen Herrscher gleich vorteilhaft, wenn Menschen durch entsprechendes Lernen zu völlig gleichförmigen und völlig gehorsamen Konsumenten oder zu kommunistischen Bürgern geformt werden könnten. Das erklärt die ansonsten überraschende Tatsache, daß die pseudodemokratische Doktrin in Amerika ebenso wie in der Sowjetunion und in China am höchsten im Kurs steht!

Wie alle frommen Anhänger einer Religion scheuen die Theoretiker der pseudodemokratischen Doktrin vor nichts zurück, wenn es gilt, den Ketzer zum Schweigen zu bringen. Die Betrachtung des menschlichen Verhaltens im Hinblick auf ein phylogenetisch entwickeltes System wurde aus zahlreichen pseudodemokratischen Ursachen verworfen und als – in vielerlei Hinsicht – unmoralisch gebrandmarkt. Das von M. F. Ashley Montagu herausgegebene Buch »Man and Aggression« bietet dafür eine reiche Auswahl von Beispielen, von denen eines genügt, um das beinahe religiöse Vorurteil zu demonstrieren.

»Es gibt« sagt Ashley Montagu, »nicht den geringsten Beweis oder Grund für die Annahme, daß das angeblich ›phylogenetisch angepaßt instinktive‹ Verhalten anderer Tiere für die Diskussion über die Motivationskräfte menschlichen Verhaltens irgendwie relevant ist. Tatsache ist, daß der Mensch, abgesehen von der instinktoiden Reaktion von Kindern auf plötzlichen Entzug von Hilfe und auf plötzliche laute Geräusche, völlig instinktlos ist.« Modernere Vertreter der pseudodemokratischen Doktrin nehmen eine andere, raffiniertere Haltung ein. Sie geben zwar zu, daß die Ethologie im Prinzip recht hat, wenn sie phylogenetisch entwickelte und ontogenetisch erworbene Verhaltensprogramme zu trennen versucht, behaupten jedoch, daß die Ethologen dieser Unterscheidung übertriebene Bedeutung beimessen, mit anderen Worten, daß die Frage »angeboren oder erworben?« nur Haarspalterei sei. Sie ist es nicht, und ich werde am Ende dieser Arbeit auf diesen Punkt zurückkommen.

Im Augenblick genügt es zu sagen, daß die meisten Eigenschaften, die wir in der Struktur sowie im Verhalten von Organismen finden, ihre spezifische Form jenem ältesten und wirkungsvollsten kognitiven Prozeß verdanken, den wir *Anpassung* nennen. Die Tatsache des Angepaßtseins hat eine für die Biologie charakteristische Frage zur Folge, die in Chemie und Physik unbekannt ist, die Frage »Wozu?« Wenn wir fragen, »Wozu hat die Katze gebogene, einziehbare Krallen?« und antworten, »um damit Mäuse zu fangen«, suchen wir nicht nach der endgültigen teleologischen Bedeutung der Katzenkrallen, wir verwenden nur eine Kurzform, um eine wissenschaftliche Kausalfrage zu stellen, die ungekürzt lauten sollte: »Was ist die Funktion, deren Überlebenswert den Selektionsdruck ausübte, durch welchen die Katzen veranlaßt wurden, diese besondere Krallenform zu entwickeln?«

Diese lebenslange Frage (die ich von nun als Charles Darwins Frage bezeichnen werde), die sehr viele morphologische Strukturen und Verhaltensmuster betrifft, läuft auf starke Unterstützung der Theorien Darwins hinaus, aus dem einfachen Grund, daß so überaus oft eine klar umrissene und überzeugende Antwort gefunden werden kann. Tatsächlich haben wir uns schon so sehr daran gewöhnt, eine solche Antwort zu erhalten, daß wir nur schwer glauben können, es könne wirklich irgendwelche höchst komplexe und differenzierte Muster oder Strukturen geben, die ihre spezifische Form nicht dem durch ihre Funktion ausgeübten Selektionsdruck verdanken. Je seltsamer sie in ihrem Scheinwert wirken, desto sicherer kann man sein, daß man eine solche Funktion entdecken wird.

Schöpferische Integration und Betrachtungsmethode von Systemen

Vor der Erläuterung der für die Betrachtung komplexer Systeme notwendigen Methoden, müssen einige Worte über die Weise gesagt werden, in der noch nie dagewesene Systemeigenschaften entstehen, wenn zwei vorher existierende Systeme miteinander verbunden werden; wenn zum Beispiel zwei elektrische Stromkreissysteme, deren einer über eine Spule läuft, der andere durch einen Kondensator blockiert ist, miteinander verbunden werden, besitzt das neue System eine Schwingungseigenschaft, die in nicht verbundenem Zustand im Prinzip in keinem der beiden Subsysteme zu finden ist. Ein solcher Vorgang ereignete sich sichtlich und ereignet sich jedesmal, wenn die Phylogenese einen Schritt vorwärts macht. Der Begriff »Evolution« bedeutet ebenso wie das deutsche Wort »Entwicklung« etymologisch, daß etwas *vorher Geformtes* bei dem Vorgang bloß entfaltet wird. Keine unserer westlichen Sprachen besitzt ein Wort für das Existent-Werden von etwas völlig Neuem, weil zur Zeit ihres Entstehens der einzig bekannte Entwicklungsvorgang der der Ontogenese war, für welche diese Bezeichnungen tatsächlich etymologisch passen. Einige Philosophen, denen die Unzulänglichkeit für die schöpferischen Vorgänge der Phylogenese bewußt wurde, verwendeten die Bezeichnung *emergence* (Auftauchen), die noch schlechter ist, da sie bedeutet, daß etwas, das für einen buchstäblichen Oberflächenblick unsichtbar war, durch Auftauchen sichtbar wird. In meiner Arbeit »Innate Bases of Learning«, in der ich diese Dinge eingehend behandelt habe, schlug ich die Verwendung der Bezeichnung »Fulguration« in neuem Sinn vor, die von den mittelalterlichen Mystikern zur Beschreibung von schöpferischen Akten benutzt wurde und natürlich andeutete, daß Gottes eigener Blitz das plötzliche Entstehen von etwas Neuem verursachte. Für den Wissenschaftler ist der Blitz ein elektrischer Funke wie jeder andere, und wenn er einen unerwarteten Funken in einem System bemerkt, fällt ihm als erstes ein Kurzschluß ein. Das macht dic Bezeichnung Fulguration merkwürdig angemessen. Was in der Folge schöpferischer phylogenetischer Ereignisse einen Schritt vorwärts darstellt, besteht regelmäßig im Existent-Werden einer neuen Systemeigenschaft, die durch eine neue, im lebenden System zwischen zwei seiner bestehenden Subsysteme auftauchende Kausalbeziehung verursacht wird, die sie in ein neues System von höherer Ordnung integriert. Da wir nicht an Wunder glauben, sind wir überzeugt, daß es immer eine Strukturveränderung ist, die zu einer solchen neuen Integration führt und neue Naturgesetze, die vorher nicht bestanden haben, zum Existent-Werden veranlaßt.

Die neue, aus neuen Strukturen entstehende Gesetzmäßigkeit hebt niemals die innerhalb des lebenden Systems vor dem neuen Integrationsereignis herrschenden Naturgesetze auf. Auch die Systemeigenschaften der neu vereinten Subsysteme müssen nicht völlig verlorengehen. Das stimmt für jeden Schritt im Zug der Entwicklung, sogar für den größten, einen ersten Schritt vom Unorganischen zum Organischen. Ganz besonders stimmt es für das, was wir, zugegebenermaßen mit Stolz, als den zweitgrößten Schritt betrachten können, den, der vom Athropoiden zum Menschen führt. Die Lebensvorgänge sind noch immer physikalische und chemische Prozesse, aber außerdem sind sie, dank der komplizierten Struktur von Kettenmolekülen, auch noch etwas Besonderes. Es wäre blanker Unsinn zu behaupten, daß sie »nichts als« chemische und physikalische Prozesse sind. Es besteht eine analoge Beziehung zwischen dem Menschen und seinen vormenschlichen Vorfahren: der Mensch ist ganz gewiß ein Tier, aber es ist einfach nicht wahr, daß er nichts als ein Tier ist.

Kumulative Tradition als Beispiel

Die Fulguration jener Eigenschaften, die für den Menschen wesentlich sind und die, zumindest zusammen und in nennenswertem Ausmaß, bei keinem anderen Tier existieren, liefert ein hervorragendes Beispiel dafür, wie neue Systemeigenschaften mit neuen Verbindungen vorher existierender Systeme entstehen. Es gibt bei vielen Tieren ein Neugierverhalten, das zu einem beträchtlichen Maß an objektiver Zweckkenntnis führt, und auch die echte Tradition individuell erworbener Erkenntnis. Beim Menschen allein werden sie in einem integrierten System vereinigt.

Die Selbsterforschung, die den Anthropoiden zum Bewußtsein gekommen war, muß sprungweise Fortschritte gemacht haben, als unsere Ahnen von der Werkzeug-Verwendung zur Werkzeugherstellung übergingen. Die Arbeitshand als Teil des eigenen Körpers, zusammen mit dem manipulierten Gegenstand im selben Gesichtsfeld, mußte unvermeidlich auf die Tatsache aufmerksam machen, daß man selbst als Subjekt zugleich ein Objekt ist, und eines, das überaus beachtenswert ist! Durch das Bewußtsein des eigenen Ichs, durch »Reflexion«, wurde der Haltung des Menschen eine neue Objektivität gegenüber den Objekten seiner Umwelt aufgezwungen. Ursprünglich, und für die meisten Tiere, besitzt ein Objekt völlig verschiedene Bedeutungen, die von den verschiedenen psychologischen und physiologischen Zuständen abhängen, in denen sich der Organismus zufällig in diesem Augenblick befindet. Ein potentielles Beutetier hat für einen hungrigen Löwen und für einen satten völlig verschiedene »Werte«. Wenn wir uns einmal darüber klar sind, daß wir selbst »reale Dinge« sind, die in Wechselwirkung mit den anderen »Dingen« unserer Umwelt stehen, haben wir automatisch eine höhere und völlig neue Ebene der Objektivität erreicht, die bei weitem über jene hinausgeht, die bisher dank der abstrahierenden Funktion der Gestaltwahrnehmung und durch die Wirkungen des explorativen Spiels möglich war. Da wir nicht hungrig sind, könnten wir an einem Futterobjekt völlig uninteressiert sein und an ihm vorbeigehen wie der satte Löwe; da wir uns jedoch so kennen, wie es der Fall ist, können wir unseren momentanen Zustand in Betracht ziehen und davon abstrahieren, so daß wir voraussehen, daß das fragliche Objekt in kurzer Zeit sehr interessant werden kann und wird.

Nur zusammen mit und auf der Grundlage aller anderen objektiven Funktionen, die in höheren Tieren schon vorher vorhanden waren, konnte die echte Reflexion, die Überlegung, entstehen. Die Selbsterforschung hätte, außer auf der Grundlage eines vorher existierenden, hochentwickelten Neugierverhaltens, nie entstehen können. Das Verständnis eines Begriffes hätte nie erlangt werden können, wäre es nicht zur Beobachtung der eigenen Greifhand gekommen, die Umweltobjekte faßte und mit ihnen hantierte.

Tradition gab es schon vorher. Ratten können Kenntnisse von der tödlichen Wirkung eines Giftes über viele Generationen weitergeben, ohne daß ein Individuum die persönliche Erfahrung zu wiederholen braucht, die zu dieser Kenntnis geführt hat. Dohlen können ihren unerfahrenen Jungen die Kenntnis von gefährlichen Räubern übermitteln, und man weiß, daß Affen die Tradition gewisser erworbener, gekonnter Bewegungen, zum Beispiel das Waschen von Süßkartoffeln in Seewasser, weitergaben. All diese Vorgänge des Übermittelns erworbener Kenntnisse hängen jedoch von der Anwesenheit ihres Objektes ab. Ohne dieses kann die Ratte ihren Jungen nicht mitteilen, welches Gift sie nicht fressen sollen, kann auch die Dohle ihre Nachkommen nicht lehren, welchem Räuber sie aus dem Weg gehen sollen, oder der Affe seine Geschicklichkeit demonstrieren. Dennoch können wir nicht ganz erklären, warum bei keiner Spezies sozial lebender Tiere traditionelle Kenntnisse jenes Maß übersteigen, bis zu dem es sich tatsächlich schon entwickelt hat. Es blieb also bis hinauf zur Fulguration der kumulativen Tradition beim Menschen das Genom der einzige zur Akkumulierung, Speicherung auf lange Sicht, fähige Mechanismus.

Bei dem Zusammentreffen von Begriffsdenken und Tradition entstanden noch nicht dagewesene Systemeigenschaften. Das ununterbrochene Fortbestehen der Tradition machte es möglich, daß Begriffe mit dem freien Symbol des gesprochenen Wortes assoziiert wurden. Dadurch wurde das Wachsen einer syntaktischen Sprache ermöglicht und ein neuer Weg zur Akkumulierung des traditionellen Wissens gefunden, das mit der Zahl der aufeinanderfolgenden Generationen ständig wuchs. Das neue System wird allgemein Kultur genannt. Seine einzigartige Systemeigenschaft besteht darin, daß es imstande ist, so wie die Erbmasse praktisch unbegrenzte Informationsmengen zu speichern, und gleichzeitig, anders als das Genom, innerhalb von Minuten anstatt in Jahrtausenden, Kenntnisse zu erwerben, die der Speicherung wert sind. Wenn ein Mensch die Herstellung von Pfeil und Bogen lernt oder diese Gegenstände erfindet, werden von da an nicht nur seine Nachkommen, sondern auch seine ganze Kultur diese Werkzeuge besitzen, und die Wahrscheinlichkeit, daß sie jemals in Vergessenheit geraten werden, ist nicht größer als die, daß ein Körperorgan von ähnlichem Überlebenswert jemals verkümmert. Die neue Systemeigenschaft ist nicht mehr und nicht weniger als das berühmte Erbgut erworbener Merkmale, und seine biologischen Folgen lassen sich kaum hoch genug einschätzen. Der Selektionsdruck der sich akkumulierenden Tradition veranlaßte das menschliche Telenzephalon, zu seiner heutigen Größe zu wachsen. Die Körperstrukturen wie Vorderhirn und die verschiedenen Sprachzentren in der dominanten Hemisphäre machen den Menschen *von Natur aus* zu einem Kulturwesen. Ohne Kulturtradition wären diese Strukturen ebenso funktionslos wie die Flügel eines Straußes, nur in noch höherem Maß. All diese gewaltigen Veränderungen, die gewiß den Menschen zu etwas ganz anderem machen als das, was wir als »nichts als ein Tier« bezeichnen würden, wurden jedoch durch die ziemlich einfache Integration zweier Verhaltenssubsysteme bewerkstelligt, deren keines ein ausschließliches Charakteristikum unserer Spezies bildet.

Unsere Kenntnis der Art und Weise, wie in der Phylogenese Systeme höherer Integration durch eine Reihe einzigartiger und unvorhersagbarer Ereignisse entstanden, hat weitreichende Konsequenzen in zwei voneinander völlig unabhängigen Beziehungen.

Die axiomatische Skala von Organismuswerten

Die erste betrifft unsere Philosophie der Werte. Wir können uns des Eindrucks nicht erwehren, daß organische Systeme um so wertvoller werden, je höher sie integriert sind; tatsächlich ist unsere Gewohnheit, manche Tiere als höher und andere als niederer zu bezeichnen, das unmittelbare Resultat dieses unvermeidlichen Werturteils. Sein axiomatischer Charakter läßt sich durch das folgende Denkexperiment leicht demonstrieren. Stellen Sie sich vor, daß Sie vor der Aufgabe stehen, nacheinander einen Kohlkopf, eine Fliege, einen Fisch, eine Eidechse, ein Meerschweinchen, eine Katze, einen Hund, einen Affen und ein Schimpansenbaby zu erledigen. In dem unwahrscheinlichen Fall, daß Sie gegen das Töten des Schimpansen keine größeren Hemmungen empfinden sollten als gegen das Erledigen des Kohlkopfes oder der Fliege, würde ich Ihnen raten, bei der ersten sich bietenden Gelegenheit Selbstmord zu begehen, denn Sie sind ein gräßliches Ungeheuer und eine öffentliche Gefahr.

Die Wertskala zwischen niederen und höheren Organismen ist ganz unabhängig von der anderen, die sich zwischen allen Graden mehr oder weniger erfolgreicher Anpassung an die Umwelt erstreckt. Die Chancen für Disadaption und Krankheit sind auf allen Ebenen schöpferischer Integration ungefähr gleich; die höheren Geschöpfe scheinen womöglich anfälliger zu sein als die niederen. Ein Mensch oder sogar eine ganze Kultur kann in unmittelbarer Auflösungsgefahr und dennoch von höherem Wert sein als eine andere, die sich des besten Gesundheitszustandes erfreut und äußerst lebensfähig ist. Wir sind imstande, uns der Unabhängigkeit der zwei Urteilswertparameter bewußt zu werden, wenn wir dazu gelangen, unsere eigene moralische Verantwortung zu ermessen. Gehorsam zu dem Moralgesetz in uns, wie Immanuel Kant es genannt hat, kann oft ein Verhalten erfordern, das keineswegs gesund ist, und gar nicht selten stehen Menschen vor der Alternative, sich entweder unmoralisch zu verhalten oder das große Opfer des Märtyrertums zu bringen – das auch noch völlig vergeblich sein kann.

Obligatorische Methoden für die Betrachtung integrierter Systeme

Die zweite überaus wichtige Konsequenz, die uns durch das Erkennen der »Schichten«-Struktur organischer Systeme aufgezwungen wird, betrifft die Taktik bei deren Analyse. Der erste Schritt zum Verständnis eines Systems, das aus einer ganzen Hierarchie von Subsystemen besteht, die Stufe für Stufe ineinander integriert sind, muß aus einleuchtenden Gründen darin bestehen, vorerst eine gewisse Übersichtskenntnis jener Subsysteme zu gewinnen, die dem Ganzen unmittelbar untergeordnet sind. Diese erste Aufgabe ist um so verbindlicher, je komplizierter und je höher integriert das zu untersuchende System tatsächlich ist. Mit anderen Worten, die Chancen, durch atomistische und operationalistische Methoden Einsicht in den Aufbau eines Systems zu gewinnen, sinken im umgekehrten Verhältnis zu dessen Kompliziertheit und Integrationsniveau. Wir müssen eine ganze Anzahl erfolgreicher inspirierter Vermutungen äußern, um auch nur das vorhypothetische Stadium unklarer Ahnung zu erreichen, das uns gestattet, unsere Beobachtungen so zu verlegen, daß wir zu einer Arbeitshypothese gelangen, welches die größten und umfassendsten Subsysteme sind, die wir zu beobachten haben. Bei dieser Aufgabe sind einfache Beobachtung und das freie Spiel unserer Gestaltwahrnehmung die aussichtsreichsten Methoden. Ich möchte ernsthaft und eindringlich erklären, daß bei unserer ersten versuchsweisen Annäherung an das Verständnis komplizierter lebender Systeme die »visionäre« Einstellung des Poeten – die einfach darin besteht, die Gestaltwahrnehmung entscheidend herrschen zu lassen – uns viel weiter bringt als irgendeine pseudowissenschaftliche Messung willkürlich gewählter Parameter. Ich meine nicht, daß ein Mensch, der »nichts als« ein Poet ist, mehr Aussicht hat, integrierte Systeme zu verstehen, als ein Wissenschaftler. Ich will nur sagen, daß ein Wissenschaftler mit aller ihm zur Verfügung stehenden methodologischen und fachlichen Kenntnis keine Aussicht hat, ein komplexes lebendes System, wie es dem menschlichen Sozialverhalten zugrunde liegt, jemals zu verstehen, es sei denn, er verwendet seine Gestaltwahrnehmung bis zum Äußersten und läßt ihr völlig freien Lauf, indem er zugleich so viele zweckdienliche Beobachtungsdaten in ihren umfassenden Speicher eingibt, wie er bekommen kann. Es gibt Menschen, die imstande zu sein scheinen, gerade das zu tun. Einer von ihnen ist Erik Erikson, der meiner Ansicht nach mehr von den tiefsten Wurzeln menschlichen Verhaltens weiß als irgend jemand anders, den ich nennen könnte.

Dennoch würde uns die Gestaltwahrnehmung beim Verstehen wirklich komplexer Systeme, wie dem des menschlichen Verhaltens, nicht weit genug führen, um eine Anwendung der quantitativen Verifikationsmethoden zu ermöglichen, gäbe es keine Hilfe von ziemlich unerwarteter Seite.

Es gibt Fälle, bei denen Charles Darwins Frage »Wozu?« unbeantwortet bleibt. Bei gefangenen Tieren und ganz besonders bei zivilisierten Menschen finden wir immer wiederkehrende Verhaltensweisen, die nicht nur wertlos, sondern sogar für das Überleben des Individuums ebenso wie der Spezies schädlich sind. Stellt man Darwins Frage hinsichtlich einer Militärparade, einer Voodoo-Zeremonie auf Haiti, eines Sitzstreiks von Studenten in der Wiener Universität oder des modernen Krieges, findet man selbst heraus, daß man keine Antwort zu finden vermag – zumindest solange man die Frage in der einfachen und ungekünstelten Art stellt, in der wir als Biologen gewohnt sind, sie zu stellen.

Mein verstorbener Freund Bernhard Hellmann pflegte, wenn er mit einer so erstaunlichen und verwirrenden Verhaltensweise konfrontiert wurde, eine andere Frage zu stellen: »Hat der Konstrukteur es so gewollt?« Obwohl die Frage halb im Scherz gestellt wurde, enthält sie eine tiefe Erkenntnis der Existenz einer Grenzlinie, die, wenn auch äußerst schwer zu definieren, im biologischen und insbesondere im medizinischen Denken eine äußerst wichtige Rolle spielt: die Grenzlinie zwischen dem Normalen und dem Pathologischen, zwischen Gesundheit und Krankheit.

Wenn wir in bezug auf eine verrückte menschliche Verhaltensweise ebensowenig auf Charles Darwins Frage »Wozu?« wie auf Bernhard Hellmanns Frage »Hat es der Konstrukteur so gewollt?« eine Antwort bekommen, brauchen wir das Vertrauen zur normalen biologischen Betrachtung nicht zu verlieren, müssen aber zu weiteren Fragen unsere Zuflucht nehmen, die zu einer anderen Art der Betrachtung, der des Mediziners, gehören. Mein verstorbener Freund Ronald Hargreaves, Psychiater in Leeds, schrieb mir in einem seiner letzten Briefe, daß er sich angewöhnt habe, bei der Betrachtung einer geistigen Störung gleichzeitig zwei Fragen zu stellen. Die erste lautet: Welche normale Überlebensfunktion wird durch diesen Vorgang hier gestört? Die zweite: Welcher Natur ist die Störung und insbesondere, besteht ein Überschuß oder ein Mangel der fraglichen Funktion?

Auf den ersten Blick könnte es scheinen, daß die unvorhersagbare pathologische Störung eines höchst komplizierten und somit jedenfalls überaus schwer verständlichen Systems ein weiteres und unüberwindliches Hindernis für das Bestreben seiner Analyse hinzufügen würde. Die Physiologen wissen aber schon lange, daß dem nicht so ist. Weit entfernt davon, ein zusätzliches Hindernis für die Analyse eines Systems zu sein, ist sie oft genug der Schlüssel dazu. Tatsächlich zeigt die Geschichte der Physiologie eine große Zahl von Fällen, bei denen nicht einmal die Ahnung von der Existenz eines bedeutenden physiologischen Mechanismus oder Systems bestand, bis eine durch dessen Störung verursachte Krankheit die Aufmerksamkeit der Wissenschaftler erregte. Die Geschichte der Entdeckung endokriner Drüsen und des Fortschritts ihrer Analyse bietet ein hervorragendes Beispiel für die bei der Systembeobachtung erforderliche Methode. Als E. T. Kocher bei dem Versuch, die Hyperthyreose zu heilen, die Schilddrüse entfernt hatte, bemerkte er, daß er eine Krankheit hervorgerufen hatte, die er als *cachexia thyropriva* bezeichnete. Daraus schloß er richtig, daß die Funktion der Schilddrüse mit der anderer endokriner Drüsen in der Verbindung eines ausgewogenen Antagonismus stand und daß die Basedowsche Krankheit, die Hyperthyreose, aus der Störung dieses Gleichgewichts zugunsten einer überschüssigen Schilddrüsenfunktion bestand.

Das Grundprinzip dieser Beobachtung läßt sich ausgezeichnet auf die meisten Störungen anwenden, die heutzutage im Sozialverhalten der Menschen zu beobachten sind. Tatsächlich bestehen sehr viele davon im Verlust des Gleichgewichtes zwischen zwei oder mehr Verhaltenssystemen, wobei das Wort »System« im Sinn der ausgezeichneten Definition gebraucht ist, die Paul Weiss in seiner Arbeit »Determinism Stratified« gegeben hat: ein System ist alles, was einzigartig genug ist, einen Namen zu verdienen. Ronald Hargreaves Doppelfrage sollte es jedem klarmachen, wie albern es ist, irgendeinem Mechanismus die Adjektive »gut« oder »böse« beizulegen, ob es sich nun um Liebe, Aggression, Indoktrinierung, Ritualisation, Enthusiasmus oder sonst etwas handelt. Jeder dieser Mechanismen ist, wie jede endokrine Drüse, unentbehrlich, und jeder kann, wieder wie eine Drüse, durch seine Überfunktion zu einem verderblichen Ungleichgewicht führen. Es gibt keine menschliche Entartung, die etwas anderes als eine überschüssige Funktion ist, welche an sich für das Überleben der Spezies unentbehrlich ist.

Ich will nun dazu übergehen, Ronald Hargreaves Doppelfrage auf gewisse Phänomene anzuwenden, die offensichtlich unsere Kultur bedrohen, und die meiner Ansicht nach dem mangelnden Gleichgewicht zweier wichtiger Verhaltenssysteme zugeschrieben werden kann. Das erste ist der Mechanismus, der für das sorgt, was Sigmund Freud die ausgeglichene Lust-Unlust-Ökonomie nannte. Das zweite ist das ziemlich komplizierte System, dessen Funktion darin besteht, traditionelle Erkenntnisse von einer Generation an die nächste weiterzugeben und zugleich dafür zu sorgen, daß veraltete Traditionspositionen abgestoßen und neue erworben werden können.

Das Ungleichgewicht der Lust-Unlust-Ökonome

Ich beginne mit der Beschreibung einiger Symptome, von denen ich glaube, daß sie durch die Störung des Lust-Unlust-Gleichgewichts verursacht werden. Das vielleicht eindrucksvollste dieser Symptome ist das *Verlangen nach sofortiger Belohnung.* Bei einem großen Prozentsatz der heutigen Menschheit, und nicht nur bei der jüngeren Generation, gibt es eine nachweisbare Abnahme der Fähigkeit und Bereitwilligkeit, nach Zielen zu streben, die erst in der Zukunft erreicht werden können. Jedes Ziel, das nicht *sofort* erreicht werden kann, erscheint nicht mehr erstrebenswert. Sogar große Konzerne wollen nicht weiter als nur für sehr wenige Jahre in die Zukunft blicken. In der Wissenschaft hat die Abneigung dagegen, sich mit Programmen auf lange Sicht zu befassen, zu einer bedauerlichen Vernachlässigung *beschreibender* Fächer geführt, bei denen ein geduldiges und langwieriges Sammeln von Erkenntnissen notwendig ist.

Obwohl es nicht klar ist, was die Ursache und was die Wirkung ist, gibt es sicher einen engen Zusammenhang zwischen dem geläufigen Verlust an Geduld und einer allgemeinen *Unfähigkeit, irgendwelche Art von Schmerz oder Unlust zu ertragen.* Der enorme Verbrauch von schmerzstillenden Mitteln und Tranquilizern bezeugt diese Überempfindlichkeit. Ich beobachtete einmal, wie mein Neffe einen riesigen Löffel voll Pyramidonpulver schluckte, und fragte ihn voll Mitleid, ob er starke Kopfschmerzen habe. Nein, sagte er, aber er fürchte sie zu bekommen. Kurt Hahn erzählt eine Geschichte von einem Schüler, der mit einem Paket Tabletten zur Schule kam, die ihm seine Eltern gegeben hatten, und die garantiert gegen jeden Anfall von Heimweh wirken sollten.

Ein drittes seltsames Symptom, das mit den beiden bereits erwähnten nah verwandt ist, ist eine allgemeine Bewegungsunlust. Jede Anstrengung der willkürlichen Muskulatur ist so unmodern geworden, daß sich der Gesichtsausdruck vieler Menschen geändert hat: ein müder, leidender, gelangweilter Blick, gelegentlich überlagert von einem Ausdruck des Vorwurfs und Schmollens läßt sich bei nur allzu vielen jungen Menschen beobachten. Es besteht zwischen den Zwanzigjährigen des Jahres 1920 und denen des Jahres 1969 ein sehr wesentlicher Verhaltensunterschied in der Quantität der um ihrer selbst willen geleisteten Lokomotion. Im Wienerwald, wo es 1920 von jungen Menschen wimmelte, trifft man jetzt nur selten Fußgänger, und wenn man welche trifft, sind sie über sechzig. Unter den jungen Menschen, die sich für sehr sportlich halten, gibt es vielleicht eine gewisse Bereitwilligkeit zur Leistung von Muskelarbeit, aber nur um ihrer selbst willen, nicht zu irgendeinem anderen Zweck. Das würde als »Arbeit« betrachtet werden. Man kann daher junge Leute sehen, die vierzig Minuten bei einem Skilift Schlange stehen, anstatt zwanzig Minuten lang bergauf zu gehen.

Die technologische Produktion unterstützt die wachsende Unlust, Muskelarbeit zu verrichten: man kann von einem Wohlstandsbürger nicht erwarten, daß er Stiegen steigt oder eine Kurbel dreht, um ein Fenster oder das Gleitdach seines eleganten Autos zu öffnen; er wird sich höchstens zu einem Knopfdruck herablassen, um es zu tun.

Es war Kurt Hahn, der auf die beunruhigende Tatsache aufmerksam machte, daß diese Art körperlicher Trägheit sehr oft mit einer gleichzeitigen *Gefühlsträgheit* verbunden war. Eine mangelnde Fähigkeit für *Mitgefühl* ist, nach Meinung des großen Fachmannes, eine häufige Begleiterscheinung der für blasierte junge Menschen typischen Trägheit. Ich glaube, ich brauche keine Beispiele anzuführen: jede Tageszeitung ist voll von Fällen, in denen Menschen in sehr belebten Straßen großer Städte in Gegenwart von Schwärmen unmenschlicher Zuschauer, die nicht »in Schwierigkeiten geraten« wollten, indem sie dem Opfer halfen, gemartert, umgebracht oder vergewaltigt wurden. Die Unfähigkeit, Mitgefühl zu empfinden, spielt auch eine wichtige Rolle bei den Akten offener Feindseligkeit gegen schwache, alte Leute, die oft von Jugendlichen begangen werden.

Stellen wir also hinsichtlich der eben geschilderten Phänomene die erste der zwei von Ronald Hargreaves vorgeschlagenen Fragen. Welche normale Funktion scheitert in jedem dieser Fälle, und welcher Natur ist dieses Scheitern? Ich glaube, wir können vorläufig eine ungefähr zutreffende Antwort auf diese Fragen geben.

Alle zu echtem Lernen fähigen Organismen besitzen einen eingebauten Mechanismus, dessen Funktion darin besteht, Belohnung und Bestrafung zuzumessen, und zwar Belohnung für Verhalten, das für das Individuum oder die Spezies oder für beide Überlebenswert besitzt, und Bestrafung für alles, was diesen Interessen zuwiderläuft. »Belohnung« und »Bestrafung« sind hier nur Kurzform für die Funktionen der *Bestärkung* oder *Löschung* des vorhergegangenen Verhaltens. Lust und Unlust sind die gleichermaßen realen subjektiven Erlebnisse, die diese Lernvorgänge begleiten.

Viele sonst scharfsinnige Lerntheorien haben eine Tatsache übersehen, die für unsere Überlegung von höchster Bedeutung ist, daß nämlich dieser hochintegrierte Rechenmechanismus in seinem Programm phylogenetisch erworbene Information, faktisch die *Kenntnis dessen, was für den Organismus gut und was für ihn schlecht ist,* besitzen muß. Dieser Mechanismus »kennt« alle Referenzwerte, welche die homöostatischen Kreise innerhalb des Organismus konstant halten sollen, er setzt die Bestrafung, daß wir uns elend fühlen, wenn in irgendeinem dieser Regelkreise etwas nicht in Ordnung ist, wenn wir zum Beispiel zu wenig oder zu viel Sauerstoff, Glukose oder etwas dergleichen im Blut haben, wenn uns zu heiß oder zu kalt ist und so fort. Er belohnt uns, indem er veranlaßt, daß wir uns wohl fühlen, wann immer unser Verhalten dazu beigetragen hat, diese Werte zu korrigieren, zum Beispiel dann, wenn wir die richtige Art von Nahrung zu uns nehmen, usw. Er setzt eine Prämie für die Ausführung jeder der typisch arterhaltenden Tätigkeiten in biologisch »richtiger« Weise aus.

Dieser großartige Lehrmechanismus, die »angeborene Paukerin«, wie ich ihn im Scherz nannte, könnte theoretisch mit Belohnung (Bestärkung) allein oder mit Bestrafung (Löschung) allein arbeiten. Wir besitzen jedoch introspektive Kenntnis, daß er beide Prinzipien verwendet, und es gibt objektive Kriterien, welche die Annahme stützen, daß das gleiche auch bei Tieren zutrifft. Es ist vielleicht nur ein Fall von Versicherung durch Rückversicherung, ein Vorgang, für den es in der Entwicklung zahlreiche Beispiele gibt. Eine andere versuchsweise erteilte Antwort, die ich bis vor kurzem für ausreichend hielt, bestand darin, daß es schwierig ist, Organismen durch ausschließliche Verwendung von Abwehrreizen zu *spezifischen* Verhaltensweisen zu veranlassen. Es ist sehr schwierig, einen Vogel in einen Käfig zu treiben, da man eine große Zahl von Reizen, die aus allen räumlichen Richtungen einwirken, mit Ausnahme der Käfigtür, dazu verwenden müßte. Es würde somit vorteilhafter scheinen, eine Belohnung in den Käfig zu legen und den Vogel so in den Käfig zu locken. Die Evolution hat, wie wir sehen, diesen Trick gelernt und »wendet« Löschungsvorgänge »an«, wenn das biologische Ziel nur darin besteht, ein Tier von schädlichen Umwelteinflüssen fernzuhalten, »gebraucht« aber den Köder der Bestärkung in Fällen, bei denen vom Organismus verlangt wird, etwas Spezifischeres zu tun.

Ein weiterer Unterschied zwischen Bestärkungs- und Löschungsvorgängen liegt in der Weise, wie äußerer Reiz bewertet wird. Bei Appetenzverhalten, bei dem der Organismus die Reizquelle zu erreichen sucht, wirkt jede Quantitätserhöhung hereinkommender Reize als Bestärkung, während bei Meidungsverhalten jedes Abnehmen des Reizes die vorhergehende Verhaltensweise bestärkt.

Diese Überlegungen sind an sich völlig richtig, enthalten aber keine wirkliche Antwort auf die Frage, warum der Lernapparat höherer Tiere auf der Grundlage zweier einander entgegengesetzter Prinzipien aufgebaut ist. Die widerstreitende Wirkung von zwei unabhängig variablen Motivationen ist notwendig, um ein *ökonomisches* Gleichgewicht zwischen bestimmten errungenen biologischen Vorteilen und dem für deren Gewinn vollbrachten Aufwand aufrechtzuerhalten. Kraft der Konditionierung wird der Organismus befähigt, geradeaus auf die Erlangung eines Ziels loszugehen, das Überlebenswert besitzt und eine *künftige* Belohnung trotz der Tatsache bietet, daß es entgegen einer *vorhandenen* Reizsituation, die als stark löschendes Abschreckungsmittel wirkt, seine Tätigkeit beginnen muß.

Dieses Element der *Voraussicht* stellt die wichtigste Funktion der Konditionierung dar. Es befähigt den Organismus, einen Preis für etwas später zu Gewinnendes zu bezahlen, wobei der Preis aus Energieaufwand, Übernahme gewisser Risiken und anderen Nachteilen besteht. Die Bilanz von Lust und Unlust, alle Phänomene, die Freud »Lust-Ökonomie« nannte, stellt die subjektive Seite dieser Art von Geschäft dar.

Wenn dieser Handel für den Organismus oder dessen Spezies einen Nettogewinn in Form von Überlebenswert bringen soll, muß der bezahlte Preis dem damit erreichten Bruttogewinn proportional sein. Es wäre eine schlechte Strategie für den Wolf, ohne Rücksicht auf die Kälte in einer besonders kalten Winternacht zu jagen; er kann es sich einfach nicht leisten, eine Mahlzeit mit einer oder zwei erfrorenen Zehen zu bezahlen. Es können jedoch Umstände auftreten, zum Beispiel eine schreckliche Hungersnot, bei der unser Wolf tatsächlich gut beraten wäre, ohne Rücksicht auf Schaden und Risiken zu jagen und eine einzige, letzte Chance zu versuchen.

Dieses Beispiel soll veranschaulichen, daß es keine ständige Beziehung zwischen den Werten des erreichten Ziels und des für dessen Erreichung bezahlten Preises gibt. Genau wie in der kommerziellen Wirtschaft wird der Preis, der für eine bestimmte Situation als angemessen betrachtet wird, durch die Gesetze von Angebot und Nachfrage bestimmt. Die wechselnde Stärke der das Appetenzverhalten verursachenden Motivationen wird weitgehend durch die Bedürfnisse des Organismus oder der Spezies bestimmt – tatsächlich sehr oft in höchst unmittelbarer Weise durch die Bedürfnisse der Gewebe des Individuums. Die Wirksamkeit, welche das Erreichen des Ziels als *Bestärkung* des vorhergegangenen Verhaltens entwickelt, ändert sich proportional zu der Motivationsstärke. Die Bereitwilligkeit, Bestrafung zu ertragen, die bei der Überwindung von Hindernissen unvermeidlich ist, tut genau das gleiche. Es ist ein ungeheuer kompliziertes und fein eingestelltes System von anpassungsmäßig veränderlichen Bestärkungs- und Löschungsmechanismen, die in der Ökonomie des Organismus ein ausgewogenes Gleichgewicht erzielen.

Ich glaube, wir können Ronald Hargreaves erste Frage bezüglich der Überlebensfunktion des gestörten Mechanismus ohne Zögern damit beantworten, daß alle bisher besprochenen Symptome, die Unfähigkeit zu warten, die Unfähigkeit Unlust zu ertragen, die Bewegungsunlust und die Schwäche an Mitgefühl, durch eine Störung des Mechanismus verursacht werden, der das ausgewogene Gleichgewicht der Lust-Unlust-Ökonomie herstellt.

Ich gehe zu Hargreaves zweiter Frage über: Welcher Natur ist die Störung? Um meine vorläufige Antwort verständlich zu machen, muß ich noch einige Worte über die physiologischen sowie über die historischen Eigenschaften dieses Ausgleichsmechanismus sagen.

Der besprochene Mechanismus ist, wie viele andere neurosensorische Funktionen, der Gewöhnung oder »sensorischen Anpassung« unterworfen. Dieser Ausdruck wird zwar von sensorischen Physiologen akzeptiert, ist aber nicht glücklich gewählt, weil die Wirkung des Phänomens nicht unbedingt im Sinn von Überleben anpassungsfähig sein muß. Das *Nachlassen* der Reaktion auf einen oftmals wiederholten Reiz – oder eine Reizkombination – ist nur unter der Voraussetzung der statistischen Wahrscheinlichkeit vorteilhaft, daß ein immer wiederkehrender Reiz wahrscheinlich nicht etwas wirklich Wichtiges anzeigt. Was immer er aussagt, wird wahrscheinlich wirtschaftlich eher

»billig« sein. In mancher Hinsicht mag die Gewöhnung einer Ermüdung gleichzusetzen und sogar aus gewissen Ermüdungsformen phylogenetisch entstanden sein. Sie hat jedoch eine völlig andere Funktion. Auch ist Gewöhnung nicht im peripheren Sinnesorgan, sondern, wie Margret Schleidt experimentell gezeigt hat, im zentralen Nervensystem selbst lokalisiert. Gewöhnung ist nicht immer für einen bestimmten Reiz spezifisch, sondern oft für eine höchst komplizierte Reizkombination. Es wird nur die Schwelle dieser bestimmten Reize erhöht, oder mit anderen Worten, nur die Reaktion auf diese wird schwächer, während alle anderen Reaktionen auf alle anderen Reizsituationen, auch auf sehr ähnliche, unverändert bleiben.

Die zweite, gleichfalls bei sehr vielen Neurofunktionen verbreitete physiologische Eigenschaft ist die *Trägheit.* Jede Verzögerung in einem Regelkreis führt zu den Wirkungen von Dämpfung und Oszillation. Wenn es in einem homöostatischen Kreis zu einer Abweichung vom »Soll-Wert« kommt, wird die Wiederherstellung dieses Wertes kaum jemals in einer direkten, gedämpften Kurve erreicht, sondern sie *schießt* in den meisten Fällen über den Referenzwert *hinaus* und erreicht ihn schließlich auf dem Weg über eine oder mehrere Oszillationen über und unter dem Wert. Dieses Hinausschießen über das durch das Regelsystem gesetzte Ziel stellt eine Dämpfung oder einen Kontrast dar, wie die allgemeine Bezeichnung lautet. Kontrast ist, unter anderen komplizierteren Ursachen, einer der Faktoren, der Aktivitäten in Ausbrüchen oder Anfällen auftreten läßt, anstatt ständig zu »tröpfeln«. Bei ständigem Vorhandensein von Futter beispielsweise frißt ein Tier nicht dauernd und sehr langsam, sondern es frißt sich voll und hört dann längere Zeit auf. Der Grund dafür liegt darin, daß die Regelkreise der Futteraufnahme in beiden Richtungen über das Ziel hinausschießen: Zuerst frißt das Tier kraft der Trägheit etwas länger weiter, als es sollte, dann bleibt es, weil es sich ein wenig überfressen hat, dem ständigen Vorhandensein von Futter gegenüber unempfindlich, weil der von diesem ausgehende Reiz durch »Einschleichen« eine wieder etwas verspätete Reaktion auslöst, als der Schwelle des Referenzwertes genau entsprechen würde.

Schließlich muß man, um die Funktion des Lust-Unlust-ausgleichenden Apparates zu verstehen, die Umstände in Betracht ziehen, unter denen er historisch entstanden ist. Zur Zeit ihres wahrscheinlichen Ursprungs konnte sich die Menschheit nur mühsam durchbringen. Seither trägt sie alle Merkmale eines in Richtung äußerster Sparsamkeit wirkenden Selektionsdrucks. In der Menschheitsdämmerung konnte man es sich nicht leisten, für irgend etwas einen zu hohen Preis zu bezahlen. Die Menschen *mußten* bei jedem Aufwand von Energie, von Risiko oder Besitztümern äußerst zögernd zu Werke gehen. Bei jedem möglichen Gewinn mußte habgierig zugegriffen werden. Trägheit, Gefräßigkeit und manche anderen heutigen Laster waren damals Tugenden. Das Klügste, was man tun konnte, war, alles Unangenehme wie Kälte, Gefahr, Muskelanstrengung und dergleichen zu vermeiden. Das Leben war hart genug, um jede Gefahr, des »Zu-weich-Werdens« auszuschließen. Das waren die Bedingungen, an die sich unser Lust und Unlust ausgleichender Mechanismus in der Evolution anpaßte. Man muß sie sich vor Augen halten, um seine heutigen Ausfälle zu verstehen.

Unser Regelapparat der Lust-Unlust-Ökonomie ist unter den Bedingungen der modernen Zivilisation aus augenscheinlichen Gründen gewissen Pannen ausgesetzt. Der Mensch hat mit allzuviel Erfolg alle Reizsituationen, die Unlust verursachen, vermieden und umgangen, und mit allzuviel Geschicklichkeit immer lohnendere »übernormale« Lockmittel ersonnen. Die unvermeidliche Folge davon war eine immer stärkere Sensitivierung für alle reizauslösenden Unlustempfindungen, begleitet von einer entsprechenden Abnahme der Reaktionen auf früher lustbringende Reizsituationen. Es ist eine alte, alltägliche Wahrheit, daß es keine noch so große Freude gibt, die nicht durch ständige Wiederholung schal wird, doch die moderne Menschheit scheint sie vergessen zu haben. Außerdem scheint der Mensch, bei all seiner angeblichen Weisheit, nicht zu begreifen, daß die höchsten Stufen des Glücks, die für ihn überhaupt zugänglich sind, nur durch Auswertung des Kontrastphänomens erklommen werden können. Es gibt keinen Weg zu den Spitzen der Seligkeit, es sei denn durch das Tal der Schmerzen. Der moderne Mensch ist so verwöhnt und verweichlicht, daß er sogar davor zurückschreckt, den bescheidenen Zoll von Enttäuschung und Mühe zu bezahlen, den die Natur als Preis für alle irdische Freude eingesetzt hat. So einfach ist es!

Eine Freude bis zum Punkt völliger Erschöpfung auszukosten, ist ganz schlechte Lust-Ökonomie, und noch schlimmer ist es, diese Stufe der erhöhten Schwelle durch Finden übernormaler Reize noch höher zu setzen. Ein solches Vorgehen ist dem Kutschieren eines Karrens mit einem ständig ermüdeten Pferd vergleichbar, das man selbst durch den ständigen Gebrauch der Peitsche nicht zu einer schnelleren Gangart treiben kann, als sie ein ausgeruhtes Tier ohne Peitsche zustande bringt. Abgesehen von der Tatsache, daß es für das Pferd ungesund ist, verhindert es eine Maximalleistung, die gelegentlich durch Peitschen des ausgeruhten Pferdes erreicht werden könnte. Man sollte meinen, daß der dümmste Mensch auf Erden diesen Fehler durchschauen müßte, aber die Leute tun es nicht. Es gibt viele Aspekte im zivilisierten Leben, in denen intelligente Menschen analoge Fehler zu dem einer dummen Mutter begehen, die glaubt, sie könne die Nahrungsaufnahme eines schwachen Kindes vergrößern, indem sie es ausschließlich mit Leckerbissen füttert. Das ist, hinsichtlich der Lust-Ökonomie, ebenso albern wie das, was oft genug in der Wirtschaft geschieht. Die Walfang-Industrie zum Beispiel hat die Walpopulation so erschöpft, daß kaum genug Tiere geblieben sind, um die Auswertung zu lohnen. Sie hält sie aber weiter in diesem Zustand der Schwäche, denn es mangelt den Verwertern an Intelligenz und Voraussicht ebenso wie an Finanzreserven, welche für die einzig vernünftige Strategie, die Walpopulation sich soweit erholen zu lassen, daß sie einen maximalen Ertrag abwirft, nötig wären. Das ist ein vortreffliches kommerzielles Modell für das, was in der menschlichen Lust-Ökonomie geschieht.

Die Unfähigkeit zu warten, sich für die Periode zurückzuhalten, die nötig ist, um die Lustreizschwelle wieder ihre normalen Werte erlangen zu lassen, hat natürlich schädliche Konsequenzen für den Rhythmus, in dem Vollzugsleistungen wiederholt werden. Der Apparat, der den zu bezahlenden Preis gegen den gewinnenden Vorteil ausbalanciert, ist, wie ich bereits erklärt habe, auch für die wichtige Funktion verantwortlich, die Tätigkeiten in Ausbrüchen oder Anfällen auftreten und nicht ständig »tröpfeln« zu lassen. Genau das aber ist die Konsequenz der hier besprochenen Störung. Das von dieser Störung betroffene Individuum ist unfähig, sich mit der geringsten Entbehrung abzufinden, und sei es auch nur für kurze Zeit. Es kann, wie mein junger Neffe, sogar solche Angst vor dem mildesten Gefühl irgendeines Bedürfnisses haben, daß es ihm zuvorkommen muß, selbst bevor es dieses Gefühl noch verspürt. Der normale Rhythmus des Essens mit Vergnügen, nachdem man wirklich hungrig war, das Vergnügen, irgend etwas zu vollbringen, nachdem man eifrig danach gestrebt hat, die Freude, einen Erfolg zu erringen, nachdem man fast verzweifelt darum gerungen hat, kurz die ganze herrliche Wellenbreite menschlicher Emotionen, alles, was das Leben lebenswert macht, wird zu einer kaum merkbaren Oszillation zwischen kaum merklichen kleinen Unlust- und Lustgefühlen gedämpft. Das Ergebnis ist maßlose Langeweile.

Wenn Sie Augen haben, um zu sehen, werden Sie diese Langeweile in einer wahrhaft erschreckenden Menge junger Gesichter wahrnehmen. Haben Sie je junge Leute beobachtet, wie sie in der Öffentlichkeit balzen, einander küssen, streicheln und gerade nur nicht geschlechtlich verkehren? Sie brauchen dafür kein Voyeur zu sein. Sie können nicht umhin, es zu beobachten, wenn Sie abends durch den Hyde Park gehen oder in London in der U-Bahn fahren. Bei diesen Unglücksvögeln sind feurige Liebe und der Spaß am Sex zu der Gefühlsstärke abgeschwächt, die man bei einem verwöhnten Baby beobachten kann, das leicht angewidert an einem unerwünschten Lutschbonbon saugt. Der gelangweilte Jugendliche sitzt in seiner eigenen Sonderhölle, er muß ein Objekt aufrichtigen Mitleids sein, und wir dürfen uns von unserem Erbarmen nicht durch die Tatsache abschrecken lassen, daß er uns mehr haßt als alles in der Welt.

Die Ursachen für seinen Haß liegen nur zum Teil in der Störung des Lustprinzips, von der ich bisher gesprochen habe. Sie liegen in größerem Maß in einem Versagen des Mechanismus, der kulturelle Normen des Sozialverhaltens von einer Generation an die nächste übermittelt. Darüber werde ich bald sprechen, vorher muß ich aber erklären, wie der Haß durch die bereits erwähnten Wirkungen geweckt wird.

»Verweichlichung« ist ein schnell fortschreitender Prozeß, daher wird die jüngere Generation durch ihn automatisch schwerer betroffen als die ältere. Eltern sind deshalb leicht versucht, die Rolle des »spartanischen Vaters« zu spielen und von den Vorzügen eines harten, frugalen Lebens zu predigen. Das ist natürlich das Schlimmste, was sie tun können. Die Therapeuten, die das Phänomen »Verweichlichung« erfolgreich bekämpft haben, stimmen in der Ansicht überein, daß die dagegen wirkenden Umstände aus der unpersönlichen Umwelt und nicht von irgendwelcher menschlicher Wirkung stammen müssen. Helmut Schulze hat in seinem Buch »Der progressiv domestizierte Mensch« auf einige sehr interessante therapeutische Möglichkeiten hingewiesen, und lang vor ihm hat Kurt Hahn dasselbe Prinzip angewandt.

Die Natur der Therapie erhellt die Hauptwurzel der Störung: das Wesen aller Gegenmaßnahmen besteht darin, den »Patienten« in *wirkliche* Schwierigkeiten zu bringen, die möglichst nicht nur ihn betreffen, sondern auch stark an soziale Reaktionen erinnern. Die wirkungsvollste Therapie für »blasierte« junge Menschen, die Kurt Hahn ersinnen konnte, bestand darin, ihnen die Aufgabe einer Lebensrettung unter einer gewissen eigenen Lebensgefahr zu stellen. Helmut Schulze gelangte zu identischen Schlußfolgerungen auf Grund der paradoxen Beobachtung, daß manche seiner Patienten, die in Konzentrationslagern gelebt und sich unter diesen schrecklichen Bedingungen als Helden an Mut und Altruismus erwiesen hatten, sobald sie wieder in die Sicherheit eines ruhigen, zivilisierten Lebens kamen, neurotisch wurden oder in anderer Weise kaputtgingen. Ein anderes Beispiel für das gleiche Paradoxon wird durch die nicht seltenen Fälle von jungen Menschen geliefert, welche die Verweichlichung des modernen zivilisierten Lebens so langweilig finden, daß sie einen Selbstmordversuch unternehmen, sich dabei böse Verletzungen zufügen und nachher erstaunlicherweise mit einem gebrochenen Rückgrat oder einem durchschossenen Sehnerv glücklich leben. Da sie nun echte Schwierigkeiten überwinden müssen, finden sie das Leben lebenswert.

Fassen wir zusammen: Die Ursache für die bisher erörterten Symptome ist, zumindest in weitgehendem Maß, in der Tatsache zu finden, daß die Faktoren, welche Lust und Unlust im Gleichgewicht halten, durcheinandergebracht werden, weil es dem zivilisierten Menschen an *Hindernissen fehlt*, die ihn zwingen, entweder eine gesunde Menge schmerzhafter, beschwerlicher Unlust zu akzeptieren oder unterzugehen.

Ungleichgewicht der die Kultur erhaltenden und anpassenden Mechanismen

Ich wende mich nun der Beschreibung einer anderen Gruppe von Symptomen zu, die meiner Ansicht nach durch den Verlust des Gleichgewichts des Verhaltenssystems verursacht werden, dessen Funktion es ist, die Tradition von einer Generation an die nächste zu übermitteln sowie gleichzeitig veraltete Informationen zu beseitigen und neue und anpassungsfähige Information zu erwerben. All diese Phänomene summieren sich zu einer höchst beunruhigenden Feindseligkeit, welche die jüngere Generation gegen die ältere hegt und die charakteristischerweise nur zaghaft und nur von einem geringen Teil der Erwachsenen erwidert wird. Ein sehr kleiner Teil dieser Feindseligkeit mag durch den unklugen Versuch der älteren Generation hervorgerufen werden, die Rolle des sprichwörtlichen »spartanischen Vaters« in dem bereits besprochenen Verweichlichungsprozeß zu spielen. Die Jugend verzeiht uns vielleicht, daß wir sie ermahnen, mehr Bewegung zu machen, vielleicht sieht sie uns auch nach, daß wir das Geld verdienen, von dem sie lebt. Sie haßt uns aus anderen Gründen, und leider haßt sie uns tatsächlich sehr gründlich. Es sind nicht nur die »Rocker«, die uns hassen, wenn andere auch nicht zu dem Extrem schreiten, Menschen zu quälen, bloß weil sie alt sind. Für Eingeweihte ist ein ambivalentes Haßelement erkennbar, sogar im Verhalten von Söhnen, die ihre Eltern ganz offenkundig gern haben. Ihr Haß ist nicht persönlich gemeint, sondern gegen kulturelle Eigenschaften der älteren Generation gerichtet. Sie hassen unsere Art zu leben, unsere Einstellung, die Art, wie wir uns kleiden, waschen und rasieren, sie mißtrauen uns und wollen nichts glauben, was wir sagen. Sie halten sich für frei vom elterlichen Einfluß, während sie in Wirklichkeit sklavisch, nur mit negativem Vorzeichen, die vorhergehende Generation kopieren. Wenn Hippies sorgfältig gearbeitete Samtwesten und prächtige lange Locken, hautenge Hosen und Halsketten tragen, tun sie das nicht, weil es ihnen wirklich gefällt, sondern weil es uns mißfällt. All das wird getan, um uns zu ärgern, und das Schreckliche ist, daß wir genauso reagieren, wie es von uns erwartet wird. Ich zumindest muß mich zu dem Wunsch bekennen, den langweilig hübschen jungen Männern und – nicht ganz so fest – den bärtigen, ungewaschenen Typen einen Tritt in den Hintern zu versetzen. Ich ärgere mich sehr über mich selbst, weil ich nicht anders kann als wütend zu werden, was eines eingefleischten Ethologen ganz unwürdig ist – aber so ist es! Andere alte Männer, die würdevoller sind als ich und weniger dazu neigen, ihre eigenen Motive einer selbstverspottenden ethologischen Analyse zu unterwerfen, geraten einfach hemmungslos in Wut über die jüngere Generation, und diese gegenseitige Feindseligkeit kann durch Eskalation gefährliche Höhen erreichen, wo immer die jüngere und die ältere Generation, wie zum Beispiel in Schulen und Universitäten, auf einander angewiesen sind.

Die Feindschaft, die so viele Mitglieder der jüngeren Generation gegen die ältere hegen, hat viel mit dem gemeinsam, was man zwischen zwei feindlichen Volksgruppen beobachten kann. Der Ausdruck »Volksgruppen« soll hier einen sehr weiten Begriff umschreiben: den jeder Gemeinde, deren einzelne Mitglieder eher durch ihre *Achtung vor gemeinsamen Symbolen* als durch persönliche Freundschaft zusammengehalten werden. Die Entwicklung einer ethnischen Gruppe beginnt mit dem Auftreten von *kulturell ritualisierten Verhaltensnormen*, die für die Gruppe spezifisch sind. Diese ritualisierten Normen können zuerst aus ganz unauffälligen Manierismen bestehen, aus einem Akzent, aus Kleidungsgewohnheiten usw., wie man sie in Schulen, Militäreinheiten und ähnlichen kleinen Gemeinschaften beobachten kann.

Die gruppenspezifischen, ritualisierten Normen spielen beim Zusammenhalt der Gruppe eine überaus wichtige Rolle. Sie werden von allen ihren Mitgliedern *geschätzt.* »Gute Manieren« sind natürlich die Manieren der eigenen Gruppe, ihre Art, sich zu kleiden, wird als »elegant« angesehen. Abweichung von den durch diese Ritualisationen aufgestellten Regeln werden als verächtlich und *gesellschaftlich minderwertig* betrachtet. Deshalb werden zwei solche vergleichbare Gruppen, deren jede sich der Verachtung bewußt ist, welche die andere für sie hegt, eine schnelle Eskalation der Feindschaft aufweisen. Ein derartiger feindlicher Kontakt erhöht den Wert, den jede Gruppe ihren spezifischen Ritualisationen beimißt. Die Ethnologen wissen schon lang, daß die Bräuche und die alten Bauerntrachten, die sonst überall in Europa schnell verschwinden, an Orten, wo ethnische Gruppen in unmittelbarem Kontakt miteinander stehen, zum Beispiel in Ungarn, wo immer slowakische und ungarische Dörfer aneinandergrenzen, ihre traditionelle Kraft behalten.

Ethnische Gruppen, die sich unabhängig voneinander entwickeln, werden mit der Zeit immer verschiedener. Mit anderen Worten, ihre unterscheidenden Merkmale gestatten Schlußfolgerungen über ihr Alter und ihre Geschichte, ganz ähnlich wie die genetisch fixierten Merkmale von Tier- oder Pflanzenspezies die Rekonstruktion ihres Stammbaumes ermöglichen. Die vergleichende Methode ist auch für den Aufschluß der kulturellen und phylogenetischen Geschichte anwendbar. Man muß natürlich mit den Feinheiten und Fallen dieser Methode vertraut sein, insbesondere muß man wissen, wie man konvergente Anpassung als Fehlerquelle ausscheidet. Dieser methodologischen Notwendigkeiten scheinen sich nur wenige Ethnologen bewußt zu sein. Divergente kulturelle Entwicklung errichtet *Barrieren* zwischen ethnischen Gruppen, ähnlich wie divergente Entwicklung dazu führt, Spezies zu trennen.

Erik Erikson machte als erster auf dieses Phänomen aufmerksam und prägte dafür die Bezeichnung kulturelle Schein-Artenbildung (Pseudo-Speziation). Es ist an sich ein durchaus normaler, ja sogar wünschenswerter Vorgang, weil ein gewisses Maß der Isolation von Nachbargruppen für eine schnelle kulturelle Entwicklung vorteilhaft sein kann, analog zu den Gründen, warum geographische Isolierung die Entwicklung von Spezies erleichtert. Es gibt jedoch dabei eine schwerwiegende negative Seite: Schein-Artenbildung ist die Ursache von Krieg. Die durch die gemeinsame Achtung von gruppenspezifischen sozialen Normen und Riten bewirkte Gruppenbindung ist untrennbar verbunden mit Verachtung und sogar Haß gegen die vergleichbare Rivalengruppe. Wenn die Divergenz der kulturellen Entwicklung weit genug fortgeschritten ist, führt sie unvermeidlich zu der verhängnisvollen Wirkung, daß eine Gruppe die andere nicht als vollwertige *Menschen* betrachtet. In vielen primitiven Sprachen ist der Name des eigenen Stammes ein Synonym für Mensch – und von diesem Standpunkt aus ist es kein wirklicher Kannibalismus, wenn man die gefallenen Krieger des feindlichen Stammes auffrißt! Schein-Artenbildung beseitigt die instinktiven Mechanismen, die normalerweise das Töten von Mitgliedern der eigenen Spezies verhindern, während sie teuflicherweise die innerartliche Aggression nicht im mindesten verhindert.

Es besteht kein Zweifel, daß die jüngere Generation auf die Elterngeneration derselben Gemeinschaft mit all den typischen feindlichen Verhaltensmustern reagiert, die normalerweise in der Wechselwirkung mit einer fremden und feindlichen Gruppe ausgelöst werden. Unsere bedauerliche Vertrautheit mit dem Phänomen hindert uns daran, zu erkennen, was für eine seltsame Verzerrung des normalen Kulturverhaltens es darstellt.

Wir wollen nun an diesem Punkt Ronald Hargreaves erste Frage stellen: Welchen Mechanismus finden wir gestört, und was ist seine normale Funktion im Dienst des Überlebens der Spezies? Die Funktionen, um die es sich handelt, sind offenkundig jene, die normalerweise die zeitliche Beständigkeit einer ethnischen Gruppe gewährleisten. Ich habe bereits gesagt, daß im Dauerbestand einer Kultur alle Mechanismen, welche die kulturell ritualisierten Riten und Normen des Sozialverhaltens bewahren und von einer Generation an die nächste weitergeben, Funktionen verrichten, die mit denen nah verwandt sind, welche die Vererbungsmechanismen bei der Erhaltung einer Spezies ausführen. Sie speichern Wissen (nicht einfach Information im Sinn der Informationstheorie) und geben sie von einer Generation zur anderen weiter. In meiner Arbeit »Innate Bases of Learning« habe ich erklärt, was mit einer Spezies oder einer Kultur geschieht, wenn gespeichertes Wissen *verlorengeht*, und ich werde versuchen, das, was ich dort gesagt habe, möglichst prägnant zusammenzufassen. Wenn aus der genetischen »Blaupause« der allgemeinen, normalen Struktur eines Organismus Einzelheiten verschwinden, ist die Folge eine Mißbildung; wenn der Verlust die Mikrostruktur der Gewebe betrifft, ist das Ergebnis oft ein ontogenetisch oder phylogenetisch primitiverer Strukturtyp. Zwischen diesen beiden sind alle Arten von Zwischenformen möglich. Wenn der Wissensverlust so weit geht, daß manche Zellen im Körper eines vielzelligen Organismus völlig vergessen, daß sie zu einem erwachsenen Vielzeller gehören, werden sie natürlich zum Verhalten von einzelligen Tieren oder Embryonalzellen zurückkehren, mit anderen Worten, sie werden beginnen, sich hemmungslos durch Teilung zu vermehren. Auf diese Weise entstehen Tumoren, deren Bösartigkeit aus offenkundigen Gründen in direktem Verhältnis zum Ausmaß der Regression, zur Unreife – wie die Pathologen es nennen – ihrer Gewebe stehen.

Ich muß hier, wenn auch nur in Parenthese, eine meiner alten Hypothesen erwähnen, die besagt, daß manche der besprochenen Phänomene eine *genetische* Grundlage haben. Ich kann nicht umhin, eine starke Unterströmung von *Infantilismus* festzustellen. Fleiß, langfristiges Streben nach künftigen Zielen, geduldige Ausdauer bei harter Arbeit, mutiges Tragen der Verantwortung für ein kalkuliertes Risiko und vor allem die Fähigkeit für Mitgefühl, all das ist charakteristisch für den *Erwachsenen,* es ist tatsächlich so uncharakteristisch für Kinder, daß wir durchaus bereit sind, ihnen das Fehlen dieser Eigenschaften zu verzeihen.

Wir wissen aus der Arbeit Bolcks und anderer, daß der Mensch einige seiner spezifisch menschlichen Eigenschaften dem verdankt, was Bolck »Retardation« nannte, in der geläufigen Biologensprache, der Neotenie. In meinem Beitrag zu Herberers Buch über die Evolution habe ich selbst zu zeigen versucht, daß diese permanente Beibehaltung infantiler Merkmale beim Menschen ihre Parallele bei vielen domestizierten Tieren hat und daß auch eines dieser beibehaltenen Merkmale, infantile Neugier, eine der wesentlichen Voraussetzungen für die Genesis der Menschen war. Ich habe den schweren Verdacht, daß die Menschheit für dieses Geschenk des Himmels bezahlen muß, indem sie Gefahr läuft, daß ein weiterer Prozeß fortschreitender Selbstdomestizierung einen Menschentypus hervorbringen könnte, dessen genetische Konstitution ihn zur Erreichung der vollen Reife unfähig macht und der dadurch im Kontext der menschlichen Gesellschaft die gleiche Rolle spielt wie unreife Zellen durch ihre Infiltrationsvermehrung im Organismus des Körpers. Es ist ein Alptraum, sich vorzustellen, daß die Zerstörung der Gesellschaft durch die genetische Zerstörung ihrer Bestandteile verursacht werden könnte, weil die Erziehung – die sonst unsere Hoffnung ist – dagegen machtlos wäre!

Dennoch glaube ich, daß der Großteil der hier besprochenen Zerstörungsphänomene »nur« kulturbedingt ist. Eine Kultur ist aber nichts als ein lebendes System, und noch dazu ein höchst kompliziertes und verwundbares! Seine Struktur ist, wie ich bereits bemerkt habe, in vielen Punkten analog der weniger hoch integrierter Systeme. Die Blaupause des Programms, bei vorsozialen Systemen im Genom gespeichert, ist im Fall der menschlichen Kultur in allen ritualisierten Normen des Sozialverhaltens, in allen Symbolen, von denen der Zusammenhalt einer Kultur abhängt, in der sprachlichen Logik, im Festhalten an bestimmten Werten, kurz in allem enthalten, was an Tradition von einer Generation an die nächste übermittelt wird. Während genetisches Wissen in verschlüsselter Form in jedem einzelnen Individuum einer Spezies vorhanden ist, so daß im Falle einer Katastrophe ein Überlebender im Prinzip im Besitz aller erforderlichen Erkenntnis ist, um die Spezies wieder aufzubauen, hängt die Kenntnis der kulturellen Tradition von einem viel umfassenderen und empfindlichen Speicher ab. Kulturelles Wissen – und damit eine ganze Kultur – kann im Intervall von einer Generation zur nächsten vernichtet werden. Die Individuen, welche die traditionelle Kenntnis der Kultur verloren haben, von der sie stammen, verhalten sich oft analog den Tumorzellen. Da sie unfähig sind, sich allein durchs Leben zu schlagen, greifen sie auf das Parasitentum zurück.

Es kann hier nicht meine Aufgabe sein, die Leser von der Tatsache zu überzeugen, daß unsere Kultur sich in unmittelbarer Gefahr befindet, vernichtet zu werden. Ich kann sie auf das Werk von Männern wie Kurt Hahn, Max Born, John Eccles, Paul Weiss und vieler anderer verweisen. Daß es in der früheren Geschichte zu keinem plötzlichen Zusammenbruch der Kultur gekommen ist, bietet keinen gültigen Trost. Es gibt keine bodenlosere Unwahrheit, als Rabbi Ben Akibas angebliche Weisheit, daß alles schon einmal dagewesen ist. Das stimmt absulut nicht, und ich bin bereit zu beweisen, daß eben j e t z t der plötzliche Zusammenbruch der kulturellen Tradition droht. Damit gehe ich zu Hargreaves zweiter Frage über, welche die Gründe betrifft, die ein Versagen oder sogar das Aufhören des Funktionierens im Mechanismus der Traditionsweitergabe verursachen.

Ich muß mit der Beschreibung einiger Funktionseigenschaften dieses Mechanismus beginnen. Obwohl menschliche Intelligenz und Erfindungsgabe an den Ergebnissen beteiligt sind, produziert das Wachstum einer menschlichen Kultur etwas, das nicht in dem Sinn wie eine Brücke oder ein Flugzeug »von Menschenhand stammt«. In meinen Arbeiten über phylogenetische kulturelle Ritualisation habe ich eingehend erklärt, warum dem so ist. Eine Kultur braucht, wie ein Wald, lange Zeit, um zu wachsen, und kann, wie ein Wald, in einer einzigen kurzen Feuersbrunst vernichtet werden. Sie läßt jedoch, im Gegensatz zum Wald, keinen fruchtbaren Boden zurück, auf dem neue Pflanzen schnell wachsen können, sondern ein aller Fruchtbarkeit bares, ödes Land. Zu glauben, daß eine Kultur aus dem Nichts durch eine Menschengeneration »gemacht« werden kann, ist einer der gefährlichsten Irrtümer, nicht nur von Jugendlichen, sondern auch von vielen erwachsenen Anthropologen. Wie Karl Popper ausführte, würde uns die totale Vernichtung unserer Kulturwelt, Poppers »dritte Welt«, ins Paläolithikum zurückversetzen.

Die ritualisierten Normen des Sozialverhaltens, die durch Tradition weitergegeben werden, stellen ein kompliziertes Stützskelett dar, ohne das keine Kultur weiterbestehen könnte. Wie alle anderen Skelettelemente kann das der Kultur seine Funktion der Stützung nur um den Preis des Eliminierens gewisser Freiheitsgrade ausführen. Der Wurm kann sich krümmen, wo immer er will, wir aber können ein Glied nur dort beugen, wo ein Gelenk vorgesehen ist. Jede Strukturänderung erfordert Demontage und Neuaufbau sowie eine Periode erhöhter Verwundbarkeit zwischen diesen beiden Prozessen. Eine Erläuterung dieses Prinzips ist das Krustentier, das sein Hautskelett abwerfen muß, um ein größeres wachsen zu lassen. Die menschliche Spezies ist im Besitz eines ganz speziellen Mechanismus, der die Veränderungsmöglichkeit in der Kulturstruktur bietet. Beim Herannahen der Pubertät beginnen die jungen Menschen ihre Treue zu den Verhaltensriten und sozialen Normen zu lockern, die ihnen durch Familientradition übermittelt wurden, und zugleich nach neuen Idealen, die sie verfolgen, und nach neuen Zielen, für die sie sich einsetzen können, zu suchen. Diese »Mauser« traditioneller Ideen und Ideale ist eine echte Krisenperiode in der menschlichen Ontogenese, sie beinhaltet ebenso große Gefahren wie jene, die der mit einer weichen Schale neu bekleideten Krabbe drohen.

In dieser Phase der menschlichen Ontogenese werden Änderungen im großen Erbe traditioneller Tradition ausgearbeitet. Die Pubertäts-»Mauser« ist die offene Tür, durch welche neue Ideen Eingang finden und in eine Struktur integriert werden, die sonst zu starr wäre. Die kulturerhaltende und somit spezieserhaltende Funktion dieses Anpassungsmechanismus setzt ein gewisses Gleichgewicht zwischen den alten Traditionen voraus, die beibehalten werden sollen, und den Anpassungsänderungen, die es nötig machen, gewisse Teile des traditionellen Erbes zu verwerfen.

Meiner Ansicht nach ist es bestimmt dieser Mechanismus, der die Tradition durchsiebt und weiterleitet, und dessen Störung alle soeben beschriebenen Symptome verursacht. Wir können zu Hargreaves zweiter Frage über die Natur der Störung übergehen, bevor wir eine dritte stellen: was sind ihre Ursachen?

Das Wesen der Störung liegt zweifellos in der Tatsache, das der *Identifikationsprozeß*, durch den die jüngere Generation normalerweise den größten Teil der Riten und Normen des Sozialverhaltens, das für die ältere Generation charakteristisch ist, akzeptiert, ernsthaft behindert oder völlig vereitelt wird. Über dieses Thema wurden von Erik Erikson, Mitscherlich und anderen ausgezeichnete Bücher geschrieben, so daß ich mich darüber nicht zu verbreiten brauche.

Ich muß jedoch betonen, daß dieses Nicht-Identifizieren mit den sozialen Normen der elterlichen Kultur der unmittelbare Grund für echt pathologische Phänomene ist. Das Verlangen, für irgendeine Sache einzutreten, sich irgendeinem Ideal zu verpflichten, kurz zu irgendeiner Art menschlicher Gruppe zu gehören, ist so stark wie irgendein anderer Instinkt. Der entwurzelte Jugendliche sucht, wie jedes andere Wesen, das unter dem gebieterischen Trieb eines Instinktes das geeignete Objekt nicht zu finden vermag, ein *Ersatzobjekt*, und findet es auch. Hier ist das pathologische Nicht-Funktionieren besonders wichtig für die Analyse des zugrunde liegenden, phylogenetisch programmierten Mechanismus. Das Diagramm der sozialen Situation, nach welcher sich der unbelohnte Instinkt sehnt, scheint einfach zu sein, wie meist all jene Reizsituationen, die das Ziel des Appetenzverhaltens bilden. Der junge Mensch muß eine Gruppe zur Verfügung haben, um sich mit ihr zu identifizieren, einige einfache Riten und soziale Normen, um sie zu vollziehen, und irgendeine feindliche Gruppe, um gemeinsamen militanten Enthusiasmus zu entladen. Wenn Sie das psychologisch hervorragende Musical »West Side Story« gesehen haben, kennen Sie ein vortreffliches Beispiel dafür, wie alle sozialen Tugenden, Mut, Uneigennützigkeit, Freundschaft und Treue in einem Bandenkrieg ohne irgendwelche höheren Ziele oder Werte, in einer völlig sinnlosen Orgie gegenseitigen Mordens, die großartigsten Höhepunkte erreichen.

Eine Kunst, die diese beklagenwerten Funktionsstörungen darstellt, würde uns nicht so tief berühren, wie es der Fall ist, würde sie nicht eine Gemütsbewegung in uns treffen, die bei den meisten noch empfänglich ist. Gerade die Einfachheit, der fast diagrammatische Charakter des Entwurfes bildet einen Anreiz für die tiefsten Schichten unserer Seelen, für nicht mehr und nicht weniger als das phylogenetische Programm des Stammeskrieges. Was wir bei praktisch allen Gruppen Jugendlicher beobachten, welche mit der Tradition brechen und der älteren Generation gegenüber eine feindliche Haltung einnehmen, ist die mehr oder minder vollständige Verwirklichung dieses Programmes. Die Hamburger Rocker, die den älteren Menschen offen den Krieg erklären, sind das ausgeprägteste Paradigma, aber sogar die nachdrücklichst gewaltlosen Gruppen sind auf Prinzipien im Wesen aufgebaut, die gleich sind. Sie alle wurden als Ersatz gebildet, um das brennende Bedürfnis der Jugend zu stillen, die durch die geschilderten Vorgänger einer natürlichen Gruppe beraubt ist, für deren Ziele sie eintreten und für deren Werte sie kämpfen kann.

In Anbetracht all dessen haben wir, glaube ich, mit unserer Annahme recht, daß ganz besonders der Mangel einer normalen Identifikation den besorgniserregenden Zusammenbruch des Mechanismus verursacht, dessen wichtige Überlebensfunktion im Sieben und Weitergeben der Kulturtradition von einer Generation zur nächsten besteht.

Nun kommen wir zu der Frage: Welche Gründe tragen zu der Errichtung eines offensichtlichen, unüberwindlichen Hindernisses für normale Identifikation bei? Wir können eine Anzahl davon nennen, sind aber nicht sicher, daß wir alle kennen.

Optimisten, die glauben, daß Männer und Frauen vernünftige Wesen sind, neigen zu der Annahme, daß die rebellierende Jugend durch vernünftige Gründe getrieben wird. Es gibt tatsächlich viele triftige Gründe, um gegen die ältere Generation zu revoltieren. Es trifft durchaus zu, daß das »Establishment« praktisch auf allen Seiten aller Vorhänge unverzeihliche Sünden gegen die Menschheit begeht. Ich spreche nicht nur von tatsächlichen Grausamkeiten, von der politischen Unterdrückung von Minderheiten, wie die Tschechoslowaken, oder den Massenmorden an unschuldigen Indianern durch die Brasilianer, sondern auch von den Todsünden gegen die Biologie und Ökologie der Menschheit, welche durchweg von allen Regierungen begangen werden: von der Ausbeutung, Verschmutzung und endgültigen Vernichtung der Biosphäre, in und von der wir leben, von dem ständig wachsenden Tempo kommerziellen Wettbewerbs, der dem

Menschen die Zeit raubt, in der er Mensch sein kann, und von ähnlichen Phänomenen der Entmenschlichung. Tatsächlich hat die Jugend guten Grund, hinsichtlich der Ziele, nach denen die Mehrzahl der älteren Generation strebt, anderer Meinung zu sein, und ich glaube, daß sie wirklich die eigentliche Wertlosigkeit utilitaristischer Ziele einsieht.

Es gibt mehrere Umstände, die unsere Hoffnung stützen, daß es in der Rebellion der Jugend ein Element intelligenter Denkweise gibt. Einer ist ihre Allgegenwart: die Jugend protestiert gegen stalinistische Orthodoxie in kommunistischen Ländern, gegen Rassendiskriminierung in Berkeley, gegen den utilitaristischen und kommerziellen »American way of life« überall in den Vereinigten Staaten, gegen die antiquierte Tyrannei der Professoren an deutschen Universitäten und so fort. Ein anderer Grund für Optimismus liegt darin, daß die Jugend niemals, soviel ich weiß, ihre Macht in der falschen Richtung gebraucht hat: sie hat nie ein wirkungsvolleres Wirtschaftssystem, bessere Bewaffnung oder eine nationalistischere Haltung ihrer Regierung verlangt. Sie scheint, mit anderen Worten, ganz richtig zu wissen – oder zumindest zu spüren –, was in der Welt nicht stimmt. Ein dritter Grund für die Annahme, daß es in der Rebellion der Jugend ein beachtliches rationales Element gibt, ist ein sehr spezieller: rebellierende Biologiestudenten sind viel zugänglicher für intelligenten Meinungsaustausch als die der Philosophie, Philologie und (leider muß ich das sagen) der Soziologie.

Wir wissen nicht, ein wie großer Teil der Rebellion der Jugend durch rationelle und intelligente Überlegungen motiviert ist. Ich muß gestehen, daß ich fürchte, es ist nur ein sehr kleiner Teil, sogar bei jenen jungen Leuten, die erklären – und ehrlich glauben –, daß sie aus rein rationalen Gründen protestieren. Die Hauptwurzeln der Rebellion der Jugend lassen sich in völlig irrationalen, ethologischen Ursachen finden, wie ich zu demonstrieren hoffe. Viele Erwachsene haben, zum eigenen Schaden, gefunden, daß es sinnlos ist, mit rebellierenden jungen Menschen argumentieren zu wollen. In vielen Ländern haben linksorientierte Professoren versucht, mit ziemlich kläglichem Erfolg rebellische Studenten durch alle möglichen Zugeständnisse zu ihren Forderungen zu besänftigen. Diese Bemühung führte, wie der deutsche Soziologe F. Tenbruck ausführte, in jedem einzelnen Fall zu einem konzentrierten Angriff gegen die Möchtegern-Friedensstifter, die mit besonderer Erbitterung beschimpft und genauso ausgepfiffen wurden wie ein Stier, der sich bei der Corrida zu kämpfen weigert. Politische Meinungen spielen gar keine Rolle: Herbert Marcuse, der extreme Kommunist und Verfechter der völligen Tilgung jeder Tradition, wurde von Cohn-Bendit und seinen jungen Leuten beschimpft, nicht weil er andere Meinungen vertrat – was nicht der Fall war – sondern weil er siebzig Jahre alt war. Wer mit ethologischen Tatsachen vertraut ist, braucht nur die haßverzerrten Gesichter der primitiveren unter den rebellierenden Studenten zu betrachten, um zu erkennen, daß sie nicht nur nicht bereit, sondern völlig außerstande sind, mit ihren Gegnern zu einer Verständigung zu gelangen. Bei Menschen mit diesem Gesichtsausdruck hat der Hypothalamus die Führung und der Kortex ist ganz unterdrückt. Wenn eine Schar dieser Leute auf Sie zukommt, haben Sie die Wahl, entweder davonzulaufen oder zu kämpfen, je nachdem, wie Ihr Temperament und die Situation es erfordert. Ein verantwortungsvoller Mensch kann, um Blutvergießen zu verhindern, gezwungen sein, das erstere zu tun – und infolgedessen der Feigheit bezichtigt werden. Hält er es für richtig zu kämpfen, wird er der Brutalität bezichtigt, es wird also, was immer er tut, falsch angesehen werden. Dennoch scheint es ziemlich hoffnungslos zu argumentieren, da es unmöglich sein dürfte, durch den Nebelschleier der hypothalamischen Erregung hindurch den Kortex zu erreichen. Was aber soll ein alter Mann denn tun, der weder ein Feigling noch brutal ist?

Wir müssen jedoch der traurigen und höchst beunruhigenden Tatsache ins Auge blicken, daß die Taten der rebellierenden Jugend, was immer sie über ihre Gründe für die Ablehnung alles dessen sagt, wofür die ältere Generation eintritt, jedem mit einer gewissen Kenntnis von Neurosen beweisen, daß die wahre Motivation der Jugend in viel tieferen und archaischeren Störungen zu suchen ist. Wenn rebellierende Studenten so weit gehen, in den Hörsälen der Universität öffentlich ihren Darm zu entleeren, zu urinieren und zu masturbieren, wie sie es bekanntlich in Wien taten, wird es ganz klar, daß dies kein vernünftiger Protest gegen den Vietnamkrieg oder gegen soziale Ungerechtigkeit ist, sondern eine völlig unbewußte und zutiefst infantile Revolte gegen alle elterlichen Vorschriften im allgemeinen bis hinunter zur früheren Gewöhnung ans Klosett. Dieser Verhaltenstypus kann nur auf Grund einer echten Regression erklärt werden, welche das Wiederaufleben ontogenetischer Phasen der frühesten Kindheit oder, vom historischen Standpunkt, vorsoziale Sachlagen weit unter jenen der paläolithischen Zeiten verursacht. Das allein ist ein ausreichender Grund für den starken Verdacht, daß die Grundlage für diese

Art von Neurose sehr früh im Leben gelegt wird. Beunruhigend ist nicht die Tatsache, daß diese Art von Geisteskrankheit tatsächlich vorkommt, sondern daß ihre offenkundigen Symptome sichtlich unbemerkt oder zumindest ungerügt von intelligenten und ansonsten verantwortungsvollen jungen Menschen durchgehen.

Wir können mit Sicherheit schließen, daß ein großer Teil der Faktoren, welche durch Verhinderung normaler kultureller Identifikation bei der Jugend Feindseligkeit verursachen, absolut im Unbewußten liegen. Wir können diese Faktoren, grob gesehen, in drei Gruppen einteilen. Die erste verbreitert die zwischen zwei Generationen zu überbrückende Kluft; die zweite behindert die Prozesse, die normalerweise die Überbrückung herstellen; die dritte und interessanteste macht die heutigen jungen Menschen aus verschiedenen Kulturen einander ähnlicher, als sie ihren eigenen Eltern sind.

Die schnelle Veränderung, welche die Explosion der Technologie, getrieben durch übermächtige Technokratie, der menschlichen Ökologie und Soziologie aufzwingt, hat die unvermeidliche Wirkung, daß kulturelle Normen sozialen Verhaltens immer schneller veraltet werden. Mit anderen Worten, das Verhältnis zwischen den traditionellen Normen, die noch gültig sind, und jenen, die veraltet sind, ändert sich mit wachsender Geschwindigkeit in Richtung der letzteren.

Thomas Mann hat in seinem großartigen historischen und psychoanalytischen Roman über Joseph und seine Brüder höchst überzeugend gezeigt, wie vollständig die Identifikation eines Sohnes mit seinem Vater sein konnte, wie sie sich in biblischen Zeiten l e i s t e n konnte zu sein, aus dem einfachen Grund, daß die Änderungen, die zwischen einer Generation und der nächsten vollzogen werden mußten, geringfügig waren. Ich glaube, daß die Menschheit jetzt den kritischen Punkt erreicht hat, wo die in der Zeitspanne zwischen zwei Generationen geforderten Veränderungen der sozialen Verhaltennormen begonnen haben, die Fähigkeit der pubertären Anpassungsmechanismen zu übersteigen. Die ständig wachsende Kluft zwischen den sozialen Normen, welche die Umstände jeder Generation vorschreiben, hat plötzlich eine Größe erreicht, die durch die Identifikationskräfte des Sohnes oder der Tochter nicht überbrückt werden können. Vom Standpunkt der Jugend sind die Eltern Heuchler und Lügner. Sie beginnen einander jetzt sogar in rasch wachsender Feindschafts-Eskalation als feindliche Gruppen zu behandeln.

Die Diskrepanz zwischen der raschen ökologischen Veränderung, welche die technologische Entwicklung der Menschheit aufzwingt, und der relativ langsamen, für die traditionelle Kultur möglichen Anpassungsveränderung wäre allein schon eine ausreichende Erklärung für den Abbruch der Tradition. Es gibt jedoch eine Anzahl weiterer Gründe, die zu derselben Wirkung beitragen. Der unentbehrliche Vorgang der *Identifikation* wird durch den *Kontaktmangel* zwischen den Generationen schwer behindert. Der Mangel von Mutter-Kind-Kontakt sogar in den ersten Lebensmonaten kann einen nicht offenkundigen, jedoch dauernden Schaden verursachen: wir wissen aus den Arbeiten von René Spitz, daß die Fähigkeit, menschliche Kontakte zu entwickeln, ihre kritischste Periode in der frühesten Kindheit hat. Es ist eine der Funktionen, die gefährlich zu Athrophie neigen, wenn sie nicht gründlich benutzt werden. Das traurige Syndrom, das Spitz »Hospitalismus« nannte, besteht aus einem »autistischen« Widerwillen dagegen, irgendwelche menschlichen Kontakte aufzunehmen und wird begleitet von einem völligen Erlöschen des Neugierverhaltens sowie einer »negativistischen« Reaktion auf äußere Reize im allgemeinen. Das Kind wendet der Welt buchstäblich den Rücken zu, liegt mit dem Gesicht zur Wand in seinem Bett. Dieser unglückselige Effekt kann durch den scheinbar unschädlichen Wechsel des Personals verursacht werden, der in den meisten Krankenhäusern üblich ist. Das Baby beginnt im Alter, in dem es fähig wird, Personen zu erkennen, eine persönliche Bindung zu einer seiner Kinderschwestern zu bilden, und wäre bereit, mit ihr in eine beinahe normale Kind-Mutter-Beziehung zu treten. Wird diese Bindung durch den routinemäßigen Personalwechsel zerrissen, so wird das Kind versuchen, eine zweite und, verzagt, eine dritte oder sogar eine vierte Verbindung anzuknüpfen, sich aber schließlich zu einem Autismus fügen, der in seinen äußeren Symptomen der Schizophrenie im Kindesalter – was immer das sein mag – sehr ähnlich ist.

Das Bemuttern eines Kindes ist eine ganztägige Beschäftigung. Die albernen Babyspielchen – »Bocki, Bocki stoß« oder »Hoppe, hoppe, Reiter«, »Guck guck - dada« – sind der Anfang kultureller Erziehung und sehr wahrscheinlich deren wichtigster Teil. Haben Sie je gesehen, wie das Gesicht eines Kindes aufleuchtet, wenn es soeben den *kommunikativen* Charakter eines solchen Spiels erfaßt hat und sich aktiv daran zu beteiligen beginnt? Wenn ja, werden Sie die Wichtigkeit dieses ersten gegenseitigen Verstehens auf kultureller Grundlage erkannt haben. Heutzutage haben junge Mütter nur allzu oft keine Zeit für solchen Unsinn, viele von ihnen würden sich befangen fühlen, wenn sie etwas so Albernes täten, wie das Baby mit ihrem Kopf zu stoßen oder sich hinter einer Gardine zu verstecken, wieder herauszukommen und »Guck guck - dada« zu rufen. Ich glaube, sie haben Angst davor, ein Baby allzu anthropomorph zu behandeln.

Es mag manchen erstaunlich erscheinen, obwohl es das wirklich nicht ist, daß diese frühe Erziehung offensichtlich unentbehrlich ist. Sie stellt die erste Einführung des Kindes in *ritualisierte Kommunikationsformen* dar, und wenn das nicht in der richtigen sensitiven Phase der Ontogenese des Kindes geschieht, scheint die Entwicklung seiner Kommunikationsfähigkeit eine dauernde Schädigung zu erleiden. Wir müssen uns, mit anderen Worten, über die Tatsache klar sein, daß die meisten heutigen Babys ein wenig, aber merkbar »hospitalisiert« sind. Sie sprechen später, sie werden viel später sauber, was durch die riesigen, von Windeln entstellten Hinterteile schon recht großer Kinder bezeugt wird. Nach dem Prinzip, allen Menschen über Dreißig zu mißtrauen, glauben mir ihre Mütter einfach nicht, wenn ich ihnen erzähle, in welchem Alter meine Kinder schon sauber waren und auf den Topf gingen. Die heutigen Kinder sind buchstäblich »unerzogen«, sie »wissen die dringenden Dinge« nicht. Wie sollten sie es tun, da sich niemand die Zeit nimmt, sie ihnen zu sagen? So wird der Grundstein für spätere Phänomene der Entmenschlichung durch Verringerung der Bereitwilligkeit für Kontakt und Mitgefühl, sowie durch das Dämpfen der natürlichen Neugier des Menschen in der frühen Kindheit gelegt.

Ich bin mir bewußt, daß die Richtlinie, alle jungen Mütter sollten die meiste oder ihre ganze Zeit mit ihren Babys verbringen, nicht befolgt werden kann. Der geringe Mutter-Kind-Kontakt ist eine Folge des Zeitmangels, der seinerseits durch die innerartliche Konkurrenz und schließlich durch Vermassung und andere Wirkungen der Übervölkerung verursacht wird. Die gleichen Grundübel haben mit ebenso katastrophalen Ergebnissen tiefgehende Veränderungen in der soziologischen Familienstruktur bewirkt. Die Familie der vorindustriellen Zeit hatte in bezug auf verschiedene Vorbedingungen für die erfolgreiche Weitergabe der Tradition Glück. Die Familie arbeitete zusammen, im Streben nach gemeinsamen Zielen, die für die Kinder verständlich waren. Sie halfen ihrem Vater bei seiner Arbeit und lernten dabei nicht nur sein Fach, sondern entwickelten auch einen gesunden Respekt für seine Kräfte und Fähigkeiten. Gegenseitige Hilfe brachte nicht nur Respekt, sondern auch Liebe hervor. Es brauchte sehr wenig Bestrafung und bestimmt keine Schläge, um den Kindern die überlegene Stellung deutlich zu machen, welche die Eltern in der sozialen

Rangordnung einnahmen. Sogar die allmähliche Übernahme der führenden Stellung durch den Sohn war ein reibungsloser ritualisierter Vorgang, der möglichst wenig Feindseligkeit hervorrief. Abgesehen von einigen glücklichen, altmodischen Bauernfamilien in manchen Gebieten Europas, weiß ich nicht, wo es so erfreuliche Bedingungen noch gibt. Das ist schade, denn sie sind die unentbehrlichen Vorbedingungen für die Bereitschaft der jüngeren Generation, die Tradition der älteren zu übernehmen!

Wie viele heutige Kinder sehen ihren Vater jemals bei der Arbeit oder helfen ihm in einer Weise, die sie von der Schwierigkeit dessen überzeugt, was er tut, und von seiner Geschicklichkeit, es zu meistern? Der müde Vater, der aus seinem Büro heimkommt, ist keineswegs eindrucksvoll, und wenn es etwas gibt, das er noch weniger gern tut, als über seine Arbeit zu sprechen, ist es das Bestrafen eines ungezogenen Kindes. Vielleicht schreit er sogar gereizt mit Mutter, wenn sie – mit vollem Recht – es für nötig hält, das zu tun. An ihr gibt es auch nichts zu bewundern, in Wirklichkeit ist sie das am niedrigsten rangierende Wesen im Horizont des Kindes, weil es offenkundig tiefer im Rang steht als die Aufwartefrau, um deren Gunst sie, aus Furcht, diese so überaus wichtige Person könnte kündigen, in widerlich untertäniger Weise buhlt.

Außer diesen kaum vermeidbaren Übeln haben die Eltern vielleicht die »umweltbezogene« Theorie vernommen, daß menschliche Aggression durch Frustration hervorgerufen wird, und könnten ihren unglücklichen Sprößlingen die Notwendigkeit, irgendein Hindernis zu überwinden, natürlich auch jeglichen Widerspruch von ihren Eltern, ersparen. Das Ergebnis sind unerträglich aggressive und zugleich neurotische Kinder. Ganz abgesehen von der Tatsache, daß der Versuch, nicht frustrierte Menschen aufzuziehen, eines der grausamsten Entbehrungsexperimente ist, die es gibt, versetzt er sein unglückliches Opfer in eine Lage quälender Unsicherheit. Niemand, nicht einmal ein Heiliger, der alle Welt liebt, kann ein nichtfrustriertes Kind g e r n haben, und diese Kinder sind, mit der großen Sensibilität, die Kleinkinder für nicht wörtlich ausgesprochenen Ausdruck haben, sehr empfänglich für die unterdrückte Feindseligkeit, die sie in jedem Fremden hervorrufen, mit dem sie in Berührung kommen. Verteidigt durch zwei verächtliche Schwächlinge, die nicht einmal zurückzuschlagen wagen, wenn ein kleines Kind sie schlägt, und umgeben von vielen Fremden, die ihnen liebend gern eine Tracht Prügel verabreichen würden, leben diese Kinder in einer quälenden Unsicherheit. Kein

Wunder, wenn ihre Welt zusammenbricht und sie unverhohlen neurotisch werden, wenn sie plötzlich, zum Beispiel beim Eintritt in die Universität, dem Streß der öffentlichen Meinung ausgesetzt werden.

Junge Menschen sind nur imstande, Tradition von einer Person oder von Personen der älteren Generation zu akzeptieren, die sie respektieren und lieben. So einfach ist das! Wenn die Familienumwelt diese Bedingungen nicht schafft, was sehr oft mit einer gewissen frühen Hospitalisierung zusammenfällt, besteht nur eine geringe Chance, daß der junge Mensch in einer anderen Person, zum Beispiel einem Lehrer, eine Vaterfigur finden kann, mit der er sich identifizieren kann. Wenn diese geringfügige Chance auch verlorengeht, ist das unglückliche junge Menschenskind in der Phase seines Suchens nach neuen Idealen ganz verloren, mehr als ein wenig demoralisiert und höchst anfällig für alle Gefahren, ein unwürdiges Ersatzobjekt für seine Loyalität zu akzeptieren. Von da aus gibt es alle möglichen Grade bis zu völliger Neurose.

Eine dritte Gruppe von Faktoren, die, obgleich sie die kulturelle Kluft zwischen den Generationen vergrößert, sich letzten Endes vielleicht doch als vorteilhaft erweisen kann, besteht aus all denen, die dazu neigen, die Unterschiede zwischen den Kulturen zu verringern. Die Massenmedien, die wachsenden Transporterleichterungen, die allumfassende Verbreitung der Mode und andere Dinge, machen die Vertreter der jüngeren Generation einander ähnlicher als es ihre Eltern waren, und tatsächlich untereinander viel ähnlicher als ihren ganz anders gearteten Eltern. Wer seit dem letzten Krieg aufgewachsen ist, tat das unter völlig anderen Bedingungen und in einer völlig anderen Atmosphäre als seine Eltern. In dieser Hinsicht wurde ihre Beziehung zu ihren Eltern rechtens mit der verglichen, die zwischen den Kindern von Einwanderern in ein neues Land und diesen Einwanderern selbst bestand. Tatsächlich stellt das in einer ansonsten sehr dunklen Wolke einen Silberstreifen dar: Wenn der Bruch der Traditionskenntnis nicht so vollständig ist, daß er die Menschheit in vorsoziale Verhältnisse zurückwirft, kann man die schwache Hoffnung hegen, daß die Jugend der ganzen Welt, da sie die ältere bekriegt, weniger dazu neigen wird, gegeneinander Krieg zu führen.

Unsere Kultur befindet sich in einer unglaublich paradoxen Lage. Einerseits haben wir hier eine etablierte Kultur, die auf sieben verschiedene Arten eifrig Selbstmord begeht. Da ist zuerst die Bevölkerungsexplosion, die zwar nicht unsere eigentliche Spezies, aber doch bald alles ersticken wird, was an ihr tatsächlich menschlich ist. Zum zweiten droht die wilde Jagd des modernen Handelsgeistes sich in einem wirklich bösartigen Teufelskreis bis zum Irrsinn zu beschleunigen. Zum dritten zerstört der Mensch immer mehr die Natur und vernichtet das Biotop, in und von dem wir leben. Zum vierten schreitet die »Verweichlichung«, von der ich gesprochen habe, immer weiter fort; sie ist tödlich für das menschliche Gefühlsleben und dadurch für alle wirklich menschlichen Beziehungen. Zum fünften besteht eine drohende Gefahr des genetischen Verfalls der Menschheit auf Grund der Tatsache, daß normale Anständigkeit in jeder zivilisierten Gemeinde für das Überleben negativ hoch im Kurs steht. Die sechste und zugleich rascheste Art ist der Atomkrieg, den ich jedoch wegen seiner Augenfälligkeit für den wenigst gefährlichen halte. Die Bedrohung der Atombombe versteht jeder, wer aber kümmert sich um die Zerstörung der Kultur oder um genetischen Verfall, und wer wird auch nur glauben, das Insektizide die Welt, in der wir leben, gefährden?

Die bestehenden Mächte ignorieren all diese Gefahren – ausgenommen dort, wo Bodenerosion oder andere Auswirkungen die übertriebene Ausbeutung finanziell beeinträchtigen. Doch jeder Mensch von durchschnittlicher Intelligenz und einigermaßen guter Bildung kann nicht umhin, sie zu sehen. Diese Verantwortungslosigkeit der Verantwortlichen ist nicht auf ihre Dummheit oder Immoralität zurückzuführen, sondern auf ihre *Indoktrination.* Indoktrination kann als die öffentliche Gefahr Nummer sieben betrachtet werden. Im Grunde ist sie identisch mit Aberglauben, getarnt durch pseudo-wissenschaftliche Terminologie, und sie wächst schnell mit der absoluten Zahl von Menschen, die durch die sogenannten Massenmedien beeinflußt werden können. Es ist die Funktion jeder Doktrin, sagt Philip Wylie, alles zu erklären. Wo Doktrin herrscht, ist jede Wahrheitsmöglichkeit verschwunden und damit jede Hoffnung auf geistige Übereinstimmung. Indoktrination ist, so glaube ich, die allerschlimmste der menschlichen Todsünden!

Auf der anderen Seite gibt es die rebellierende Jugend. Zumindest einige der jungen Leute, und darunter die besten, sind herrlich frei von Indoktrination und lobenswert mißtrauisch gegen alle Doktrinen; sie sehnen sich auch nach einer gerechten Sache, für die sie kämpfen, nach echten Hindernissen, die sie überwinden können. Es besteht kein Mangel an Gefahren für die Menschheit, die bekämpft werden müssen, und unser Versuch, die Menschheit zu retten, begegnet einer Anzahl großer Hindernisse, die durchaus genügen sollten, den überschäumendsten Enthusiasmus der Jugend für lange Zeit zu beschäftigen.

Die Jugend sagt, daß sie die Menschheit retten will. Wir sind vielleicht davon überzeugt, daß sie es dabei ehrlich meint, und ich glaube sogar, daß manche dieser jungen Leute ein wirkliches Verständnis für die unangenehme Lage der Menschheit haben. Lassen sie aber, gemeinsam, eine Aussicht erkennen, daß sie ihre große Aufgabe jemals vollbringen werden?

Derzeit genießen sie das archaisch instinktive Vergnügen des Stammeskrieges. Der Instinkt des militanten Enthusiasmus ist um kein Jota weniger verführerisch als der Sexualtrieb, auch nicht weniger verdummend. Und Haß ist die absolut verdummendste aller Emotionen, da er jede Kommunikation, jede Annahme der Art von Information, die ihn mäßigen könnte, ausschließt. Deshalb ist Haß »blind«, und deshalb neigt er so gefährlich zur Eskalation.

Wir müssen dem wahrhaft entsetzlichen Faktum ins Auge sehen, daß der Haß, den die Jugend gegen uns hegt, von der gleichen Natur ist wie nationaler oder Stammeshaß. Er trägt all seine Kennzeichen, die Überheblichkeit, nur seine eigene Partei als vollwertige Menschen zu betrachten, die Tendenz, den Feind zu diskreditieren und zu verleumden (»Trau keinem über dreißig !«), die aufrichtige Überzeugung, daß es eine moralische Pflicht ist, die Kultur des Feindes möglichst vollständig auszurotten usw. All dies sind Einstellungen und Schlagworte, die wir nur allzugut kennen als Werkzeuge von Demagogen, die in der Technik des Aufhetzens einer Nation gegen eine andere wohlbewandert sind.

Natürlich besteht eine gewisse Gefahr, daß die ältere Generation in gleicher Art antworten könnte, mit anderen Worten, es könnte zu einer Eskalation der Feindschaft zwischen den Generationen kommen. Es ist ein Faktum, daß die jungen Revolutionäre sich aktiv bemühen, gegen die ältere Generation so aufrührerisch zu sein, wie sie nur irgend können. Ich kenne eine Anzahl höchst intelligenter und wirklich vortrefflicher alter Herren, die weder kleinlich noch auf Etikette versessen sind, die es jedoch absolut unmöglich finden würden, etwas ernst zu nehmen, was ein Hippie oder ein Kommunarde zu sagen hat. Ich selbst gestehe, daß ich es schwierig finden würde, Herrn Cohn-Bendit in seiner hübschen blauen Bluse zuzuhören oder mich von »Flower-Power« mit Blumen bewerfen zu lassen. Mir wäre es, aufrichtig gesagt, viel sympathischer, wenn Papuas Speere auf mich würfen, und all das trotz der Tatsache, daß ich mir meiner instinktiven Reaktionen bewußt bin und sie wirklich nach besten Kräften zu unterdrücken suche. Ich bin zwar beruflich so diszipliniert, daß ich nicht zurückbeiße, wenn ich von einem meiner Studienobjekte gebissen werde, bezweifle jedoch, daß ich meine Bereitwilligkeit, mich mit APO-Studenten zu unterhalten, beibehalten könnte, wenn ich eine Farbtüte mitten ins Gesicht bekäme, wie es vor kurzem einem achtzigjährigen Kollegen in meiner Anwesenheit in Göttingen passierte.

Ich glaube aber nicht, daß irgendeine Gefahr dafür besteht, daß die Alten jemals die Jungen so hassen, wie die Jungen die Alten. Wir Menschen der älteren Generation werden durch die archaischste aller Instinktreaktionen, die der elterlichen Betreuung, daran gehindert. Unter den rebellierenden jungen Menschen sind unsere eigenen Kinder oder Enkel, und wir finden es unmöglich, sie nicht mehr zu lieben, geschweige denn, sie zu hassen. Das schafft die seltsam unausgeglichene Situation, daß man gehaßt wird und doch außerstande ist, den Haß zu erwidern, und es scheint in der menschlichen Natur zu liegen, daß man auf den so erzeugten Konflikt in ganz spezifischer und unerwarteter Weise reagiert. Wenn jemand, den wir sehr lieben, plötzlich in offensichtlich ungerechtfertigten Zorn gegen uns gerät, nehmen wir automatisch und unbewußt an, daß wir unabsichtlich einen guten Grund für diesen Zorn gegeben haben. Mit anderen Worten, wir reagieren s c h u l d i g. Hochsoziale Tiere wie Hunde und manche Gänsearten zeigen eine analoge Reaktion. Wenn sie von einem ansonsten freundlichen Gefährten unerwartet angegriffen werden, verhalten sie sich, »als ob« es ihr eigener Fehler wäre oder aber ein Irrtum. Mit anderen Worten, sie »reagieren durch Nicht-Reagieren« und fügen sich dem Angriff, indem sie ihn einfach ignorieren, worauf der Angreifer regelmäßig aufhört, aggressiv zu sein. Als beobachtbares Verhalten ist die menschliche »Schuld-Reaktion« streng analog, wie immer die sie begleitenden Gefühle auch sein mögen. Ich bin sicher, daß ein Teil des Schuldgefühls, das derzeit viele Menschen der älteren Generation bedrückt, seinen Ursprung in der eben beschriebenen paradoxen Reaktion hat und daß das insbesondere für die fast masochistische Haltung gilt, die von manchen Universitätslehrern gegenüber der rebellierenden Jugend eingenommen wird.

Fassen wir zusammen: Unsere Kultur wird von unmittelbarer Zerstörung durch einen Zusammenbruch der kulturellen Tradition bedroht. Diese Bedrohung entsteht aus der Gefahr dessen, was auf einen Stammeskrieg zwischen zwei aufeinanderfolgenden Generationen hinausläuft. Die Ursachen für diesen Krieg scheinen, vom Standpunkt des Ethologen wie von dem des Psychiaters, in einer Massenneurose schlimmster Art zu liegen.

Diese Diagnose ist, obwohl sachlich, nur scheinbar pessimistisch, weil jede Neurose im Prinzip durch ein Erheben ihrer unterbewußten und unbewußten Ursachen über die Bewußtseinschwelle geheilt werden kann. Es sollte hinsichtlich des neurotischen Krieges zwischen den Generationen nicht allzu schwierig sein, genau das zu tun. Man müßte ganz leicht jenen unter den rebellierenden Studenten, die weder hoffnungslos indoktriniert noch dumm sind, die wenigen biologischen Fakten erklären, von denen ich, sogar in einer einzigen kurzen Darstellung, einen Begriff geben könnte. Die jungen Menschen *haben* bereits die eine grundlegende Tatsache begriffen, daß die Menschheit in raschem Tempo vor die Hunde gehen wird, wenn einigen Teufelskreisen wie Bevölkerungsexplosion, Zerstörung des Biotops und gesteigerter Konkurrenzkampf, nicht ein Ende gemacht wird, und zwar *bald*.

Sie müssen noch ein paar weitere Wahrheiten begreifen lernen. Erstens daß sie, sogar wenn ihre ganze Generation nur aus großartig genialen Menschen bestünde, nicht aus dem Nichts eine Kultur aufbauen könnten, sondern wieder im Neandertal wären, wenn sie Marcuses Richtlinien der Zerstörung aller Tradition folgten: Tradition ist für eine Kultur, was das Genom für eine Spezies ist. Und dann müssen sie begreifen, daß sie sich nicht dem Haß hingeben sollten. Der Haß gegen die ältere Generation hindert sie daran, etwas von ihr zu lernen, und es gibt viel zu lernen. Der Haß macht sie so albern überheblich, erzeugt in ihnen die ärgerliche umgekehrte »Mutter-weiß-es-besser-Haltung«, die sie für Ratschläge unzugänglich und buchstäblich zu Paranoikern macht, weil alles, was man ihnen sagt, automatisch als Versuch interpretiert wird, das sogenannte Establishment zu unterstützen. (Wenn man das Establishment kritisiert, wird man verdächtigt, ein besonders heimtückischer und schlauer Anhänger des Establishments zu sein.) Schließlich sollten sie in aller Fairness endlich begreifen, daß wir von der älteren Generation, obwohl wir von ihnen gehaßt werden, den Haß nicht erwidern, nicht weil wir von Schuldgefühlen ob der namenlosen Verbrechen, die wir gegen sie begangen haben, geplagt werden, sondern weil wir als ihre Eltern nicht anders können als sie zu lieben.

Zugegeben, ich bin ein unverbesserlicher Optimist, und ich glaube, daß man den jungen Menschen all das begreiflich machen kann und daß sie, wenn sie einmal die zugrunde liegenden ethologischen Fakten erfaßt haben, nicht nur imstande sein werden, alles zu retten und zu erhalten, was von der heutigen Kultur erhaltenswert ist, sondern daß sie vielleicht sogar noch mehr tun werden: Sie sind, wie ich sagte, sogar heute im Begriff, die Bindung an ihre verschiedenen etablierten Kulturen zu lockern, und werden untereinander immer ähnlicher, unabhängig von ihrer Herkunft. Vorausgesetzt, daß sie nicht durch Überbordwerfen der angesammelten Kenntnisse ihrer Kultur wieder ins Neandertal zurückfallen, vorausgesetzt, sie kommen an die Macht, wenn sie reif sind, vorausgesetzt, sie vergessen ihre jetzigen Ziele nicht, und vorausgesetzt, sie bleiben nicht, was nur allzu wahrscheinlich ist, in der Orthodoxie der einen oder anderen Doktrin (es spielt gar keine Rolle, welcher) hängen, könnte es ihnen wirklich gelingen, die Menschheit aus der schrecklichen Klemme hinauszuführen, in der sie derzeit steckt.

Natürlich hängen all diese hochfliegenden Erwartungen von der Erziehung ab, und wenn ich soeben übertrieben optimistisch geschienen habe, bekomme ich sofort Gelegenheit, diesem Eindruck entgegenzuwirken. Es ist eine der häßlichsten Tatsachen im sozialen Leben der heutigen Menschheit, daß die Entscheidung darüber, was man der Jugend beibringen und was man ihr vorenthalten soll, noch immer fast ausschließlich in der Hand jener liegt, die politisch an der Macht sind. Was unterrichtet und was vorenthalten werden soll, hängt somit hauptsächlich davon ab, was die Politiker im Interesse ihrer eigenen, kurzlebigen politischen Ziele für ratsam erachten, und keineswegs von einer Überlegung dessen, was für die heutigen jungen Menschen wissensnotwendig sein wird, wenn sie in einigen Jahren die Verantwortung für das Überleben der Menschheit zu übernehmen haben werden. Im Staat Indiana, nicht weit von Chicago, ist der Unterricht von Charles Darwins Lehre noch heute gesetzlich verboten. Biologie, und insbesondere Ökologie und Ethologie werden an vielen Orten als subversive Wissenschaften angesehen, und der Unterricht der Biologie wurde in deutschen Mittelschulen auf ein lächerliches Minimum reduziert.

Außerdem beruht die Unterrichtstechnik, insbesondere in den Vereinigten Staaten, noch immer auf der Annahme, daß die pseudodemokratische Doktrin absolut richtig ist. Das führt zu einem rein auf dem Nützlichkeitsprinzip fußenden Unterricht, der die Tatsache völlig außer acht läßt, daß der Mensch manche artspezifische Verhaltensprogramme besitzt, deren Unterdrückung unvermeidlich zu Neurosen führt und zu den Massenneurosen beiträgt, mit denen wir heute konfrontiert werden. Mit anderen Worten, die übliche Unterrichtsweise ignoriert absichtlich oder unabsichtlich die Tatsache, daß die Verwirklichung mancher phylogenetisch entstandener Programme menschlichen Verhaltens ein unveräußerliches Menschen*recht* darstellt. Die Frage, ob ein bestimmtes Muster menschlichen Sozialverhaltens durch ein phylogenetisch angepaßtes Programm oder durch kulturelle Ritualisierung bestimmt ist, erhält somit, weit davon entfernt, eine bloße Haarspalterei zu sein, höchste Bedeutung, sobald wir es mit einer pathologischen Disfunktion zu tun haben. Ihre Korrektur erfordert in jedem der beiden Fälle ganz verschiedene Schritte. Wenn die Störung in der kulturellen Tradition allein ihren Ursprung hat, müßte Erziehung damit fertig werden. Wenn die Hauptursache der Störung in einem phylogenetischen Programm liegt, das unerfüllt geblieben ist, Kränklichkeit und sogar Neurose verursacht, werden Erziehungsmaßnahmen die Dinge nur verschlimmern, indem sie vernichten, was noch an Vertrauen zum Erzieher übrig ist. Man kann einen Menschen nicht *lehren*, glücklich zu bleiben, seine Liebe zu seinem Nächsten zu behalten, die Entwicklung von Neurosen, hohen Blutdruck und Herzanfälle unter Streßbedingungen im Geschäftsleben einer überbevölkerten Stadt zu vermeiden, und gerade das versucht die heutige Erziehung hartnäckig und vergeblich zu tun.

Es folgt nicht einmal aus dem völligen Erkennen der *Ursache* mancher pathologischer Phänomene, daß sich automatisch eine Möglichkeit ergibt, sie zu bekämpfen. Es gibt in der medizinischen Wissenschaft viele Beispiele, welche diese traurige Tatsache demonstrieren. Ich glaube jedoch, daß eine erhöhte Betonung des Biologieunterrichtes, insbesondere Ökologie und Ethologie, des Unterrichtes für junge Leute, eher in Form von Systemen als von Atomismus zu denken, im Verein mit einer gewissen Unterweisung in Pathologie und Psychopathologie, der Jugend enorme Hilfe leisten würde, um die wirklich schwierige Lage der Menschheit zu verstehen. Meine wohlüberlegte Meinung stützt sich auf eine, wie ich glaube, höchst suggestive Tatsache. Es besteht unter den rebellierenden Studenten ein deutlich positiver Zusammenhang zwischen ihrer Kenntnis der Biologie und der konstruktiven Eigenschaft ihrer Forderungen. Das heftigste Unbehagen, die kompromißlose Feindseligkeit gegen die Lehrer, die stärkste Verwechslung zwischen den Absichten der Lehrer und denen der Politiker, kurz die größte allgemeine Unsicherheit findet man bei den Studenten der Soziologie, einer Wissenschaft, der ich den Vorwurf mache, daß sie noch immer zu sehr unter dem Einfluß der pseudodemokratischen Doktrin steht. In einer dreistündigen Diskussion, die ich spät nachts mit APO-Studenten in den Straßen von Göttingen führte, eine Diskussion, die in Feindschaft begann und in Freundschaft endete, konnte ich keine besseren Vorschläge für die Lösung der eben erwähnten Erziehungsprobleme machen, als ich jetzt anzubieten habe. Politiker lassen sich nur durch den Druck der öffentlichen Meinung beeinflussen. Es gibt nur einen Weg, um ihre Aufmerksamkeit für unsere Probleme zu gewinnen: durch Infiltrierung der öffentlichen Meinung mit dem Wissen um die wahren Gründe für die mißliche Lage der Menschheit und durch Vertrauen zum Publikum, daß es die Politiker zwingt, das Richtige zu tun. Es ist ein unter Wissenschaftlern verbreiteter Irrtum, die Intelligenz des Publikums zu unterschätzen, und das ist der Grund, weshalb allzu wenige Wissenschaftler es als ihre Pflicht betrachten, allgemein verständliche Bücher zu schreiben, und diese Aufgabe Populärschriftstellern überlassen, die das selten in zufriedenstellender Weise fertigbringen. Wenn die Wissenschaft jemals jenen Einfluß auf die Politik gewinnen soll, der offenkundig erforderlich ist, um die Menschheit zu retten, kann sie es nur tun, indem sie das Publikum unabhängig von akzeptierten politischen Doktrinen erzieht.

Die hauptsächlichen Veröffentlichungen von Konrad Lorenz

1927 »Beobachtungen an Dohlen.« *Journal für Ornithologie*, 75, 511–519.

1931 »Beiträge zur Ethologie sozialer Corviden.« *Journal für Ornithologie*, 79, 67–127.

1932 »Beobachtungen an Schwalben anläßlich der Zugkatastrophe im September 1931.« *Der Vogelzug*, 3, 4–10.

1932 »Betrachtungen über das Erkennen der arteigenen Triebhandlungen bei Vögeln.« *Journal für Ornithologie*, 80, 50–98.

1933 »Beobachtetes über das Fliegen der Vögel und über die Beziehungen der Flügel – und Steuerform zur Art des Fluges.« *Journal für Ornithologie*, 81, 107–236.

1933 »Fliegen mit dem Wind und gegen den Wind.« *Journal für Ornithologie*, 81, 596–607.

1934 »Betrachtungen an freifliegenden zahmgehaltenen Nachtrethern.« *Journal für Ornithologie*, 82, 160–161.

1934 »A Contribution to the Comparative Sociology of Colonial-nesting Birds.« *Proceedings of the 8th International Ornithological Congress.* London: Oxford University Press, 207–218.

1935 »Der Kumpan in der Umwelt des Vogels.« *Journal für Ornithologie*, 83, 137–215, 289–413.

1936 »Über eine eigentümliche Verbindung branchialer Hirnnerven bei Cypselus apus.« *Gegenbaurs Morphologisches Jahrbuch*, 77, 305–325.

1937 »Über den Begriff der Instinkthandlung.« *Folia Biotheoretica*, Serie B, 2, *Instinctus*, S. 17–50.

1937 »Biologische Fragestellungen in der Tierpsychologie.« *Zeitschrift für Tierpsychologie*, 1, 24–32.

1937 »Über die Bildung des Instinktbegriffes.« *Die Naturwissenschaften*, 25, 289–300, 307–308, 324–331.

1937 »The Companion in the Bird's World.« *The Auk*, 54, 245–273.

1937 »Tiere beobachten besser als wir.« *Königsberger Allgemeine Zeitung* vom 15. Januar.

1938 »Taxis und Instinkthandlung in der Eirollbewegung der Graugans« (zusammen mit N. Tinbergen). *Zeitschrift für Tierpsychologie*, 2, 1–29.

1938 »Über Ausfallserscheinungen im Instinktverhalten von Haustieren und ihre sozialpsychologische Bedeutung.« 16. Kongreß der Deutschen Gesellschaft für Psychologie in Bayreuth. Leipzig: Johann Ambrosius Barth, S. 139–147.

1939 »Vergleichende Verhaltensforschung.« *Verhandlungen der Deutschen Zoologischen Gesellschaft. Zoologischer Anzeiger*, Supplementband 12, 69–102.

1939 »Vergleichendes über die Balz der Schwimmenten« (Grauganfilm). *Journal für Ornithologie*, 87, 172–174.

1940 »Die Paarbildung beim Kolkraben.« *Zeitschrift für Tierpsychologie*, 3, 278–292.

1940 »Systematik und Entwicklungsgedanke im Unterricht.« *Der Biologe*, 1/2, 24–36.

1940 »Durch Domestikation verursachte Störungen arteigenen Verhaltens.« *Zeitschrift für angewandte Psychologie und Charakterkunde*, 59, 1–81.

1941 »Kants Lehre vom Apriorischen im Lichte gegenwärtiger Biologie.« *Blätter für Deutsche Philosophie*, 15, 94–125.

1941 »Vergleichende Bewegungsstudien an Anatiden.« *Journal für Ornithologie*, 89, Ergänzungsband 3, Festschrift für O. Heinroth, 194–293.

1941 »Oskar Heinroth 70 Jahre.« *Der Biologe*, 2/3, 45–47.

1942 »Induktive und teleologische Psychologie.« *Die Naturwissenschaften*, 30, 133–143.

1943 »Psychologie und Stammesgeschichte.« In G. Heberer, *Die Evolution der Organismen*. Jena: G. Fischer, 1. Auflage, 105–127.

1943 »Die angeborenen Formen möglicher Erfahrung.« *Zeitschrift für Tierpsychologie*, 5, 235–409.

1949 »Literarisches Subjekt und angeborener auslösender Mechanismus.« *Wiener Literarisches Echo*, 1, Heft 2.

1949 »Der sonderbare Dativ.« *Umwelt*, 2, 1.

1949 »Tierbücher.« *Umwelt*, 2, 2.

1949 »Was ist vergleichende Verhaltensforschung?« *Umwelt*, 2, 3.

1949 »Über die Beziehungen zwischen Kopfform und Zirkelbewegung bei Sturniden und Ikteriden.« In *Festschrift für Stresemann*, 153–157.

1949 *Er redete mit dem Vieh, den Vögeln und den Fischen*. Wien: Verlag Borotha-Schoeler.

1950 »Ganzheit und Teil in der tierischen und menschlichen Gemeinschaft.« *Studium Generale*, 9, 455–499.

1950 »Die zeitlosen Gesellen.« *Du* 4, 11–12, 17–18.

1950 »The Comparative Method in Studying Innate Behaviour Patterns.« Symposia of the Society for Experimental Biology, 4, *Animal Behaviour*. Cambridge: University Press, 221–268.
1950 »Ethologie der Graugans.« Beiheft zum gleichnamigen Film des Instituts für den wissenschaftlichen Film, Hochschulfilm C 560.
1950 »Über das Töten von Artgenossen.« In E. Dennert (Hrsg.), *Die Natur, das Wunder Gottes*, 5. Auflage. Bonn: Athenäum.
1950 *So kam der Mensch auf den Hund.* Wien: Verlag Borotha-Schoeler.
1950 »Ausdrucksbewegungen höherer Tiere.« *Verhandlungen der Gesellschaft Deutscher Naturforscher und Ärzte*, Berlin, 96. Versammlung in München, 22.–25. Oktober. Berlin: Springer, 84–87.
1951 »Ausdrucksbewegungen höherer Tiere.« *Die Naturwissenschaften*, 38, 113–116.
1951 »Über die Entstehung auslösender ›Zeremonien.‹« *Die Vogelwarte*, 16, 9–13.
1951 »Comparative Studies on the Behaviour of Anatinae.« *Avicultural Magazine*, 57.
1951 »The Role of Gestalt Perception in Animal and Human Behaviour.« In C. C. Whyte (Hrsg.), *Aspects of Form*. London: Bradford, 157–178.
1952 »Ehe- und Familienleben im Tierreich.« *Basler Nachrichten* vom 6. Februar (Nr. 56), 2. Beilage.
1952 »Balz und Paarbildung bei der Stockente« (Anas plathyrhynchos L.). Begleitheft zum gleichnamigen Film des Instituts für den wissenschaftlichen Film, Hochschulfilm C 626.
1952 »Comparative Studies on the Behaviour of the Anatinae.« *Avicultural Magazine*, 58 (Fortsetzung von 1951).
1952 »Über tanzähnliche Bewegungsweisen bei Tieren.« *Studium Generale*, 5, 1–9.
1952 »Angeborenes Können und Erkennen im Tierreich.« *Orion*, 7, 716 bis 720.
1952 *King Solomon's Ring*. New York: Crowell.
1952 »Die Entwicklung der vergleichenden Verhaltensforschung in den letzten 12 Jahren.« *Zoologischer Anzeiger*, Supplementband, 36–58.
1953 »Comparative Studies on the Behaviour of the Anatinae.« *Avicultural Magazine*, 59 (Fortsetzung von 1952).
1953 »Scientific Value of a Group Collection of Live Animals.« *The Wilson Bulletin*, 65/1, 59–62.
1953 »Über angeborene Instinktformeln beim Menschen.« *Deutsche medizinische Wochenschrift*, 78, 45–46.
1953 »Die Verständigung unter Tieren.« *Das Internationale Forum*, 1.

1953 »Können Tiere sprechen?« *Sie und Er*, 19/20, vom 14. März.
1953 »Die Welt des Tieres I und II.« In der Sendereihe: *Hier spricht die Wissenschaft*. UKW-Programm Hessischer Rundfunk Frankfurt, vom 2. und 16. Januar.
1954 »Psychologie und Stammesgeschichte.« In G. Heberer (Hrsg.), *Die Evolution der Organismen*. Jena: G. Fischer, 2. Auflage, 131–172.
1954 »Über angeborene Instinktformeln beim Menschen.« *Zur menschlichen Vererbungs- und Konstitutionslehre*, 32, 385–389.
1954 »Das angeborene Erkennen.« *Natur und Volk*, 84: 9, 285–295.
1954 »Moralanaloges Verhalten geselliger Tiere.« *Forschung und Wirtschaft*, IV, 1–23.
1955 »Morphology and Behaviour Patterns in Closely Allied Species.« First Conference on Group Processes, Princeton, N. J.: Transactions of the Josiah Macy Jr. Foundation.
1955 *Les Animaux ces Inconnus*. Paris, 156 S.
1955 »Über das Töten von Artgenossen.« Göttingen: *Jahrbuch der Max-Planck-Gesellschaft*, 105–140.
1956 »The Objectivistic Theory of Instinct.« In *L'Instinct dans le Comportement des Animaux et de l'Homme*. Paris: Masson et Cie., 51–76.
1956 »Plays and Vacuum Activities.« In *L'Instinct dans le Comportement des Animaux et de l'Homme*. Paris: Masson et Cie., 633–645.
1956 »Zur Entwicklungsgeschichte einer neueren Forschungsrichtung der Biologie.« Aus der Deutschen Forschung der letzten Dezennien, Festschrift für Dr. Telschow, Stuttgart: Georg Thieme, 208–214.
1956 »Moralanaloges Verhalten geselliger Tiere.« *Universitas*, 11: 7, 691 bis 704.
1957 »Über das Töten von Artgenossen.« In E. Dennert (Hrsg.), *Die Natur, das Wunder Gottes*, 6. Auflage. Bonn: Athenäum-Verlag, 262–281.
1957 »Methoden der Verhaltensforschung.« In Kükenthals *Handbuch der Zoologie*, VIII, T. 10. Berlin: Walter de Gruyter.
1957 »Companionship in Bird Life.« In C. H. Schiller (Hrsg.), *Instinctive Behaviour*. New York: International Universities Press, 83–128.
1957 »The Nature of Instinct.« In C. H. Schiller (Hrsg.), *Instinctive Behaviour*. New York: International Universities Press, 129–175.
1957 »Taxis and Instinct« (zusammen mit N. Tinbergen). In C. H. Schiller (Hrsg.), *Instinctive Behaviour*. New York: International Universities Press, 176–208.
1957 »Comparative Study of Behaviour.« In C. H. Schiller (Hrsg.), *Instinctive Behaviour*. New York: International Universities Press, 239–263.
1957 »The Past Twelve Years in the Comparative Study of Behaviour.« In

C. H. Schiller (Hrsg.), *Instinctive Behaviour.* New York: International Universities Press, 288–310.

1958 »Nachruf auf Oskar Heinroth.« Der Zoologische Garten.

1958 »The Evolution of Behaviour.« *Scientific American,* 199: 6, 67–76.

1959 *Methods and Approach to the Problems of Behaviour.* The Harvey Lectures. New York: Academic Press, 60–103.

1959 »Gestaltwahrnehmung als Quelle wissenschaftlicher Erkenntnis.« *Zeitschrift für experimentelle und angewandte Psychologie,* 6: 1, 118–165.

1959 »Gustav Kramer.« *Journal für Ornithologie,* 100, 265–268.

1959 »Otto Koehler 70 Jahre.« *Zeitschrift für Tierpsychologie,* 16, 641–646.

1959 »Das Woher, Warum und Wozu unserer Forschung.« Göttingen: *Mitteilungen aus der Max-Planck-Gesellschaft,* 2, 105–119.

1959 »Beiträge der Zoologie zum Selbstverständnis des Menschen.« In *Das ist der Mensch. Sendereihe des Süddeutschen Rundfunks;* in Buchform: Stuttgart: Alfred Kröner, 23–34.

1959 »Comments on Prof. Piaget's Paper.« *Child Development,* 4, 28–34.

1959 »The Role of Aggression in Group Formation.« 4th Conference on Group Processes, 1957, Princeton, N.J.: Transactions of the Josiah Macy Jr. Foundation.

1960 »Die Ausdrucksbewegungen der Sichelente Anas falcate« (zusammen mit W. von der Wall). *Journal für Ornithologie,* 101, 50–60.

1960 »Erwin Stresemann zum 70. Geburtstag.« *Journal für Ornithologie,* 101, 3–6.

1960 »Prinzipien der vergleichenden Verhaltensforschung.« *Fortschritte der Zoologie,* 12, 265–294.

1961 »Phylogenetische Anpassung und adaptive Modifikation des Verhaltens.« *Zeitschrift für Tierpsychologie,* 18, 139–187.

1962 »Erich von Holst zum Todestag.« *Die Naturwissenschaften,* 49, 385 bis 386.

1962 »Naturschönheit und Daseinskampf.« *Kosmos,* 58, 340–348.

1962 »Der Kampf ums Dasein auf dem Korallenriff.« Göttingen: *Mitteilungen aus der Max-Planck-Gesellschaft,* 4, 195–206.

1962 »Kant's Doctrine of the A Priori in the Light of Contemporary Biology.« *General Systems,* New York, 7, 23–35.

1962 »Gestalt Perception as Fundamental to Scientific Knowledge.« *General Systems,* New York, 7, 37–56.

1962 »The Function of Color in Coral Reef Fishes.« *Proceedings of the Royal Institution of Great Britain,* 39, 282–296.

1963 »Die räumliche Orientierung von Paramecium aurelia« (zusammen mit W. Rose). *Die Naturwissenschaften,* 19, 623–624.

1963 »Die Erfindung von Flugmaschinen in der Evolution der Wirbeltiere.« *Therapie des Monats* (Mannheim-Waldhof: C. F. Boehringer & Söhne), 13, 138–148.
1963 »Die Konstruktion von Flugmaschinen in der Evolution der Wirbeltiere.« *Therapie des Monats* (Mannheim-Waldhof: C. F. Boehringer & Söhne), 13, 186–195.
1963 »*Er redete mit dem Vieh, den Vögeln und den Fischen.*« München: Deutscher Taschenbuch Verlag, Bd. 173 (Neudruck von 1949).
1963 »*Das sogenannte Böse. Zur Naturgeschichte der Aggression.*« Wien: Verlag Borotha-Schoeler.
1963 »Die Hoffnung auf Einsicht in das Wirken der Natur.« In *Die Hoffnung unserer Zeit.* München: Piper, 142–159.
1963 »Haben Tiere ein subjektives Erleben?« München: *Jahrbuch der Technischen Hochschule.*
1963 »A Scientist's Credo.« In *Counterpoint. Libidinal Object and Subject. A Tribute to René Spitz on his 75th Birthday.* New York: International Universities Press.
1964 »Moralanaloges Verhalten von Tieren – Erkenntnisse der Verhaltensforschung.« *Universitas*, 19, 43–54.
1964 »Über die Wahrheit der Abstammungslehre.« In *Medico*, Europa-Ausgabe, Heft 1, 9. Mannheim-Waldhof: C. F. Boehringer & Söhne.
1964 »Erich von Holst, Seher und Forscher.« 4. *Biologisches Jahresheft des Verbandes Deutscher Biologen.*
1964 *Darwin hat recht gesehen.* Pfullingen: Verlag Neske.
1964 »Ritualized Fighting.« In *The Natural History of Aggression.* New York: Academic Press.
1965 »Moralanaloges Verhalten von Tieren – Erkenntnisse der Verhaltensforschung.« In *Naturwissenschaften heute.* Gütersloh: H. Walter Bähr.
1965 »Dank an Otto Koehler.« *Zeitschrift für Tierpsychologie*, 22, 1–5.
1965 »Über die Entstehung von Mannigfaltigkeit.« *Die Naturwissenschaften*, 12, 319–329.
1965 »Zur Naturgeschichte der Aggression.« *Neue Sammlung*, 4, 296–308.
1965 »Eine Lanze für das Aquarium.« *Die Natur*, 4, 163–164.
1965 »Über tierisches und menschliches Verhalten. Aus dem Werdegang der Verhaltenslehre.« *Gesammelte Abhandlungen*, 2 Bde. München: Piper.
1965 »*So kam der Mensch auf den Hund*«. München: Deutscher Taschenbuch Verlag, Bd. 329 (Neudruck von 1950).
1965 *Evolution and Modification of Behaviour.* Chicago: University of Chicago Press.
1965 »Alfred Seitz 60 Jahre.« *Zeitschrift für Tierpsychologie*, 22, 600–602.

1965 *Der Vogelflug.* Neudruck von 1933. Pfullingen: Verlag Neske.

1966 »Stammes- und Kulturgeschichtliche Ritenbildung.« München: Mitteilungen aus der Max-Planck-Gesellschaft, 1, 3–30. *Naturwissenschaftliche Rundschau,* 19, 361–370.

1966 »Über gestörte Wirkungsgefüge in der Natur.« Hannover: *Naturschutz in Niedersachsen,* 11/12, 9–18.

1966 *On Aggression.* New York: Harcourt, Brace & World.

1966 »Evolution of ritualization in the biological and cultural spheres. A discussion on ritualization of behaviour in animals and man.« London: *Philosophical Transactions of the Royal Society.*

1967 »Zanclus cornutus der Halfterfisch.« *Aquarienmagazin,* 1, 19–22.

1967 »Die instinktiven Grundlagen menschlicher Kultur.« *Die Naturwissenschaften,* 54, 377–388.

1968 »Die Entwicklung des Spießens und Klemmens bei den drei Würgerarten Lanius collurio, L. senator und L. excubitor« (zusammen mit U. v. Saint Paul). *Journal für Ornithologie,* 109, 2, 137–156.

1968 Neudruck von »Beobachtungen an Dohlen« (1927) und »Die Paarbildung beim Kolkraben« (1940) in *Mensch und Tier.* München: Deutscher Taschenbuch Verlag.

1968 »Vom Weltbild des Verhaltensforschers.« Drei Abhandlungen aus: *Über tierisches und menschliches Verhalten.* München: Deutscher Taschenbuch Verlag, Bd. 499.

1968 *Antriebe tierischen und menschlichen Verhaltens. Gesammelte Abhandlungen* (zusammen mit P. Leyhausen). Neudruck von »Vergleichende Verhaltensforschung« (1939). München: Piper.

1969 »Innate Bases of Learning.« In Karl H. Pribram: *On the Biology of Learning.* New York: Harcourt, Brace & World.

1970 »Der ethische Wert des Naturschutzes.« *Wiener Naturschutznachrichten,* 13–21.

1970 »The Enmity between Generations and Its Probable Ethological Causes.« In *The Place of Value in a World of Facts.* Nobel Symposium 14, Stockholm, 385–418. *Studium Generale,* 23, 963–997. *The Psychoanalytic Review,* 57, 3, 333–377.

1970 »Die Hoffnung auf Einsicht in das Wirken der Natur.« Neudruck von 1963. *Universitas,* 25, 12, 1291–1304.

1970 »On Killing Members of One's Own Species.« Übersetzung von »Les Animaux ces Inconnus« (1955). *Bulletin of Atomic Scientists,* 26, 8, 2–5.

1971 »Naturschutz und Ethik.« *Blätter für Naturschutz,* 51, 1, 31–33.

1971 »Der Sinn für Harmonie.« Neudruck von »Naturschutz und Ethik.« *Kosmos,* 67, 187–191.

1971 »Der Mensch, biologisch gesehen.« *Studium Generale*, 24, 495–515.
1971 »Die acht Todsünden der zivilisierten Menschheit.« In *Sozialtheorie und soziale Praxis.* Verlag Anton Hain: Meisenheim, 281–340.
1971 »Blind für das Schöne, blind für das Gute.« *Wochenpresse*, Wien, vom 28. April 71. *Architekt*, 9/10, 3–4.
1971 »Knowledge, Beliefs and Freedom.« In *Hierarchically Organized Systems in Theory and Practice.* By Paul A. Weiss. Hafner: New York, 231–262.
1971 *Haben Tiere ein subjektives Erleben*? (Edition Arche nova) Zürich: Die Arche (Neudruck von 1963).
1972 »Vom Auftrage der Vergleichenden Verhaltensforschung.« In *15 Jahre Gesellschaft der Freunde der Biologischen Station Wilhelminenberg*, 6–8.
1972 »Wissenschaft, Ideologie und das Selbstverständnis der Gesellschaft. Kritische Anmerkungen zur ›empty organism‹ Doktrin der behavioristischen Schule.« In *Mannheimer Forum*, 72. Herausg. Hoimar v. Ditfurth. Boehringer: Mannheim, 9–27.
1973 Rede auf der 10. Hauptversammlung des Verbandes Deutscher Biologen. *Mitteilungen des Verbandes Deutscher Biologen, Naturwissenschaftliche Rundschau*, 1, 903–905.
1973 »Die Naturwissenschaft vom menschlichen Geiste.« *Mitteilungen der Humboldt-Gesellschaft*, 5, 117–127.
1973 *Die acht Todsünden der zivilisierten Menschheit.* Piper: München. Verbesserte Neuauflage, von 1971.
1973 »The Fashionable Fallacy of Dispensing with Description.« *Naturwissenschaften*, 60, 1–9.
1973 *Civilized Man's Eight Deadly Sins.* New York: Harcourt Brace Jovanovich.
1973 *Der Kumpan in der Umwelt des Vogels.* München: Deutscher Taschenbuch Verlag, Bd. 4231 (Neudruck von 1935).
1973 Vorwort zu Eberhard Trumler: *Mit dem Hund auf Du. Zum Verständnis seines Wesens und Verhaltens.* München: Piper.
1973 *Die Rückseite des Spiegels. Versuch einer Naturgeschichte menschlichen Erkennens.* München: Piper.
1973 Das wirklich Böse. *Informationsdienst für Bildungspolitik und Forschung* Nr. 181, Wien.
1974 *Das sogenannte Böse.* München: Deutscher Taschenbuch Verlag, Bd. 1000 (Neudruck von 1963).
1974 Zivilisationspathologie und Kulturfreiheit. In: *Freiheit des Menschen*, Herausgeber Ansgar Pans, Verlag Styria Graz.

1974 Analogy as a Source of Knowledge. *The Nobel Foundation* 1974.
1974 Analogy as a Source of Knowledge. In: *Science* Vol. 185, p. 228–234.
1974 Otto Koehler, Lehrer, Freund und Vorbild. In *Zeitschrift für Tierpsychologie* 35, 468–472.
1975 Naturschutz und Erziehung. In: *Natur und Land*, Heft 6/1974 und Heft 1/1975.
1975 Evolution des Verhaltens. In: *Nova Acta Leopoldina* Nr. 218 Band 42, S. 271–290.
1975 Fritz Knoll als vergleichender Verhaltensforscher. In: *Verhandlungen der Zoologisch-Botanischen Gesellschaft in Wien.*
1976 Die Vorstellung einer zweckgerichteten Weltordnung. In: *Anzeigen der phil.-hist. Klasse d. Österr. Akademie d. Wissenschaften*, 113. Jahrgang 1976, So. 2.

Literatur zu den Gesprächsthemen von Richard I. Evans

Ardrey, Robert. *The Territorial Imperative.* New York: Atheneum, 1966.

Ashby, W. R. *Design for a Brain.* New York: Wiley, 1952.

Ashby, W. R. *An Introduction to Cybernetics.* New York: Wiley, 1956.

Bandura, A. »Vicarious processes: a case of no-trial learning.« In L. Berkowitz (Ed.), *Advances in Experimental Social Psychology*, Vol. 2. New York: Academic Press, 1965.

Bandura, A. *Principles of Behaviour Modification.* New York: Holt, Rinehart & Winston, 1969.

Bateson, P. P. G. »Effect of similarity between rearing and testing conditions on chicks' following and avoidance responses.« *Journal of Comparative Physiological Psychology*, 1964, 57, 100–103.

Bergson, H. L. *Creative Evolution.* New York: Holt, 1911.

Berkowitz, L. *Aggression: A Social Psychological Analysis.* New York: McGraw-Hill, 1962.

Bernhard, L. L. *Instinct: A Study in Social Psychology* New York: H. Holt, 1925.

Bertalanffy, L. von. »An essay on the relativity of categories.« *Philosophy of Science*, 1955, 22, 243–263.

Bischof, N. »Aristoteles, Galilei, Kurt Lewin, und die Folgen.« *Zeitschrift für Sozialpsychologie.*

Campbell, D. T. »Methodological suggestions from a comparative psychology of knowledge processes.« *Inquiry*, 1959, 152–182.

Campbell, D. T. »Variation and selective retention in socio-culturale evolution.« In H. R. Barringer, G. I. Blanksten, and R. W. Mack, (Hrsg.), *Social Change in Developing Areas.* Cambridge, Mass.: Schenkman, 1965.

Campbell, D. T. »Ethnocentric and other altruistic motives.« In D. Levine (Hrsg.), *Nebraska Symposium on Motivation 1965.* Lincoln: University of Nebraska Press, 1965, 283–311.

Campbell, D. T. »Pattern matching as an essential in distal knowing.« In K. R. Hammond (Hrsg.), *The Psychology of Egon Brunswik.* New York: Holt, Rinehart & Winston, 1966, 81–106.

Campbell, D. T. »On the genetics of altruism and the counter-hedonic components in human culture.« *Journal of Social Issues*, 1972, 28, 21–37.

Campbell, D. T. »Making the case for randomized assignment to treatments by considering the alternatives: Six ways in which quasi-experimental evaluations in compensatory education tend to underestimate effects.« Paper presented to Conference on Central Issues in Social Program Evaluation, C. A. Bennett and A. Lumsdane, Coordinators, Battelle Human Affairs Research Center, Seattle, Washington, July 1973.

Campbell, D. T. »Evolutionary Epistemology.« In P. A. Schilpp (Hrsg.), *The Philosophy of Karl Popper*. Vol. 14, I and II. *The Library of Living Philosophers*. LaSalle, Ill.: Open Court Publishing, 1974, 413–463.

Campbell, D. T. und Erlenbacher, A. E. »How regression artifacts in quasi-experimental evaluations can mistakenly make compensatory education look harmful.« In J. Hellmuth (Hrsg.), *Compensatory Education: A National Debate*. Vol. III. *Disadvantaged Child*. New York: Brunner/Mazel, 1970, 185–210.

Campbell, D. T. und Frey, P. W. »The implications of learning theory for the fade-out of gains from compensatory education.« In J. Hellmuth (Hrsg.), *Compensatory Education: A National Debate*. Vol. III. *Disadvantaged Child*. New York: Brunner/Mazel, 1970, 455–463.

Coser, L. A. *The Functions of Social Conflict*. New York: Free Press, 1956.

Craig, W. »Appetites and aversions as constituents of instincts.« *Biological Bulletin*, 1918, 34, 91–108.

Darwin, C. *On the Origin of Species by Means of Natural Selection or the Preservation of Favored Races in the Struggle for Life*. London: Murray, 1859.

Darwin, C. G. »Can man control his numbers?« In S. Tax (Hrsg.), *Evolution After Darwin*. Vol. II. Chicago: University of Chicago Press, 1960.

Driesch, H. *The History and Theory of Vitalism*. London: Macmillan, 1914.

Eccles, J. S. »Some implications of the scientiae for the future of mankind.« *Studium Generale*, 1970, 23, 917–924.

Erikson, Erik. *Childhood and Society*. New York: W. W. Norton, 1963.

Erikson, Erik. *Identity: Youth and Crisis*. New York: W. W. Norton, 1968.

Erikson, Erik. »Ontogeny of ritualization in man.« *Philosophical Transactions of the Royal Society of London*, Series B, 772, 251, 1966, 337–349.

Evans, R. I. *Conversations with Carl Jung and Reactions from Ernest Jones*. New York: D. Van Nostrand, 1964.

Evans, R. I. *Dialogue with Erich Fromm*. New York: Harper & Row, 1966.

Evans, R. I. *B. F. Skinner: The Man and His Ideas*. New York: E. P. Dutton, 1968.

Evans, R. I. *Dialogue with Erik Erikson.* New York: E. P. Dutton, 1969a.
Evans, R. I. *Psychology and Arthur Miller.* New York: E. P. Dutton, 1969b.
Evans, R. I. *Gordon Allport: The Man and His Ideas.* New York: E. P. Dutton, 1971.
Evans, R. I. *Jean Piaget: The Man and His Ideas.* New York: E. P. Dutton, 1973.
Fisher, R. A. *The Genetical Theory of Natural Selection.* Oxford: Clarendon Press, 1930.
Freyer, H. *Theorie des gegenwärtigen Zeitalters.* Stuttgart: Deutsche Verlagsanstalt, 1955.
Fromm, Erich. *Escape from Freedom.* New York: Farrar & Rinehart, 1941.
Fromm, Erich. *The Anatomy of Human Destructiveness.* New York: Holt, Rinehart and Winston, 1973.
Haldane, J. B. S. *Heredity and Politics.* New York: Norton, 1938.
Hall, Elizabeth. »Konrad Lorenz.« *Psychology Today,* November 1974.
Harlow, H. F. »The nature of love.« *American Psychologist,* 1958, 13, 673 bis 685.
Harlow, H. F. »*Sexual behaviour in the rhesus monkey.*« In F. Beach (Hrsg.), *Sex and Behaviour.* New York: Wiley, 1965.
Harlow, M H., and Harlow, H. F. »Affection in primates.« *Discovery,* 1966, 27, 11–17.
Heinroth, O. »Über bestimmte Bewegungsweisen der Wirbeltiere.« *Sitzungsberichte der Gesellschaft der Naturforschenden Freunde,* Berlin 1930.
Herrnstein, R. J. *IQ in the Meritocracy.* Boston: Little, Brown, 1973.
Hess, E. H. *Imprinting. Early Experience and the Developmental Psychology of Attachment.* New York: D. Van Nostrand Company, 1973.
Hess, E. H. »Ethology.« In R. Brown, et al. (Hrsg.), *New Directions in Psychology.* New York: Holt, 1962.
Hinde, R. A. »Ethological models and the concept of drive.« *British Journal of Philosophical Science,* 1956, 6, 321–331.
Hull, C. L. *Principles of Behaviour.* New York: D. Appleton-Century, 1943.
Huxley, A. *Brave New World.* New York: Harper, 1932.
Huxley, A. *Brave New World Revisited.* New. York: Harper, 1958.
Jacobson, A. L., Babich, F. R., Bubash, S., and Jacobson, A. »Differential approach tendencies produced by injection of ribonucleic acid from trained rats.« *Science,* 1965, 150, 636–37.
James, W. »Great men, great thoughts and the environment.« *Alantic Monthly,* 1880, 46, 441–459.
James, W. *Principles of Psychology.* Vol. II. New York: Holt, 1890.

Jensen, A. R. »How much can we boost IQ and scholastic achievement?« *Harvard Educational Review*, 1969, 39, 1–123.

Jensen, A. R. »Input: Arthur Jensen replies.« *Psychology Today*, 1969, 3, 4–6.

Jensen, A. R. »Reducing the heredity-environment uncertainty: a reply.« *Harvard Educational Review*, 1969, 39, 449–483.

Jensen, A. R. »Rejoinder.« *Journal of Social Issues*, 1969, 25, 212–217.

Kelman, Herbert C. »Violence without moral restraint: reflections on the dehumanization of victims and victimizers.« *Journal of Social Issues*, 1973, 29, 25–61.

Kinsey, A. C., Pomeroy, W. B., and Martin, C. E. *Sexual Behaviour in the Human Male*. Philadelphia: W. B. Saunders, 1948.

Kinsey, A. C. und Gebhard, P. H. *Sexual Behaviour in the Human Female*. Philadelphia: W. B. Saunders, 1953.

Klineberg, O. *Characteristics of the American Negro*. New York: Harper & Row, 1944.

Koehler, O. »Die Ganzheitsbetrachtung in der modernen Biologie.« *Verhandlungen der Königsberger Gelehrten Gesellschaft*, 1933.

Konishi, Mark. »Effects of deafening on song development in two species of junco.« *Condor*, 1966, 66, 85–102.

Krafft-Ebing, R. V. *Psychopathica Sexualis*. New York: Pioneer Publications, 1950.

Kropotkin, P. *Mutual Aid: A Factor in Evolution*. New York: Dial, 1902.

Kropotkin, P. *Ethics: Origin and Development*. New York: Dial, 1924.

Kuhn, T. S. *The Structure of Scientific Revolutions*. Chicago: University of Chicago Press, 1962.

Kuo, Z. Y. »Ontogeny of embryonic behaviour in aves, I and II.« *Journal of Experimental Zoology*, 1932, 61, 395–430; 62, 453–489.

Kuo, Z. Y. »Ontogeny of embryonic behaviour in aves, III and IV.« *Journal of Comparative Psychology*, 1932, 13, 245–272; 14, 109–122.

Laing, R. D. *The Divided Self*. Baltimore: Penguin, 1965.

Lehrman, Daniel S. »A critique of Konrad Lorenz's theory of instinctive behaviour.« *Quarterly Review of Biology*, 1953, 28, 337–363.

LeVine, R. A., and Campbell, D. T. *Ethnocentrism: Theories of Conflict, Ethnic Attitudes and Group Behaviour*. New York: Wiley, 1972.

Lorenz, K. A. »Kant's Lehre vom Apriorischen im Lichte gegenwärtiger Biologie.« *Blätter für Deutsche Philosophie*, 1941, 15, 94–125.

Lorenz, K. A. »The rule of Gestalt perception in animal and human behaviour.« In L. L. Whyte (Hrsg.), *Aspects of Form*. New York: Pellegrini & Cudahy, 1951.

Lorenz, K. A. *King Solomon's Ring*. New York: Crowell, 1952.

Lorenz, K. A. »Gestaltwahrnehmung als Quelle wissenschaftlicher Erkenntnis.« *Zeitschrift für experimentelle und angewandte Psychologie*, 1959, 6, 118–165.
Lorenz, K. A. »Haben Tiere ein subjectives Erleben?« *Jahrbuch der Technischen Hochschule München*, 1963, 57–68.
Lorenz, K. A. *Man Meets Dog*. Baltimore: Penguin, 1964.
Lorenz, K. A. *Evolution and Modification of Behaviour*. Chicago: University of Chicago Press, 1965.
Lorenz, K. A. *On Aggression*. New York: Harcourt, Brace & World, 1966.
Lorenz, K. A. »Evolution of ritualization in the biological and cultural spheres.« *Philosophical Transactions of the Royal Society of London*, 1966, 251 (Series B), 273–284.
Lorenz, K. A. »Innate bases of learning.« In K. H. Pribram (Hrsg.), *On the Biology of Learning*. New York: Harcourt, Brace & World, 1969, 13–93.
Lorenz, K. A. »The enmity between generations and its probable ethological causes.« *Studium Generale*, 1970, 23, 963–997.
Lorenz, K. A. *Studies in Animale and Human Behaviour*. Cambridge, Mass.: Harvard University Press. Vol. I, 1970, 23, 963–967.
Lorenz, K. A. *Civilized Man's Eight Deadly Sins*. New York: Harcourt Brace Jovanovich, 1973.
Lorenz, K. A. *Die Rückseite des Spiegels*. München: Piper, 1973.
McConnell, J. V., Jacobson, A. L. und Kimble, D. P. »The effects of regeneration upon retention of a conditioned response in the planaria.« *Journal of Comparative and Physiological Psychology*, 1959, 52, 1–5.
McDougall, W. *An Introduction to Social Psychology*. London: Methuen, 1908.
Mallick, S. K. and McCandless, B. R. »A study of catharsis of aggression.« *Journal of Personality and Social Psychology*, 1966, 4, 591–596.
Marler, P. und Griffin, D. K. »The 1973 Nobel Prize for Physiology of Medicine.« *Science*, 1973, 182, 464–466.
Maslow, A. *Motivation and Personality*. New York: Harper & Row, 1954.
Masters, W. H. und Johnson, V. E. *Human Sexual Response*. Boston: Little, Brown, 1966.
Miller, N. E. »Liberalization of basic S-R concepts: extensions to conflict behaviour, motivation and social learning.« In S. Koch (Hrsg.), *Psychology: A Study of Science*. Vol. II. *General Systematic Formulations, Learning and Special Processes*. New York: McGraw-Hill, 1959, 196–292.
Monod, J. *Chance and Necessity*. New York: Knopf, 1971.
Morris, Desmond. *The Naked Ape*. New York: McGraw-Hill, 1968.
National Commission on the Causes and Prevention of Violence. *To Establish Justice, To Insure Domestic Tranquility*, New York: Award Books, 1969.

Olds, J. »Self-stimulation of the brain: its use to study local effects of hunger, sex and drugs.« *Science*, 1958, 127 (3294), 315–324.

Pastore, N. *The Nature-Nurture Controversy*. New York: King's Crown Press, Columbia University, 1949.

Pavlov, I. P. *Conditioned Reflexes*. Übersetzer G. V. Anthrep. London: Oxford, 1927.

Pearson, K. »The moral basis of socialism.« In K. Pearson (Hrsg.), *The Ethic of Free Thought*. London: T. Fisher Unwin, 1887, 317–345.

Pearson, K. »Socialism and natural selection.« In K. Pearson (Hrsg.), *The Chances of Death*. London: Edward Arnold, 1897, 103–139.

Polanyi, M. *Personal Knowledge*. London: Routledge & Kegan Paul, 1958.

Polanyi, M. »Life's irreducible structure.« In M. Polanyi, *Knowing and Being*. London: Routledge & Kegan Paul, 1969, 225–239.

Polanyi, M. »Why did we destroy Europe?« *Studium Generale*, 1970, 23, 909 bis 916.

Popper, K. R. *The Logic of Scientific Discovery*. New York: Basic Books, 1959.

Popper, K. R. *Conjectures and Refutations*. New York: Basic Books, 1963.

Powers, K. T. *Behaviour: The Control of Perception*. Chicago: Aldine, 1973.

Quine, W. V. *Ontological Relativity*. New York: Columbia University Press, 1969.

Quine, W. V. *Report of the Commission on Obscenity and Pornography*. New York: Bantam, 1970.

Rosenblatt, P. C. »Origins and effects of group ethnocentrism and nationalism.« *Journal of Conflict Resolution*, 1964, 8, 131–146.

Roszak, T. *The Making of a Counter Culture*. Garden City, New York: Doubleday, 1969.

Schutz, F. »Objektfixierung geschlechtlicher Reaktionen bei Anatiden und Hühnern.« *Die Naturwissenschaften*, 1963a, 50, 624–625.

Schutz, F. »Über geschlechtliche unterschiedliche Objektfixierung sexueller Reaktionen bei Enten im Zusammenhang mit dem Prachtkleid des Männchens.« *Verhandlungen der Deutschen Zoologischen Gesellschaft*, 1963b, 282–287.

Sheffield, F. D. und Roby, T. B. »Reward value of a non-nutritive sweet taste.« *Journal of Comparative and Physiological Psychology*, 1950, 43, 471 bis 481.

Sherif, M. und Sherif, C. W. *Groups in Harmony and Tension*. New York: Harper, 1953.

Spitz, René A. *The First Year of Life*. New York: International Universities Press, 1965.

Storr, A. *Human Aggression*. New York: Atheneum, 1968.

Sumner, W. G. *Folkways.* New York: Ginn, 1906.
Thorpe, W. H. *Learning and Instincts in Animals.* London: Methuen, 1956.
Thorpe, W. H. *Science, Man and Morals.* London: Methuen, 1965.
Tinbergen, N. »Social releasers and the experimental method required for this study.« *The Wilson Bulletin,* 1948, 60, 6–51.
Tinbergen, N. »The hierarchical organization of nervous mechanisms underlying instinctive behaviour.« *Symposia of the Society of Experimental Biology IV* (Physiological mechanisms in animal behaviour), 1950, 305 bis 312.
Tinbergen, N. *The Study of Instinct.* Oxford: Clarendon Press, 1951.
Tinbergen, N. *Social Behaviour in Animals.* New York: Wiley, 1953.
Tinbergen, N. *Animal Behaviour.* New York: Time, Inc., 1965.
Toulmin, S. E. *Foresight and Understanding: An Inquiry into the Aims of Science.* Bloomington: Indiana University Press, 1961.
Toulmin, S. E. *Human Understanding.* Vol. I. *The Evolution of Collective Unterstanding.* Princeton, N.J.: Princeton University Press, 1972.
Tryon, R. C. »Genetic differences in maze-learning abilities in rats.« *Yearbook of Natural Social Studies Education,* 1940, 39, 111–119.
Uexküll, J. von. *Theoretical Biology.* New York: Harcourt, Brace, 1926.
Uexküll, J. *Streifzüge durch die Umwelten von Tieren und Menschen.* Berlin: Springer, 1934.
Ungar, G. (Hrsg.) *Molecular Mechanisms in Memory and Learning.* New York: Plenum, 1970.
Veblen, T. »The intellectual pre-eminence of Jews in modern Europe.« *Political Science Quarterly,* 1919, 34, 33–42.
Vollmer, G. *Evolutionäre Erkenntnistheorie.* Freiburg: Physikalisches Institut der Universität, 1974.
Wallraff, C. F. *Philosophical Theory and Psychological Fact.* Tucson: University of Arizona Press, 1961.
Washburn, S. L. und DeVore, E. »The social life of baboons.« *Scientific American,* 1961, 204, 62.
Weiss, P. »The living system: determinism stratified.« In Koestler and Smythies (Hrsg.), *Beyond Reductionism.* London: Hutchinson, 1969.
Weiss, P. »Depolarisation: pointers to conceptual disarmament.« *Studium Generale,* 1970, 23, 925–940.
Weiss, P. »The basic concept of hierarchic systems.« In P. Weiss (Hrsg.), *Hierarchically Organized Systems in Theory and Practice.* New York: Hafner, 1971.
Whitman, C. O. »Animal Behaviour.« 16th lecture, Biological Lectures from the Marine Biological Laboratory. Woods Hole, Mass., 1898.

Whyte, L. L. (Hrsg.) *Aspects of Form.* New York: Pellegrini and Cudahy, 1951.
Wiener, N. *Cybernetics: Or Control and Communication in the Animal and the Machine.* New York: Wiley, 1948.
Windelband, W. *Geschichte und Naturwissenschaft,* 1894.
Wynne-Edwards, V. C. *Animal Dispersion in Relation to Social Behaviour.* Edinburgh and London, 1962.

Stichwortverzeichnis mit Erläuterungen

archaisch: urtümlich, aus menschlicher Frühzeit stammend 91, 222

Archetypus: die Bezeichnung C. G. Jungs für Urformen und Urbilder im Seelischen, für nicht individuell erworbene Grundvorstellungen, die wir in identischer Form und Bedeutung in Dokumenten der Menschheit nachweisen können (Mythen, Märchen, Träume) 54, 55

atavistisch: plötzlich in längst überlebte Verhaltensweisen zurückfallend 97

Athrophie: Muskel- oder Organschwund durch mangelnde Ernährung 224

Atomismus: psychologische Denkrichtung, nach der alle komplexen Erscheinungen, Zustände und Vorgänge ohne Informationseinbuße zum Analysieren bis in ihre kleinsten Einzelteile zerlegt werden können 153

Autismus: Lebenseinstellung, bei der das Individuum sich stark von persönlichen Wünschen leiten läßt, ohne dabei besonders auf die Bedürfnisse der Umwelt einzugehen. Gegenüber der Anteilnahme am Geschehen der Außenwelt überwiegt ein phantastisch-traumhaftes Innenleben 30

autistisch: nach innen gekehrt; von der Außenwelt zurückgezogen 224

axiomatisch: ohne Zweifel, gewiß 199

Behaviorismus: Teil der Psychologie, die sich auf das objektiv beobachtbare und meßbare Verhalten beschränkt. Auf die Beschreibung wird vollkommen verzichtet 9, 10, 56, 57, 59, 72, 80, 93, 94, 144

Biotop: der Lebensraum einer Art 121, 159

Bodenerosion: Zerstörung der Bodenoberfläche durch Wasser, Frost und Wind 228

chiffrieren: verschlüsseln 80

Chromosomen: Gebilde im Zellkern, deren Anzahl bei jeder Art stets gleichbleibend ist. Auf den Chromosomen ist die Erbsubstanz (DNS) lokalisiert. Alle Chromosomen einer Zelle bezeichnen wir als Genom 33

circulus vitiosus: Zirkelschluß, bei dem das, was bewiesen werden soll, schon Bestandteil der Voraussetzung ist. »Teufelskreis«, aus dem es kein Entrinnen gibt 30, 32, 82

cura posterior: spätere, in der Zukunft liegende Sorge 113

Deduktion: die Ableitung, das Erkennen des Einzelnen aus dem Allgemeinen 164

Defaitismus: Neigung zu Pessimismus, zum Aufgeben von Widerstand 86

Delinquent: Übeltäter, Angeklagter 114

desensivitieren: unempfindlich machen 67

Determinismus: eindeutige Bestimmtheit eines Zustandes oder Vorganges durch Ursachen, in der Psychologie durch bestimmende Eigenschaften 9, 52

Diaspora: Aufenthaltsgebiet von religiösen Minderheiten, Zerstreuung 96

DNS: Desoxyribonucleinsäure. DNS bildet zusammen mit den Eiweißen des Zellkerns (RNS) die Hauptbestandteile der Chromosomen. Sie sind die Träger der Erbeigenschaften 33

Domestikation: Gewöhnung an das Haus; Zähmung, Übergang von Wild- zu Kulturformen 98, 122

Elimination: Auslöschung, Entfernung 114

Ego: (siehe Ich) 52

Epistomologie: (insbes. Philosophie der Werte). Lehre vom Wissen und der Erkenntnisgewinnung durch Einsicht in die Struktur von Erkenntnisprozessen 73, 81–84, 99

Es: (siehe Ich)

esoterisch: nur für Eingeweihte bestimmt oder verständlich 77

Ethnozentrismus: Überbewertung des eigenen Volkes oder der Gruppe, der man angehört 86, 87, 92, 93

Ethologie: Vergleichende Verhaltensforschung. E. betrachtet das Verhalten als ein System aller entwicklungsgeschichtlichen Vorgänge 15–18, 20, 22, 26, 28, 32, 33, 55, 71, 73, 77, 89, 119, 121, 122, 144, 148, 150, 192, 193, 213

Ethymologie: die ursprüngliche Bedeutung der Wörter und ihre Herkunft betreffendes Wissensgebiet 195

explizieren: erklären, ausführlich darstellen 95

explorativ: erforschend, erfragend 197

Extrapolation: das Ausdehnen einer Funktionskurve über den ursprünglichen Bereich hinaus auf der Grundlage der innerhalb der Wertreihe gefundenen Gesetzmäßigkeiten 100

Feedback: hier: Rückmeldung durch die Sinne, wenn eine Handlung vollzogen ist 29

Fetischismus: der Glaube an die übersinnliche, geheimnisvolle Macht unbelebter Gegenstände. Außerdem bedeutet F. eine Pervertierung der lustvollen Zuwendung in Richtung auf Körperteile (lange Haare, großer Busen) und auf Gegenstände (Unterwäsche, Schuhe, Seidenblusen); der Gegenstand ersetzt hier oft die Person 24

Fixierung: Festlegung 21

frugal: mäßig, einfach, bescheiden (auf Speisen bezogen) 211

Frustration: Die Behinderung des Organismus, ein angestrebtes Ziel zu erreichen. Das Erleben einer eingebildeten oder realen Benachteiligung bei gleichzeitiger enttäuschter Erwartung 27, 40

Art- und Selbsterhaltung 9, 31 32
Ipse facto: von selbst 159, 176

katalytisch: das Tempo einer Reaktion beschleunigend oder verlangsamend beeinflussend 112
Katatonie: eine Form der Schizophrenie mit Sprach-, Schluck- und Muskelbeschwerden, starrer Körperhaltung, Gleichgültigkeit und Halluzinationen 35
katatonischer Stupor: ein Zustand der Bewegungslosigkeit und Stummheit 35
kausal: ursächlich; das Verhältnis Ursache-Wirkung betreffend 113
kinästhetisch: die Bewegungs- oder Körperlageempfindung betreffend 182
Kinsey-Report: amerikanische Untersuchungen über das Sexualverhalten; 1948 und 1953 durchgeführt an über 10 000 Frauen und Männern 42
kompensatorische Schulprogramme: bemühen sich um Ausgleich oder Aufhebung von sozial bedingten Unterschieden beim kindlichen Lernen 101
konnatal: angeboren 55
Korrelationsanalyse: Analyse von Wechselbeziehungen 20
Kortex: Hirnrinde 222
kumulativ: anhäufend 43, 73, 198

Libido: Grundbegriff der Psychoanalyse; Freud verstand unter L. diejenige Grundantriebskraft, die das bewußte und auch unbewußte seelische Leben durchzieht und auf Lustgewinn speziell aus den erogenen Zonen ausgerichtet ist. C. G. Jung erweitert den Begriff L. zur allgemeinen psychischen Energie (Streben, Triebe) im Sinne einer allgemeinen Lebenskraft bzw. eines Lebenswillens 49–51
letal: tödlich, zum Tode führend 98
lokomotorische Organe: Gliedmaßen, die der Fortbewegung dienen 80, 151, 167, 204

Manierismus: besonders auffällige Verhaltensweisen eines Individuums oder einer Gruppe, die auf einen Beobachter leicht gekünstelt oder übertrieben wirken 134
Molekül: die kleinste Einheit einer chemischen Verbindung 68
Motivation: eine hypothetische Konstruktion, mit der wir das Verhalten von Lebewesen zu erklären versuchen; Beweggründe des Willens und Handelns 26–29, 50, 53, 54, 59, 131, 147, 194
Mutation: sprunghafte Änderung im Bestand der Erbanlagen 33, 90
Myxödem: Erkrankung durch Unterfunktion der Schilddrüse mit teigartiger Schwellung der Haut 156

Neotenie: nicht vollkommene Entwicklung eines Organs 216
Neurofunktion: Funktion der Nerven 208
nomothetisch: gesetzgebend 16

die Eigenschaften eines Stoffes oder Dinges werden in Zahlen oder in Meßskalen ausgedrückt (z. B. wird die Tonhöhe [Qualität] in Schwingungszahlen [Quantität] ausgedrückt) 148

Reaktion: definiertes Verhalten eines Organismus in bezug auf genau beschriebene Umweltgegebenheiten. Wir unterscheiden angeborene (unbedingte) und erlernte (bedingte) Reaktionen 9, 15, 16, 28–35, 40, 49, 54, 55, 147

Reduktionismus: eine natur-wissenschaftliche Betrachtungsweise, die entweder nur die einzelnen Elemente isoliert betrachtet oder das Ganze nur als Summierung von Einzelheiten wie Atomen oder Elementen sieht 79, 143, 160

Regression: Rückfall in frühere, kindliche Verhaltensweisen 222

Reinforcer: Verstärker 59

Retardation: Verzögerung, Entwicklungshemmung 216

Rezeptoren: körperliche Empfangsorgane zur Aufnahme äußerlicher Reize 169

RNS: Ribonucleinsäure; wichtigste Substanz der Chromosomen; mit hoher Bedeutung für das Zellgeschehen, die Gedächtnis- und Informationsspeicherung 33, 68

Schizophrenie: eine Gruppe von Geisteskrankheiten mit deutlichen Gemeinsamkeiten und vielfachen Übergängen. Symptome: Zerfahrenheit, Zerfall logischer Zusammenhänge, Wahnideen (Größen-, Verfolgungswahn), Sprachstörungen, Sinnestäuschungen und Bewegungsstörungen 30, 34, 35

sensitivieren: stärker für etwas empfindlich machen 67

senso-neural: auf die Sinnesnerven bezogen 144, 157

Speziation: Artenbildung 88, 134, 160, 214

Substantialität: Wesentlichkeit 145

Synapse: Verbindungsstelle zwischen zwei Nervenzellen zur Übertragung der Erregung 143

Syndrom: das gemeinsame Vorkommen verschiedener Symptome 87, 224

tabula rasa: (in der Psychologie): der Zustand der menschlichen Seele ohne das Vorhandensein von Eindrücken und Vorstellungen 193

taktil: den Tastsinn, die Berührung betreffend 36, 82, 184

taxonomisch: systematisch; eingeordnet nach dem Grad der verwandtschaftlichen Beziehungen (biolog.) 18, 121–123, 134

Telenzephaton: »Endhirn«, vorderster Teil des Gehirns und Ausgangspunkt der Großhirnentwicklung beim Embryo 198

telelogisch: auf einen endgültigen Sinn und Zweck ausgerichtet 78, 80, 120

teleonomisch: den Zweck benennend 78, 120, 121, 155, 156

terra incognita: unbekanntes Land; (hier übertragen): Unerforschtes 149

territorialer Imperativ: das Pflichtgebot, dem anderen genügend Raum zur Entfaltung seiner Existenz zu gewähren 70

Territorialität: das Verhaftetsein in einem beanspruchten, markierten und als Grundbesitz verteidigten Raum 9, 87, 88

Tetanie: schmerzhafter Muskelkrampf 156

Trieb: Bezeichnung für den dynamischen Anteil zielgerichteten Verhaltens, der dazu antreibt, Bedürfnisse zu »befriedigen«. Wir unterscheiden: Primärantriebe (angeborene T., z. B. Hunger, Durst, Sexualität) und Sekundärtriebe (erworbene, erlernte T., z. B. kulturelle oder soziale T.) 26–28

Über-Ich: (siehe Ich) 52

Umweltdeterminismus: Eindeutige Bestimmtheit von Eigenschaften durch Umweltfaktoren 9

Utiliarismus: eine Betrachtensweise, die das Nützliche als Grundlage sittlichen Verhaltens sieht 221

Vitalismus: eine biolog.-philosoph. Betrachtungsweise, nach der eine spezielle Lebenskraft (lat. vis vitalis) alle Erscheinungen des Lebens erhält und beeinflußt 79, 119